Children
应用型学前教育专业系列教材
丛书主编　蔡迎旗

本书是国家卓越幼儿园教师培养计划改革项目“中澳合作办学——国际性卓越幼儿园教师培养模式探索”的研究成果

幼儿艺术教育与活动指导

主编　金晓梅

WUHAN UNIVERSITY PRESS
武汉大学出版社

编写委员会名单

（按姓名音序排列）

总　序

幼儿教师是幼儿学习与发展的支持者、促进者与引导者。幼儿教师的素质直接决定着我国幼教机构的办学水平，也是保障我国适龄儿童接受基本而有质量的学前教育的关键性因素。而高质量的幼教师资来源于高水平的学前教师教育。为顺应我国学前教育事业发展的迫切需求，2011 年至 2012 年，我国先后颁布了《教师教育课程标准（试行）》和《幼儿园教师专业标准（试行）》，幼儿园教师资格制度和聘任制度也随之进行了系列急剧变革与转型。

我国教师职前教育倡导育人为本，要求准教师们树立正确的儿童观、学生观、教师观与教育观；奉行实践取向，引导未来教师主动建构教育知识，掌握必备的专业知识与技能，发展实践能力，学会发现和解决实际问题，形成个人的教学风格和实践智慧；要求他们终身学习，树立正确的专业理想，养成独立思考和自主学习的习惯，加深专业理解，形成终身学习和应对挑战的能力。

我国学前教师教育课程改革既具有一般教师教育所具有的共性，也具有鲜明的学前教育特色，这彰显了学前儿童的年龄特征和我国独树一帜的学前教师教育的传统与积淀。当前，我国学前教师教育课程已呈现如下五种趋势。

第一，生动多样的师德与理念教育。除必要的公共政治课程以外，国家要求各级各类幼师院校突出师德修养教育，采取多种生动活泼的教育教学方式，提升准幼儿教师的师德修养。如开设幼儿园教师专业特点与道德规范、中国名师风采录、幼儿教师生涯讲座、学前教育政策法规、现代幼儿园教师职业风范与专长成长等课程。

第二，保教相融的课程体系。依据幼儿园教师专业标准，遵循教师培养和发展规律，以加强专业理想、专业基础、实践能力、反思与研究能力为核心，构建保育与教育相融合、幼儿园与家庭和社区教育相结合、幼儿生活与游戏和学习于一体的课程体系，用以培养准幼儿教师的保教一体化的能力。

第三，全面平衡的课程结构。我国正通过幼儿园教师资格制度、聘任制度、评优评先制度等的改革，倒逼各级各类幼师院校与专业，促使其纠正以往过分偏重艺术技能而相对忽视人文科学类课程、教育素养类课程的倾向，注意课程结构中的师德理念、人文素养、科学素养、信息素养、教育素养、艺体素养、科研素养等的协调与平衡。

第四，实践取向的课程内容。为培养准幼儿教师的教育教学能力，许多幼师院校与专业开设了大量务实的实践取向课程。如幼儿园五大领域的活动设计和案例分析类课程、幼儿园环境布置与玩教具制作、动漫画设计技术、音乐、美术、戏剧等方面的课程。

第五，模块式的课程设计。我国各类幼师院校与专业正竭力打破学前教育学、学前心理学、幼儿园各科教学法“老三门”的课程结构体系，开设模块化的、开放的、专题性的学前教育课程。基于学前教育专业各类人才培养目标，合理配置各课程模块，如音乐教育模块、美术教育模块、健康教育模块、特殊教育模块等。通过设先行课，将学生导入不同模块课程，引导学生多样化、有个性地发展。

以上学前教师教育课程改革已对我国原有的传统意义上的大中专学校的教材和教辅资料提出了严峻挑战，要求学前教育同仁务必更新教学资源观、教师教育观和学前教师观，依据我国幼儿园教师专业标准和教师教育课程标准，遴选课程并合理设计教材。

本套基于《教师教育课程标准（试行）》的应用型学前教育专业系列教材，正是应我国学前教师教育改革的时势而生，充分体现了以上提及的学前教师教育课程改革的五种发展趋势。适用于大中专学校的课程与教学，也可作为学前教育爱好者、相关工作人员的专业拓展学习。本丛书涵盖了学前教育大中专学校绝大多数专业课程；内容具有一定的理论性，更具有实践应用的特征；编写规范与设计务实活泼，知识点和案例穿插其中；丛书的编委遍及全国；作者主要来自华中和华南地区的本、专科院校，他们均具有丰富的教学经验和较好的研究基础。

在丛书的编写过程中，我们参阅、借鉴和引用了国内外许多同行的观点与成果。各位同仁的研究奠定了本丛书的学术基础，在此一并感谢。另外，受水平和时间所限，书中难免有疏漏和不当之处，敬请读者批评指正。

最后，我谨代表丛书的所有编委和作者，衷心感谢本丛书的策划者谢群英编辑和武汉大学出版社有关领导。他们对学前教育满腔热情，对丛书的未来充满信心，极度地敬业与审慎。出版丛书虽是一项浩大而艰苦的工作，但有谢群英编辑和武汉大学出版社相伴而行，相信梦想终会成真。

蔡迎旗

2015 年 5 月

武汉桂子山·华中师范大学教育学院

前　言

艺术是人类文明的重要标志，也是人们生活中不可或缺的重要元素。当我们把艺术作为幼儿教育的一个途径和手段的时候，我们就为幼儿认识这个世界打开了一扇新的窗户。幼儿虽然年幼，但与艺术之间有着奇妙的缘分。艺术的形象性、情感性、愉悦性等特点迎合了幼儿身心发展的需求，所以幼儿天生喜欢艺术，丰富多彩的艺术活动给予幼儿快乐，促进幼儿发展。

艺术教育是幼儿全面发展教育的重要组成部分，也是向幼儿渗透各种教育影响的有效平台。通过艺术教育可以锻炼幼儿的身心、发展幼儿认知、陶冶幼儿情操、提高幼儿的审美，可以培养出真、善、美和知、情、意、行和谐发展的完整儿童。为了充分发挥艺术教育对幼儿身心发展的促进作用，科学设计和指导幼儿艺术教育活动是十分必要的，这是每一位幼儿教师必须掌握的基本专业技能。

《幼儿艺术教育与活动指导》从幼儿园艺术教育的目标、内容、原则、方法等基本原理入手，结合丰富的实际案例，对幼儿园各种类型的艺术活动的设计思路与指导要点做了详细的介绍，旨在引导学习者树立正确的幼儿艺术教育观，了解幼儿艺术教育的基础理论和方法，掌握幼儿艺术教育活动设计和指导的实用技能。它既可以是师范院校学前教育专业学生的必修课教材，也可以作为在职幼儿教师的培训研修教材。

本教材立足于当前我国学前教育改革发展的时代背景，以有效提升学前师资培养培训质量为目标，以《幼儿园教育指导纲要（试行）》为指导，以《3~6岁儿童学习与发展指南》为导向，兼顾幼儿教师专业能力的培养和学科本身的体系特点，在基本理论基础上加以拓展延伸，注重理论讲述与案例分析相结合，辅之以实践实训，引导学生学—思—行，力求建构一种宽松、开放的新型课程学习体系，促进学习者自主学习、全面发展。

教材的主要特点如下：

1. 结构完整。教材以幼儿艺术教育学科体系为基本结构，巧妙融合了幼儿教师专业能力的发展需求，内容全面，能较好满足幼儿教师科学设计组织和指导幼儿艺术教育活动实践的需求。

2. 层次清晰。教材层次分明。先是对幼儿艺术教育基本原理的总体概述，然后分别从幼儿艺术教育的两个板块（音乐和美术），介绍不同类型音乐和美术活动的设计策略与指导要点，最后拓展性地介绍了国内外相关的艺术教育理论，编写脉络清晰。

3. 讲求实用。在教材撰写的过程中，从学习者的学习特点和幼儿教师专业能力需求出发，优选重要知识点深入浅出地分析讲解，同时辅以大量优选案例和有针对性的实训，力求将本教材编写成教师好教学生易学的实用型专业教材。

4. 灵活创新。每种活动设计和指导板块的设计，不拘泥于基本模式的介绍，还增加不同变式的分析，突出了“教学有法，但无定法”的教育理念，给了学生开放学习和创造思维的空间。

本教材由武汉大学出版社组织编写，湖北幼儿师范高等专科学校金晓梅副教授任主编，湖北幼儿师范高等专科学校邓文静老师、武汉大学幼儿园刘蓉老师任副主编，参编还有亿童文教股份有限公司的杨琴老师和武汉大学幼儿园的邓芳静老师。具体编写分工如下：第一章、第九章由金晓梅撰写，第二章、第四章由邓文静撰写，第三章、第五章由杨琴撰写，第六章、第八章由刘蓉撰写，第七章由邓芳静撰写。

在编写本教材的过程中，得到了华中师范大学蔡迎旗教授的指导，得到了诸多朋友的鼓励和帮助，得到了武汉大学出版社的大力支持，同时参考和引用了一些幼教同仁的相关研究成果，再此一并表示感谢。同时，由于时间紧迫，水平有限，书中如有不当之处，敬请读者和同仁批评指正。

金晓梅

2015 年 7 月于武汉

目　　录

第一章 幼儿园艺术教育基本原理

本章摘要

本章着眼于介绍幼儿艺术教育活动设计与指导的基本理论，在分析艺术活动与幼儿发展之间关系的基础上，对幼儿艺术教育的目标、内容、原则和方法等做了详细的解读，并结合案例详细介绍了幼儿艺术教育活动设计的策略和规范，旨在引导幼儿教师对幼儿园艺术教育有一个较为系统的认识。

学习目标

1. 理解艺术活动对幼儿发展的价值，明确幼儿艺术教育的目标，树立正确的幼儿艺术教育观。

2. 了解幼儿艺术教育的主要内容、基本原则和基本方法。

3. 初步掌握幼儿艺术教育活动的设计策略和规范，为今后进行艺术教育活动设计奠定基础。

第一节 艺术活动与幼儿发展

艺术活动是人们运用审美的方式，对于客体世界予以认知、反映和创造的过程。它是以特有的艺术语言为媒介，以创造艺术形象或意境为旨归的人类的精神文化活动。

根据艺术形象的感知方式，艺术可以分为四个类型：视觉艺术（如绘画、雕塑、摄影、工艺美术、建筑等）、听觉艺术（音乐、曲艺等）、视听艺术（如戏剧、电影等）、想象艺术（如文学）。幼儿园艺术教育所涉及的艺术及其形式，主要诉诸于视觉、听觉和视听联动。

一、幼儿艺术活动及特点

艺术活动是幼儿喜爱的一种活动形式，在幼儿生活中占有重要的地位。幼儿艺术活动主要是指幼儿运用多种感官去感知审美对象，用大脑去思考、理解、再现、加工、想象审美对象，并借助或运用色彩、线条、音响、声音、动作等艺术语言及相应的工具材料，表现自己对审美对象的认识和情感的过程。

幼儿艺术活动具有以下特点：

（一）体验性

幼儿艺术活动以幼儿主体内在的体验为基本特征。艺术是儿童的精神生命活动，所以，儿童的艺术活动就其本然状态而言更突出并首先表现为它的感受性，而不是认识性，但这并不表明艺术活动中就完全没有认识存在，而是说，在艺术活动中，感受体验性始终是主要的、决定性的，而认识性则是次要的、从属的。如幼儿进行泥工的时候，虽然也会认识材料和工具，但是更重要的是在揉、搓、捏、塑泥的过程中，亲身感受和体验泥的柔韧性、可塑性等特性。又如幼儿歌唱的时候，虽然也会了解歌曲名称和内容等，但更重要的通过欣赏和演唱，感受歌曲的情绪性质，体验音乐的旋律节奏美等。

（二）审美性

审美是艺术活动的核心，是区别于其他社会实践活动以及意识形态活动的根本标志。艺术活动就是通过具体可感的审美意象、形象和意境来表达某种观念和情感，是一种以审美意象和形象掌握世界的方式。幼儿艺术活动与其他领域的活动最大的区别就在于，每一个艺术活动都能将幼儿带入到一个美的氛围中，如音乐的旋律美、节奏美，美术的色彩美、线条美等，使幼儿在不知不觉中受到美的熏陶和感染，从而萌发美感，提升审美能力。

（三）情感性

在艺术活动中，情感具有特别重要的作用和地位。从更广泛的意义上来讲，一切艺术都是情感的艺术，没有情感也就没有艺术。古今中外很多艺术理论家，都对情感的作用和地位进行过论述。《毛诗序》：“情动于中而形于言，言之不足故嗟叹之，嗟叹之不足故咏歌之，咏歌之不足，不知手之舞之，足之蹈之也。”罗丹：“艺术就是情感。”苏珊·朗格把艺术定义为“人类情感的符号形式的创造，一切艺术都是创作出来的表现人类情感的知觉形式”。艺术之所以能打动人的情感世界，是因为它本身具有强烈的愉悦性和感染性。我们不难观察到在从事各种不同艺术活动的孩子身上表现出的那份快乐与满足。

（四）独创性

艺术具有典型的创造性，独创是艺术的根本。加德纳在其著作《艺术与人的发展》中提到："差不多每一个孩子到了四至七岁，在有合适环境的鼓励下，都是极富有创造性的。对于所有的孩子来说，这个阶段正是最自由的阶段。"如前所述，艺术活动是人们客体世界予以认知、反映和创造的过程。幼儿看待世界的眼光和对世界的理解和成人是不同的，因此他们的表达也与成人不同。如在美术活动中，成人总是力求客观地再现事物，像照相机般地反映事物的原来面貌。幼儿则倾向于主观地表现事物，事物在他们心里是什么样子的，就把它表现成什么样子。在幼儿眼里，周围世界的一切都是有生命的、具体生动的、富有思想和情感的。因此，幼儿的艺术过程是他们表达自己的认识和情感的过程，是幼儿即兴情绪和情感的流露，他们按照自己的感受和想象组织画面，表现造型，把成人认为许多不相干的东西组合在一起，在他们的作品中，成人有关美术创作的许多条条框框被打破，经常会出现一些成人看来既非常可笑，又非常可爱的作品，特别是在绘画活动中，常常出现成人难以想象的构思、造型、色彩和构图等。如可以看得见肚子里鸡蛋的母鸡，四条腿放射状展开的桌子，结满麦当劳符号的果树，和人一样直立行走能说会笑的小动物……这些超乎寻常的独特的表现，体现了幼儿大胆的想象和神奇的创造力。幼儿作品中自然天成的稚拙、淳朴，超乎想象的创造，甚至让很多艺术大师叹为观止。

二、艺术活动对幼儿发展的价值

（一）艺术活动是幼儿精神生命活动的表现

从本体论角度看，艺术是幼儿的一种生命活动。人的生命活动有身体的活动，如人的吃饭、睡觉，也有精神活动。艺术活动是对幼儿的一种精神成长性需要的满足，是一种没有直接功利性的、以活动过程本身为目的的需要的满足。儿童天生就喜欢艺术，绝大多数孩子在婴儿期就会对有节奏的声音和优美的旋律产生明显的视觉和动作的反应，一岁半左右，孩子就开始喜欢上了到处涂鸦。儿童身上具有从事艺术活动的天生倾向和能力，这是他们生命需求的直接显现。

儿童在生命的最初阶段，就能对有节奏的声音、鲜艳的色彩和对称的图形表现出更多的兴趣和偏好。作为生命发生体，儿童天生就携带着一些先天性的"自然结构"和"图式"。这些自然结构受限于自然和人类本身形态的实在性，如人类的呼吸、脉搏、心跳，自然界的日出日落、四季更替，都蕴涵着一种节奏和变化；人类和动植物的形态本身都是大致对称、均衡和多样统一的，在它们的运动和变化中又体现着一定的节奏、韵律、秩序与和谐。人类的这些自然结构在原始文化、神话、童话及一切艺术形式中都留下了痕迹，也以某种基因的方式在儿童身上刻上了深深的烙印，这使得儿童的生命中先天地就凝结着秩序、节律、和谐等美的因素，幼儿对美具有一种天生的敏感性。

从人类发展的历程中我们也不难发现：从古至今，不论人类遇到什么样的艰难险阻，对美和艺术创造的追求从来都没有停止过，不仅没有停止过，而且越来越强烈，越来越普遍。正如马克思所说，人之所以从事艺术活动是“出于同春蚕吐丝一样的必要”，是“他的天性的能动的表现”。幼儿也不例外。幼儿在艺术活动中所呈现出来的反映模式是幼儿最为原初、最为本真的一种生命活动，是幼儿的一种存在方式。

（二）艺术活动是幼儿感性地把握世界的一种方式，艺术是幼儿表达对世界认识的另一种语言

从认识论角度看，幼儿艺术活动是他们把握世界的一种方式。人类认识和把握世界的两种基本方式，即科学的方式和艺术的方式。科学的方式主要是一种逻辑的、推理的、理性的方式，其特点是逻辑性、抽象的、客观的、冷静的等；艺术的方式主要是一种直觉的、感悟的、感性的方式，其特点是直觉性、主观的、热情的等。幼儿显然倾向于后者。从幼儿的身心发展看，他们在感知上表现为知觉过程显示出整体性与直觉性，往往是凭直觉对知觉对象进行整体性判断，而非理性的、逻辑的分析与综合；在记忆上表现为具体形象记忆占优势；在想象上表现为出乎成人意料之外的独特想象；在情感上表现为易共鸣、易移情。因此，幼儿把握世界的感性方式表现出思维的直觉性、具象符号性和情感性的特点，也就是说，幼儿把握世界的方式主要是艺术的方式。这也是由他们的年龄所决定的。

儿童与成人把握世界的方式与对这个世界的理解是有差异的。反映在绘画上，成人的绘画往往是力求“客观地”再现事物，事物是什么样子就尽力把它画成什么样子；儿童则倾向于“主观地”表现事物，事物在他心里是什么样子，就把它画成什么样子。而儿童感受世界的方式和看待事物的眼光是独特的，他们有丰富的想象力，事物在他心里的样子往往会不同于成人眼中所看到的样子。因此，儿童的美术作品也往往更加独特，与成人的标准不同。也正是因为学前儿童认识和把握世界的这种直觉性和生动性，才使得他们的美术作品充满了独特的艺术魅力。

（三）艺术活动具有促进幼儿全面和谐发展的价值

从工具论角度看，艺术活动是幼儿自然全面发展的工具，强调艺术活动的教育价值，即以教育为本位，以艺术为手段，通过涂涂画画、唱唱跳跳等艺术实践活动培养幼儿的审美情趣，促进幼儿身心的健康和谐发展，引导幼儿良好个性和创造性发展。

1. 幼儿艺术活动具有健体的功能

幼儿的身体是在活动中发展的。不同门类的艺术活动对幼儿身体的发育和成长有着不同的作用。如歌唱活动，可以锻炼幼儿的呼吸和肺活量，促进发声器官的发展。舞蹈有类似于体操的功能，可以从美的角度、从艺术表现的角度来培养幼儿通过身体动作来传情达意和表现情感，同时促进幼儿健美的体形和体态，以及动作的协调性。美工活动如绘画、手工等都有助于培养幼儿手的灵巧性以及手、眼、脑之间的协调能力，促进幼儿手部小肌肉群的发育和成长。

2. 幼儿艺术活动具有益智的功能

1981 年获得诺贝尔生理学和医学奖的美国科学家斯佩里研究发现，人的大脑两半球的功能是高度专门化的，有着明显的分工。以形象思维为主的艺术活动是由大脑右半球支配的，所以，艺术活动有助于大脑右半球的发展，有利于全脑功能的开发。

艺术活动在发展幼儿的智力上，特别是在发展幼儿的观察力、记忆力、想象力、注意力、创造力和表现力上，有着独特的作用。

如绘画、手工和玩具制作等美术活动都是要通过幼儿的视觉，在感知事物的形状、比例、色彩等的基础上进行的表现活动。因此幼儿艺术活动首先锻炼和培养的就是幼儿的观察力。

艺术活动有利于训练和增强幼儿的记忆力。如音乐这一形式依靠旋律和节奏为幼儿提供了一种容易掌握的记忆方式，易于使幼儿的记忆力得到发展。无论是唱歌、舞蹈还是节奏乐，都需要记忆力的参与。而绘画和手工活动中，幼儿往往不是照物体原样去画去做，而是根据自己对事物的认识和记忆去画去做，这样的过程，幼儿的记忆力得到了锻炼。

艺术活动能够有效地提高和增强幼儿的注意力。首先，艺术内容本身能够吸引幼儿的注意，使幼儿从无意注意变为有意注意。一张纸能画出丰富多彩、变化多端的各种形象，可以折出各种小动物；一首歌曲能表达快乐的情感；一部乐器能发出奇妙动听的乐音，这些本身就可以使幼儿感兴趣。其次，绘画、手工、弹琴、舞蹈、表演艺术活动大多是通过手、眼、脑和身体的协调动作来完成，具有操作性的特点，而这一切只有注意才能完成。实践证明，生动、有趣的艺术活动，不但能够促进幼儿注意力的增强，而且能使幼儿形成认真、细致、专心致志的心理品质，这对他们未来从事的学习活动具有重要的意义。

想象是指人的大脑对以往的经验进行加工改造，从而创造出新形象的心理过程。想象力是智力的重要组成部分，是创造的源泉。当幼儿在音乐的伴随下自由舞蹈的时候，当幼儿按照自己的意愿画着想象画的时候，当幼儿用成人难以理解的手法将两个互不相关的事物相联系而做出“四不像”的时候，就开始了这种创造性的起步。

3. 艺术活动具有育德的功能

真、善、美是艺术的生命和品格，艺术作品中的真、善、美和艺术的形象性、情感性能够潜移默化地促使幼儿形成良好的品格。那些适合幼儿特点的优秀艺术作品中往往包含有良好的道德情感内容，通过幼儿乐于接受的艺术形式，可以把那些美好的情感、高尚的品德自然地传达给幼儿。

艺术活动过程对幼儿的责任心、坚持性、毅力和克服困难的勇气以及乐于助人和集体主义精神的培养也具有促进作用。例如，美术活动能培养幼儿认真、细致、有始有终地完成任务，能培养幼儿正确对待别人的评价，乐于与其他小朋友共同完成一件作品等。艺术教育还有助于幼儿追求美观、整洁、礼貌、大方的举止行为美，为幼儿未来的道德品质形成打下良好的基础。

4. 艺术活动具有审美的功能

美是艺术的特质，我们人类的审美意识和审美追求正是通过艺术最集中、最典型、最强烈地表现出来。所以，艺术活动最能培养幼儿美的感受力和审美情感。

在艺术活动中，幼儿接触到的艺术作品和艺术活动形式都具有丰富的艺术形式美，如绘画中的色彩、乐曲中的旋律、舞蹈中的体态变化、表演中的动作表情等，这些艺术形式美会自然地唤起幼儿的美感，甚至使他们忘掉周围的一切。幼儿艺术活动正是借助于这些直观的形象、和谐的乐音、生动的表演、有趣的活动来启迪幼儿，使幼儿得到精神上的满足和快乐，萌发幼儿的审美情感，逐渐形成欣赏美、热爱美的心理品质。

欣赏艺术是一种精神享受，同时潜移默化地影响着人的心灵、人的气质，陶冶着人的性情。通过艺术欣赏活动，幼儿可以从大量优秀艺术作品中感受美的情感、思想和道德，受到美的熏陶和影响。幼儿艺术作品的宝库是极其丰富的，例如一些好的歌曲，朗朗上口，不仅有旋律美、节奏美，也有形象美，能够使幼儿的心灵受到美的滋养，萌发初步表现美和创造美的愿望，为幼儿建立健全的审美心理结构打下良好的基础。

综上所述，艺术活动对幼儿具有重要的发展价值，我们要尊重并科学引导幼儿的艺术活动，让幼儿在丰富多彩的艺术活动中健康快乐地成长。

第二节　幼儿园艺术教育的目标与内容

艺术教育是幼儿园教育的重要组成部分，是深受幼儿喜爱的一种教育活动。幼儿园艺术教育是指教师有组织、有目的、有计划地借助艺术手段，依据美的规则对幼儿艺术活动进行适时适宜干预和引导，使幼儿在愉悦的氛围中学会感受美、表现美，建立和遵守美的规则，发展美感、开启心智和创造意识的系统教育活动。其宗旨是：以幼儿为本，为幼儿的持续发展、未来教育奠定良好基础；以发展幼儿审美素养和基本素质，提高幼儿生活质量为基本价值取向。

一、幼儿园艺术教育的目标

幼儿艺术教育的目标就是对幼儿艺术教育所能达到效果的合理期望。只有明确了教育目标，才能顺利地进行幼儿艺术教育。而在制定目标时，目标的制定者往往又会受到所处的社会时代背景，政治、经济、科学、文化以及对教育价值的定位和要求等诸多因素的影响。因此，目标的制定就成为一项整合学术性和政策性的工作，必须考虑幼儿能力发展的特点和规律、社会对幼儿教育的要求以及学科本身的特性。

我国幼儿园艺术教育的目标，可参照2001年颁布的《幼儿园教育指导纲要（试行）》提出的艺术教育领域的总目标和2012年颁布的《3~6岁儿童学习与发展指南》的各年龄阶段儿童发展目标。

（一）幼儿园艺术领域教育总目标

《幼儿园教育指导纲要（试行）》中明确提出了幼儿园艺术教育的总目标，表明“以幼儿发展为本”的先进理念和科学的艺术教育观。其基本的价值取向是，激发幼儿对艺术活动的兴趣和喜爱，丰富幼儿的审美感受和体验，引发幼儿的情感共鸣，追求幼儿的自我表达和表现，培养幼儿表现美、创造美的情趣和能力。具体包括以下内容：

1. 能初步感受并喜爱环境、生活和艺术的美

幼儿艺术教育的核心是审美教育、情感教育。艺术教育与其他领域最大的不同，在于每一个艺术活动都尽可能把幼儿带进美的境界，使幼儿受到美的熏陶和感染，从而萌发幼儿的美感。

美是客观存在的，而美感是主观的，对于没有基本的感知能力的人，美是不存在的。如天生的盲人不可能对色彩产生美感。因此要培养幼儿美的感受力，应从发展幼儿敏锐的感知觉入手。这是因为艺术是感知的艺术，视听感官是艺术活动的主要感官，是获得艺术认知的“窗口”。如音乐是听觉感知艺术，美术是视觉感知艺术，舞蹈则是视听、运动觉共同感知的艺术，艺术活动的过程是需要幼儿多种感官参与的过程。幼儿在对图形、色彩和声音的感知中，发展了敏锐的感知能力，有了感知能力为基础，才能进一步有意识地形成积极的情感态度倾向。

因此，在日常生活中，教师要引导幼儿留意、关注、发现、比较周围环境、生活和艺术中美的事物，让幼儿有深切的感受，从而产生喜爱之情，不断提高幼儿美的感受力。

2. 喜欢参加艺术活动，能大胆地表现自己的情感和体验

爱因斯坦说过：兴趣是最好的老师。这句话用在幼儿身上尤为合适。幼儿由于意志力发展不够好，因此其学习主要受兴趣支配，对感兴趣的活动会积极投入，专心致志，

甚至会自觉克服困难，对不感兴趣的活动则会回避、拒绝、厌恶，甚至反抗，即使勉强参加，也收效甚微。幼儿的兴趣来自两方面，一是外部的刺激，如新异的内容、新奇的形式、新颖的材料等，二是内部的动力，即好奇心和求知欲。前者属于浅层兴趣，短暂、不可能持久，我们应设法将其引向深入，将表面热情转化为内在动力，设法激起幼儿的好奇心和求知欲，让幼儿置身于已经知道一些却想知道更多，已经会做一些却想做得更好的氛围中，为满足自己的求知欲，他们会孜孜不倦地探索，自觉克服障碍。这个时候的学习才是一种真正意义上的主动积极的学习。

幼儿有着强烈的自我表达欲望，艺术活动是幼儿自我表达的重要方式。我们应鼓励幼儿大胆运用艺术方式进行自我表达，不要人为地给幼儿艺术活动增加一些条条框框加以限制。如果我们留心观察就会发现，只有在没有任何外在压力的艺术活动中，如听音乐做自由动作、自由地画意愿画等活动中，幼儿才是最开心、最快乐、最投入的，也就是说只有让幼儿感到轻松、愉快、生动、有趣的艺术活动，幼儿才能大胆表现，才会长时间陶醉在充满乐趣的想象创造中，才会真正体会到艺术活动的快乐。

3. 能用自己喜欢的方式进行艺术表现活动

幼儿是天生的艺术家，幼儿期是最富有创新精神的阶段。在艺术活动中，幼儿大胆、浪漫、无拘无束地表达他们的童心、童趣，他们很少受各种成规戒律的束缚，可以随意地联想、拟人、神化，随意地“张冠李戴”，这正是他们艺术创新的表现，也是培养他们创新意识和创新能力的良好时机。因此在艺术活动中，教师应接纳幼儿的差异性、独特性、创造性，尊重幼儿富有个性化的自我表达，给幼儿自己选择表达内容和方式的自由，并为幼儿提供宽松的环境条件，维护宽松的、和谐的精神氛围和自主表现的时空，让每一个幼儿都具有表现的勇气，在充分展示和表现自己的才能中获得满足感和成就感。要记住，科学的答案或许只有一个，而艺术的表现形式由于没有统一的标准和定式，所以“艺术”的答案有许多。

以上这三条目标是相互渗透、相互包含、相辅相成的，一方面，感受力是前提，表现则需要建立在感受的基础上，另一方面，表现则是感受的深化，通过表现可以不断加深感受和理解。而兴趣则始终是动力。

（二）幼儿艺术领域学习与发展目标

《3~6岁儿童学习与发展指南》指出“艺术是人类感受美、表现美和创造美的重要形式，也是表达自己对周围世界的认识和情绪态度的独特方式。每个幼儿心里都有一颗美的种子。幼儿艺术领域学习的关键在于充分创造条件和机会，在大自然和社会文化生活中萌发幼儿对美的感受和体验，丰富其想象力和创造力，引导幼儿学会用心灵去感受和发现美，用自己的方式去表现和创造美”。《指南》结合艺术领域的特点和幼儿身心发展的年龄特点，从感受与欣赏、表现与创造两大方面，提出了幼儿艺术领域学习与发展的4条目标，同时列出了不同年龄段幼儿在各目标发展上的典型表现。这些是我们从事幼儿艺术教育活动的重要指南。

1. 感受与欣赏

目标1　喜欢自然界与生活中美的事物

3~4岁	4~5岁	5~6岁
1. 喜欢观看花草树木、日月星空等大自然中美的事物。2. 容易被自然界中的鸟鸣、风声、雨声等好听的声音所吸引。	1. 在欣赏自然界和生活环境中美的事物时，关注其色彩、形态等特征。2. 喜欢倾听各种好听的声音，感知声音的高低、长短、强弱等变化。	1. 乐于收集美的物品或向别人介绍所发现的美的事物。2. 乐于模仿自然界和生活环境中有特点的声音，并产生相应的联想。

目标2　喜欢欣赏多种多样的艺术形式和作品

3~4岁	4~5岁	5~6岁
1. 喜欢听音乐或观看舞蹈、戏剧等表演。2. 乐于观看绘画、泥塑或其他艺术形式的作品。	1. 能够专心地观看自己喜欢的文艺演出或艺术品，有模仿和参与的愿望。2. 欣赏艺术作品时会产生相应的联想和情绪反应。	1. 艺术欣赏时常常用表情、动作、语言等方式表达自己的理解。2. 愿意和别人分享、交流自己喜爱的艺术作品和美感体验。

2. 表现与创造

目标1　喜欢进行艺术活动并大胆表现

3~4岁	4~5岁	5~6岁
1. 经常自哼自唱或模仿有趣的动作、表情和声调。2. 经常涂涂画画、粘粘贴贴并乐在其中。	1. 经常唱唱跳跳，愿意参加歌唱、律动、舞蹈、表演等活动。2. 经常用绘画、捏泥、手工制作等多种方式表现自己的所见所想。	1. 积极参与艺术活动，有自己比较喜欢的活动形式。2. 能用多种工具、材料或不同的表现手法表达自己的感受和想象。3. 艺术活动中能与他人相互配合，也能独立表现。

目标2　具有初步的艺术表现与创造能力

3~4岁	4~5岁	5~6岁
1. 能模仿学唱短小歌曲。2. 能跟随熟悉的音乐做身体动作。3. 能用声音、动作、姿态模拟自然界的事物和生活情景。4. 能用简单的线条和色彩大体画出自己想画的人或事物。	1. 能用自然的、音量适中的声音基本准确地唱歌。2. 能通过即兴哼唱、即兴表演或给熟悉的歌曲编词来表达自己的心情。3. 能用拍手、踏脚等身体动作或可敲击的物品敲打节拍和基本节奏。4. 能运用绘画、手工制作等表现自己观察到或想象的事物。	1. 能用基本准确的节奏和音调唱歌。2. 能用律动或简单的舞蹈动作表现自己的情绪或自然界的情景。3. 能自编自演故事，并为表演选择和搭配简单的服饰、道具或布景。4. 能用自己制作的美术作品布置环境、美化生活。

《指南》中将艺术领域划分为感受与欣赏、表现与创造两个子领域，对于子领域一“感受与欣赏”，主要要求是让每个幼儿学习善于在生活中发现美、感受美；对于子领域二“表现与创造”，主要要求幼儿能够乐于用自己的方式表现美和创造美。两个子领域目标确立的总体思路，基本是按照3~4岁、4~5岁、5~6岁幼儿的身心发展规律来细化目标设立的。

《指南》为何从这两个方面进行阐述，主要考虑到以下几个方面：

（1）凸显了艺术活动的特质。艺术具有体验性与独创性的特质。情感体验始终是艺术活动主要的基本特征，独创性则是艺术的根本。《指南》捕捉到这两个艺术特质对幼儿的艺术发展目标进行阐述，符合幼儿在艺术活动中不断自我发现、自我表达的心理需要。

（2）顺应儿童艺术发展的一般规律。儿童的审美心理在婴儿时期就表现出一定的倾向性，如鲜艳的色彩、悦耳的声音、规则的形状，这时的美感是一种本能的快感。2~4个月的婴儿开始对颜色有所偏好，6个月初步具有协调听觉与身体运动的能力。到1岁左右，他们对各种音乐旋律、色彩形状等具有分辨能力。这时婴儿的情绪反应和体验发展十分迅速，为幼儿期审美心理发展提供了基础。进入幼儿期，幼儿审美发展水平层次较低，且不太稳定，审美评价处于萌芽状态。在审美期待下，幼儿对美的对象进行观察，并且初步伴有想象、情绪情感和知觉理解的过程，获得感性的愉悦，但在这一阶段幼儿对美的感受还不深入，情感还没有被激发出来。当幼儿对美的对象产生了情感活动，触发了真挚的情感时，他会产生丰富的联想，思维活跃，逐步产生自我表现的欲望。感受、欣赏在前，表现、创造在后符合幼儿艺术发展的基本规律。

（3）强化感受力与表现力的关系。感受与欣赏是吸收，表现与创造是输出，吸收与输出交替重复，其中的各阶段之间是不断递进的关系：表现与创造的生命力、丰富性、独特性最主要的还是取决于幼儿发自内心的感受和较高的艺术素养。幼儿越是感受深刻，他在情感上的表达越是鲜活，在形象的塑造上越是具有艺术感染力。当幼儿有了独具匠心的表现与创造后，他的审美素养再次得到攀升。

（三）幼儿艺术教育年龄阶段目标①

1. 美术教育年龄阶段目标

（1）3~4岁

3~4岁儿童的绘画处于“象征期”。这个阶段虽然出现了绘画意图，但这种意图是通过象征式的线条来表现的，如一条曲线既可代表虫子，又可代表绳子。由于他们手部肌肉发育不够成熟，认识能力也有限，所以这个时期的儿童手工也不能有目的地制作出形象。此阶段目标如下：

感知、体验，从自然景物、艺术作品中能享受到视觉艺术的美。

---

① 王慧然. 学前儿童艺术教育. 北京：北京师范大学出版社，2014：12.

养成正确握笔及绘画姿势，手眼保持一定距离，握笔自然，按意愿作画。

乐于参加手工活动，愿意尝试用准备好的手工材料简单制作。

养成对色彩的认识兴趣，能认识并学会使用3~5种常见的颜色：红、黄、绿、蓝、黑，可随意表现色彩美。

(2) 4~5岁

4~5岁幼儿绘画仍处于“象征期”，但比前一阶段更具有一定美的表现力。手工制作由无目的的动作逐步呈现出有意图的尝试，此阶段目标如下：

喜欢艺术活动，能用自己喜欢的方式大胆地表现自己的感受和体验。

能通过欣赏艺术作品激发表现美的欲望和创造美的乐趣。

学会在画面上简单布局，表现简单情节，能大胆地按意愿作画。

认识和使用多种手工工具和材料，初步学习用自然材料和废旧材料制作造型简单、制作方便的玩具。

(3) 5~6岁

5~6岁幼儿绘画发展处于“形象期”，幼儿绘画技能有所提高，想象也丰富了，具有一定的创造力。其手部肌肉精细动作得到发展，手眼协调能力逐渐增加，可以做一些复杂的手工活动，此阶段目标如下：

学会用简单的形式表现物体的基本特征和某些细节。

能够简单描绘人物和动作的不同姿势，如侧面、背面、四肢的简单动作等。

能根据自己的生活印象和故事、诗歌内容，画简单的情节画，初步学会恰当安排画面。

能在正方形、长方形、圆形、菱形纸的中心、边缘、角隅，用学过的纹样和简单的具有民族特色的3~5种纹样，有规律地画图，并会在生活用品上用花纹或物象进行装饰。

能根据画面内容恰当使用颜色、色彩，学会自己调色。

学会使用简单的工具和辅助材料，塑造人物、动物的主要特征和动作，表现出形态美。

学会使用剪刀，可用不同方式如目测剪、沿轮廓剪或折叠剪，剪出各种样式的植物、动物、窗花等，表现风格美。

学会利用身边的物品和废旧材料，如纸、泥、绒、布、线、自然材料等，运用画、折、剪、贴、塑、编、插、组装等综合技能制作小制作，体现创造美。

2. 音乐教育年龄阶段目标

(1) 3~4岁

能用正确的姿势、自然的声音一句一句地歌唱，初步理解和表现歌曲的形象、内容和情感；能够并且喜欢为自己熟悉的，短小、工整、多重复的简单歌曲增编新的歌词。

基本上能够按照音乐的节奏做上肢或下肢简单的基本动作和模仿动作，学会一些简单的集体舞，初步体验用表情、动作、姿态与他人沟通的方法和乐趣。

学会几种打击乐器的基本演奏法，能独立伴随熟悉的歌曲或乐曲有节奏地演奏，初步学会看指挥开始和结束演奏。

能感受性质鲜明单纯、结构短小的歌曲和有标题的器乐曲的形象、内容、情感，并能在感受过程中产生较积极的外部反应，初步了解进行曲、摇篮曲、舞曲和劳动音乐的特点。

(2) 4~5 岁

能用不同的速度、力度、音色变化来表现歌曲的形象、内容和情感；能唱出 2/4 拍和 3/4 拍歌曲的不同节拍感觉，且学会在歌唱过程中等待和正确地表现出歌曲的前奏、间奏和尾奏；初步学会独立地接唱和与他人对唱。

能够按音乐的节奏做简单的上、下肢联合的基本动作、模仿动作和舞蹈动作，且随音乐的改变而改变动作的力度、速度等，学会一些创造性地改变熟悉节奏型的方法，初步了解一些创编韵律动作组合的规律。

能独立使用某一种固定节奏型随熟悉的歌曲或乐曲演奏，能在集体演奏中始终保持自己的演奏速度和节奏型，养成集中注意看指挥和对指挥的要求作出积极反应的习惯。

在有对比的情况下，能分辨差别较明显的高低、快慢、强弱特征，能正确区分 2/4 拍和 3/4 拍的音乐，初步掌握前奏、间奏、尾奏、乐段、乐句的开始和结束，初步知道什么是音乐结构中的重复。同时，能在一定时间内注意力比较集中地倾听、观赏音乐和舞蹈作品。

(3) 5~6 岁

能够根据不同的合作歌唱要求控制、调节自己的歌声，初步学会领唱、齐唱、两声部轮唱、简单的两声部合唱等歌唱表演形式，在集体歌唱活动中能够产生初步的默契感，初步学会用连贯的和顿、跳的唱法来表现歌曲的不同意境，学会唱弱拍起唱的歌曲。

能够比较准确地按音乐的节奏做各种稍复杂的基本动作、模仿动作和舞蹈动作组合。进一步丰富舞蹈动作语汇，了解创编韵律动作组合的规律，学会跳一些具有创造性的稍复杂的集体舞。能够使用已掌握的空间知识创造性地进行动作表演，并喜欢为不同的韵律活动选择不同的道具。

进一步学习更多种类的打击乐器的基本奏法，学习探索音乐的分类，并在老师的指导下学习制作简单的打击乐器，初步体会各种演奏方案中音色、音量和节奏型配置的表现规律。在集体演奏活动中，能按指挥的手势迅速、正确地做出反应。能对歌曲、乐曲的音区、速度、力度、节拍等的性质和变化作出直接判断，进一步掌握音乐的结构，能分辨乐段、乐句中明显的重复和变化关系。喜欢并比较自信地使用不同艺术手段来表达欣赏音乐、舞蹈作品的感受，能比较自觉地从音乐、舞蹈欣赏中获取各种艺术和非艺术的经验。

二、幼儿园艺术教育的内容

幼儿艺术教育的目标需要依托一定的教育内容得以落实。教育内容是教育目标的载体。

（一）幼儿艺术教育的内容要求

《幼儿园教育指导纲要（试行）》中提出了幼儿艺术教育活动的内容要求：

（1）引导幼儿接触周围环境和生活中美好的人、事、物，丰富他们的感性经验和审美情趣，激发他们表现美、创造美的情趣。

（2）在艺术活动中面向全体幼儿，要针对他们的不同特点和需要，让每个幼儿都得到美的熏陶和培养。对有艺术天赋的幼儿要注意发展他们的艺术潜能。

（3）提供自由表现的机会，鼓励幼儿用不同艺术形式大胆地表达自己的情感、理解和想象，尊重每个幼儿的想法和创造，肯定和接纳他们独特的审美感受和表现方式，分享他们创造的快乐。

（4）在支持、鼓励幼儿积极参加各种艺术活动并大胆表现的同时，帮助他们提高表现的技能和能力。

（5）指导幼儿利用身边的物品或废旧材料制作玩具、手工艺品等来美化自己的生活或开展其他活动。

（6）为幼儿创设展示自己作品的条件，引导幼儿相互交流、相互欣赏、共同提高。

（二）幼儿园艺术教育的具体内容

在幼儿园教育中，艺术教育主要包括音乐教育和美术教育两大方面。

1. 音乐教育

（1）歌唱活动：歌唱活动是运用人的嗓音进行的一种艺术活动。它是人类表达、交流思想感情的最自然的方式之一，也是儿童表达自己思想的一种方法。对于儿童来说，歌唱是他们童年生活不可缺少的一个重要组成部分。歌唱既能给儿童的生活带来无穷的乐趣，还具有重要的教育价值，它能在潜移默化中陶冶儿童的情操，启迪儿童的心智，完善儿童的品格。因此，歌唱是幼儿音乐教育活动中的一个重要内容。

（2）韵律活动：韵律活动是指在音乐的伴奏下所进行的以身体运动和身体造型为表达媒介的一种艺术活动。包括音乐游戏、舞蹈、律动。它在幼儿音乐教育工作中占有重要地位。它可以发展幼儿的身体运动能力，以及借助身体动作感受和表现音乐的能力，帮助幼儿更好地感受音乐作品的节奏美。

（3）节奏乐活动：节奏乐活动是以身体大肌肉动作参与为主，运用一定的节奏和音色，通过打击乐器的操作来表现音乐的一种活动。在人类演奏活动的历史上，打击乐器是起源最早的乐器种类之一。节奏乐活动是幼儿音乐活动中的一个重要组成部分。在敲敲打打的节奏乐活动中不仅可以培养和增强幼儿的节奏感和对不同乐器音色的敏感性，而且还能提高幼儿对音乐的感受和理解能力，特别是对多声部音乐的感受和理解，从中享受和体验到集体的器乐活动的快乐和满足。

（4）音乐欣赏活动：音乐欣赏活动是指通过聆听音乐作品进行感受、理解和初步鉴赏的一种审美活动。音乐欣赏不仅可以使儿童接触到更多的优秀音乐作品，开阔幼儿的音乐眼界，丰富幼儿的音乐经验，发展他们的想象、记忆、思维等，而且在音乐欣赏的过程中还能培养幼儿听觉的敏感性和良好的倾听习惯，培养幼儿对音乐稳定而持久的兴趣以及初步的审美情趣和审美能力。

2. 美术教育

（1）绘画：绘画是儿童运用色彩、线条和构图，在一个平面上创造出直接可感的，具有一定形状、体积和空间感的艺术形象的活动。绘画作为一种视觉艺术，具有强烈的直观性，对儿童有很大的感染力。儿童在绘画中所创造的艺术形象既是他们对周围生活环境的反映，又是他们对事物主观的审美感受和评价。

（2）手工：手工是指靠手的技能和使用简单的工具，对材料进行加工成型的一种造型活动。手工活动对于培养幼儿双手的精确性、灵活性和实际操作能力，以及耐心细致的工作态度有重要意义。

(3) 美术欣赏：美术欣赏是儿童通过对美术作品、自然景物和周围环境中美好事物的认识和欣赏，从中受到艺术感染，并丰富艺术联想，以提高对艺术美的感受力和欣赏力。通过欣赏，可以发展幼儿的美感，使他们获得精神上的愉悦和审美享受。爱美之心人皆有之，但是健康的审美观点不是天生就有的。美术欣赏有助于缩短从爱美到审美的距离，因此美术欣赏对幼儿来说有重要意义。

第三节　幼儿园艺术教育的基本原则与方法

一、幼儿园艺术教育的基本原则

幼儿艺术教育的基本原则是依据幼儿教育规律，结合幼儿艺术教育实践经验、幼儿身心发展特点及相关教育理论逐步形成的。它是对幼儿艺术活动实践的概括和总结，反映了幼儿艺术活动过程的客观规律。遵循幼儿艺术活动的基本原则有利于教学工作的开展、进行，提高教育质量。根据幼儿艺术教育的学科特点和幼儿的年龄特点，幼儿艺术教育的基本原则概括如下：

（一）审美性原则

审美性原则是指教师在幼儿艺术教育活动中，根据幼儿的审美心理特点，引导幼儿感受事物中蕴涵的美，激起幼儿的审美热情，形成美的意象，使对美的发现和感受贯穿于幼儿艺术活动的各个环节之中。

对于幼儿来说，艺术教育与其他领域的教育一个最大的不同在于，幼儿除了通过学习获得一定的知识技能、增长能力之外，还被带入一个美的天地里，在这个过程中，幼儿的情感世界变得更为丰富，感受美、表现美、创造美的能力也获得发展。这是艺术教育在五个领域教育中的独特和优势所在。所以，艺术教育的审美性应受到特别的重视。《纲要》中将艺术领域的教育内容和要求综合概括为“丰富幼儿的情感，培养初步的感受美、表现美的情趣和能力”，即是审美性原则的体现。

审美既是推动幼儿从事艺术活动的手段，也是艺术教育的目的。在艺术教育中，应牢牢把握这一特点，以美的事物和方式启发幼儿的观察、想象和创作的冲动，用美激发幼儿的活动热情，使之贯穿于幼儿艺术活动的各个环节，使幼儿在不断体验美和创造美的过程中，提高其审美趣味和创造美的能力，丰富其内心的情感世界。具体来说，可以从以下几个方面入手：

1. 巧妙创设审美情境，引发幼儿审美期待

在艺术活动开始之前，教师创设适宜的审美情境，引发幼儿对艺术作品学习的兴趣和审美准备是很有必要的，这是幼儿感受美、表现美的前提。一般情况下，图片、多媒

体课件、音响、活动室的布置以及教师的语言、姿态甚至穿着，共同构成艺术的氛围和情境。幼儿对接下来的学习活动是充满期待还是漫不经心，在很大程度上受到情境、氛围的影响。如美术活动《墨韵》中，教师在活动室一侧墙面挂满了各种各样的漂亮的水墨画，又引导幼儿欣赏了一段展示毛笔和墨汁出神入化的变化的生动视频，引起了幼儿对毛笔和墨的浓厚兴趣，为本次活动创设了一个良好的开端。

2. 呈现优美艺术作品，激发幼儿的审美冲动

在幼儿对活动充满期待的前提下，作品的呈现方式和效果十分重要，因为第一印象会进一步影响幼儿接下来的学习兴趣。在艺术教育活动中，教师要设法为幼儿呈现最好的视听效果，用艺术打动幼儿的心灵，带给幼儿初始的审美冲动。如果是教师呈现艺术作品，如亲自示范唱或演示，一定要注意做到准确、熟练、优美、富有情感，如果是需要借助于一定的视频设备，则要事先检查试听，将效果调试到最佳。当幼儿由衷地感到“哇，好好听”“好漂亮啊”的时候，他们的审美冲动和学习积极性就自然地激发起来了。

3. 挖掘作品审美价值，唤起幼儿的审美情感

审美情感是审美心理诸要素中最活跃、最关键的因素。无论是审美感知、审美想象还是审美创造，都有情感活动相伴随。幼儿的情绪具有易感性的特点，而且容易将自己的情感转移到自然物上，与它们融为一体。这使得幼儿不仅对美的对象倾注了深挚的情感，而且会把这种情感深入到他们自觉的艺术创造活动中。所以，教师应设法通过艺术作品唤起幼儿的情感体验，激励幼儿在一定的联想和想象中产生情感共鸣，获得审美感动。教师要善于挖掘作品所蕴涵的各种有利于幼儿发展的审美价值，在幼儿与作品之间架设情感沟通的桥梁，促进幼儿与作品之间深层次的对话，如通过介绍作品背后的故事，引导幼儿多种感官充分感知作品，引导幼儿进行角色扮演、移情体验等活动，都可以帮助幼儿进一步理解作品，获得审美感动。

（二）活动性原则

活动性原则是指教师要提供足够的活动材料和活动机会，引导幼儿在各种具体的艺术实践活动中发展其艺术素养。无论是在幼儿音乐活动中还是幼儿美术活动中都充满了大量的活动，如音乐中的唱、跳、奏，美术中的剪、贴、捏等。幼儿的愉悦情绪、美感体验和技能习得都是在其自身各种具体艺术行为实践过程中获得的。所以在艺术教育活动中，教师应尽可能为幼儿提供充分的活动材料和活动机会，鼓励幼儿投入到艺术实践活动中去。

（1）创设多样化的艺术活动机会。在艺术教育活动中，教师要尽可能为幼儿提供多样化的活动机会，让幼儿通过多种感官去体验和认识艺术作品，用多样的方式去表达和交流艺术实践经验，启发和鼓励幼儿在看看、听听、唱唱、跳跳、做做、玩玩等多种艺术实践活动中去主动体验，从而获得并加深对作品的认识和把握。

（2）提供丰富的艺术活动材料。幼儿的活动往往是由材料引发的，为了引发幼儿

艺术活动的欲望和兴趣，我们应为幼儿提供丰富多样的艺术工具材料（如打击乐器、油画棒、剪刀等），还可以将之投放于活动角和游戏区域中，便于幼儿随时进行艺术活动。还可以把一些优美的音乐作为幼儿一日活动中的背景音乐。

（三）创造性原则

创造性原则是指教师根据艺术活动本身的特点以及对幼儿创造潜能的认知，在艺术活动中注重为幼儿营造创造的氛围，通过多种形式丰富幼儿的想象，培养幼儿艺术创造的主动性。

通过艺术活动培养具有创新意识和创造能力的一代新人是幼儿艺术教育的核心目标。幼儿艺术表达的过程就是创造的过程。对于幼儿而言，其早期的艺术学习和创造经验必然对其今后人生的创造活动产生重要且深远的影响。

毕加索曾说过："儿童是天生的艺术家。"的确，每个孩子都是艺术家，每个孩子都是以自己的方式独特地接触艺术、表达体验的，他们的艺术是他们内心世界的真实流露，在他们小小的身体里蕴涵着巨大的艺术潜能和创造潜能，这是不容忽视的。创造力培养的最佳方式就是创造本身。教师应从以下几个方面贯彻创造性原则：

1. 创设宽松的心理氛围

教师要创设一种有利于激发幼儿创造意识的宽松的心理氛围，尊重幼儿个性化的想法和表达，以开放的视野接纳幼儿的艺术表现。幼儿好奇心强、想象大胆，在他们充满稚气和童真的想法中，创造性若隐若现，对此，成人一定要及时发现并精心培育，切不可用"像不像""对不对"等成人固定思维模式去限制他们或盲目否定他们，而应敏锐捕捉幼儿创造性思维的闪光点，并积极加以引导和鼓励。只有在这种民主、自由、宽松的氛围中，幼儿才能够消除胆怯和依赖，才会大胆表达，发挥出创造的潜能。

2. 丰富幼儿的已有经验

丰富的经验是从事艺术创作活动的原材料。幼儿已有的感知和体验极大地左右了幼儿感受美、表现美、鉴赏美所能达到的程度，所以要重视幼儿的感知和体验。教师在日常生活中要注意引导幼儿亲身体验和感受大自然和周围生活中的美，如外出散步或参观的时候，结合具体环境用生动语言描述所感知的对象，用启发性语言引导幼儿思考、想象、有序地感知事物或景物的色彩、声音、形态以及节奏韵律等审美属性，感受美的事物带来的愉悦，生发和增强审美情感。

3. 搭建艺术创造的适宜支架

创造并非凭空产生，它需要广阔的认知基础、自由的探索空间和强烈的创造欲望。为此教师要注意一方面帮助幼儿掌握必要的、基本的艺术知识和技能，为幼儿进行艺术创造提供有力的支撑，同时还需要提供足够的时空，给予幼儿自由创造的机会，并提供多种想象线索，如通过不同的活动材料、启发式的提问、可供选择的艺术表现形式等，支持幼儿在自由自在、随心所欲的玩耍中接触各种艺术活动的材料和方式，在唱唱跳跳、敲敲打打、涂涂画画、剪剪贴贴中激发幼儿艺术活动的兴趣，促进想象力和创造力的萌芽和发展，为幼儿艺术创造搭建支架。

（四）生活化原则

生活化原则是指教师在幼儿艺术教育活动中，要以幼儿的生活经验为基础，以幼儿熟悉的人、事、物为主要内容，注重生活经验与艺术教育的紧密结合。《幼儿园教育指导纲要（试行）》中也非常强调艺术教育的生活化，如艺术领域的总目标提出要引导幼儿“能初步感受并喜爱环境、生活和艺术中的美”，在内容和要求上指出“引导幼儿接触周围环境和生活中美好的人、事、物，丰富他们的感性经验和审美情趣，激发他们表现美、创造美的情趣”。在儿童艺术教育中如何贯彻生活化的教育原则呢？

1. 艺术教育要来源于幼儿生活

选择艺术教育内容时，教师应以儿童的生活经验为基础，选择幼儿生活常见的感兴趣的内容，如自然景物、动物、日常物品等，这样的内容才容易唤起幼儿的情感共鸣，进而才可能产生创作的冲动。如让儿童画自己的妈妈，他们会情不自禁地将对妈妈的情感投射到绘画活动中；让他们用橡皮泥手工制作兔子，他们会乐此不疲地完善、装饰自己的作品。

另外，教师还要充分挖掘儿童生活中多元的美术教育资源和工具材料，提供丰富而有层次的真实材料，开展形式多样的生活化美术活动。大自然是一个丰富多彩的物质世界，它为孩子们的艺术创作提供了天然的素材，石头、贝壳、沙子、树叶等这些随处可见、贴近生活实际的材料，易于唤起儿童的创作热情与欲望。

除了自然材料，生活中的废旧材料也可以作为美术活动的素材。教师可以充分利用废旧材料调动幼儿积极性，利用亲子合作、小组合作等多种形式尝试将废弃的纸盒、纸袋、轮胎、瓶罐进行加工和改造，从而设计出具有创造性的艺术作品。

2. 艺术教育应渗透于幼儿生活

罗丹说过“生活中不是缺少美，而是缺少发现美的眼睛”。审美能力的发展不仅仅来源于美术活动，生活本身为美术教育提供了很多资源。一日生活中富有大量感知美、体验美和创作美的机会。教师应该精心创设生活化的审美环境，让儿童在一日生活中就可以感受到室内环境的装饰美、墙面环境的色彩美、室内区域布置的秩序美、室外走廊的情趣美、背景音乐的旋律美……另外，教师可以根据活动主题创设生活环境，如在“红红火火过大年”的活动中，教师可以通过剪窗花、贴窗花、挂灯笼等布置教室环境，渲染热闹、红火的过年氛围；通过贴年画、贴对联、做新年贺卡体会人们过年时互赠祝福的美好情感，帮助儿童在生活中感受到新年的喜庆，体验过年的快乐。总之，应将艺术教育有机渗透于幼儿的一日生活中。

3. 艺术教育要回归于幼儿生活

艺术源于生活，也是为了生活。为了让幼儿感受艺术的意义，我们应鼓励幼儿用自己的艺术创作美化自己的生活，用幼儿自己的艺术作品装饰幼儿园、活动室、活动区，这既可以增加幼儿的成就感，也可以让幼儿深深体会到，艺术就在我们身边。

（五）个性化原则

个性化原则是指在艺术活动中，教师根据每个幼儿的个性特点选择适当的学习内容和学习方式，尊重幼儿与众不同的想法和表现，促进幼儿艺术个性的健康发展。

由于多种因素，形成了幼儿个体之间的差异。幼儿园艺术教育不是要消除这种差异，而是要通过多种形式的艺术教育使幼儿的个性得以健康张扬。艺术是富有个性的艺术，幼儿是具有个性的幼儿，艺术教育不必强求一致，而应尽量创造条件，针对不同的教育对象，采取不同的教育方法，在幼儿个体能够接受的基础上，采取具体措施促进幼儿发展，发挥每个幼儿不同的艺术才能和聪明才智。

（1）了解每个幼儿的兴趣、能力和原有发展水平，并以此为依据来考虑、设计艺术活动的内容和形式。

（2）为不同发展水平的幼儿提供不同的活动安排，设计不同的活动要求。尤其是对超出一般幼儿能力水平的幼儿或对一般的活动要求感觉困难的幼儿要给予特别的关注，提供特殊的活动设计，使这些幼儿在艺术活动中也能获得适宜于自己的发展。在幼儿活动中，有些幼儿反映出有别于大多数儿童的艺术天赋。在发现、爱护他们的基础上，要有针对性地引导他们，发展他们的艺术潜质。对不善于表达，技能技巧薄弱，心理过于封闭的幼儿更要鼓励、呵护，给予特别关注，使他们尽快融入集体，积极参与到艺术活动中去。

（3）采取多样化的评价手段。多样化的评价手段可以促进幼儿个性化的和谐发展，而且还具有内在激励作用。艺术教育与其他领域教育相比，最突出的特点是它的表现性、多样性和个性化，艺术教育不同于其他领域的教育，艺术创造没有统一或唯一的答案。在艺术创造活动中，教师应采用多样化的评价手段，尊重幼儿个性化的表达和想法，这样才能让幼儿感受到艺术活动的快乐，才有利于培养幼儿的创造意识和创造能力。

二、幼儿园艺术教育活动的基本方法

幼儿艺术教育活动的方法是指教师在幼儿艺术活动中，为了达到一定的艺术活动目的，使幼儿积极主动地参与艺术活动，所采用的一系列活动方式的总称。根据幼儿艺术活动的内容、性质，幼儿年龄特征、实际水平，以及各种外在影响因素，幼儿艺术教育活动的方法多种多样。常见的方法有以下几类：

（一）语言指导类方法

语言指导类方法是指教师通过语言向幼儿传递信息和指导幼儿艺术活动的方法，是艺术教育活动中的常用方法。

语言指导类方法主要有讲授法、谈话法和讨论法。

1. 讲授法

讲授法是教师通过语言的描述、说明和解释，向幼儿传递信息，从而使幼儿获得艺术知识和技能的方法。讲授法包括讲述和讲解两种。

虽然艺术活动普遍要求“精讲多练”，但幼儿在学习技能前或练习技能中，教师都应视情况进行讲述讲解，必要时还可重复。如舞蹈中讲解动作的基本要领，手工活动中讲解什么叫“团圆”、“压扁”等。

运用讲授法的要点是：

（1）讲授内容要科学准确。尤其是对一些术语、概念、原理的解释一定要准确，幼儿往往是先入为主，所以教师准确的讲解将使他们受用终生。

（2）讲授语言要生动形象。讲授法主要是通过教师讲、幼儿听的方式向幼儿传递信息，因此需要教师具备较强的语言表达能力，以吸引幼儿的注意力。教师要善于用艺术性的语言激发幼儿的活动兴趣，如运用文学作品启发幼儿想象，运用形象比喻或拟人帮助幼儿理解，运用眼神、手势等体态语言加深幼儿的印象等。

（3）讲授方式要通俗易懂。幼儿对语言的理解能力有限，因此，讲解时要照顾幼儿的语言水平。不要使用太多学术语言或抽象概念，要简明扼要、深入浅出，尽可能具体形象地说明，以便容易被幼儿理解和接受。

2. 谈话法

谈话法是指根据幼儿已有的知识经验，通过问答或交谈等方式引导幼儿艺术活动的教育方法。如围绕着一幅美术作品展开谈话。谈话的主题可以由教师提出，也可以由幼儿提出。

运用谈话法的要点是：

（1）谈话要在幼儿已有的知识经验基础上进行。

（2）问题要围绕主题，紧扣教学目的，要有启发性、逻辑性，以引起幼儿步步深入思考。既要面向全体幼儿，又要照顾个别幼儿的水平。

（3）注重培养幼儿良好的谈话习惯，如注意听清问题，并针对问题用响亮声音回答。

（4）教师要注意耐心倾听幼儿的回答，及时肯定、补充，做出明确的结论。并鼓励幼儿向教师质疑。

3. 讨论法

讨论法是幼儿以全班或小组为单位在教师指导下就某个中心问题交换看法、互相启发的一种方法。讨论法可以是两人讨论、小组讨论、全班集体讨论等。

运用讨论法的要点是：

（1）做好讨论前的准备。对于将要讨论的问题，教师事先要有知识储备，同时也应注意设法丰富幼儿相关的知识储备。如欣赏《赛马》这首乐曲之前，可以让幼儿通过不同的途径了解马的形态、马奔跑的声音等。

(2) 善于启发和引导幼儿围绕中心问题进行讨论。提问要面向全体成员，鼓励幼儿畅所欲言、各抒己见，允许幼儿的奇思妙想，教师不要急于下结论，而要用更进一步的提问引导讨论的深入。

(3) 要根据幼儿讨论的情况进行小结。但小结不用强求标准答案，可以用多元的、开放的观点进行概括小结。

(二) 直接感知类方法

直接感知类方法是教师在艺术教育活动中，借助于实物、教具，设计相关的教育情境，将教育内容直观展示给幼儿的一类方法。这类方法的最大优点是可以使幼儿直接获得感性认识，形成清晰而深刻的表象，便于理解和记忆；同时，还有助于集中幼儿的注意力，引起他们的兴趣，更好地巩固所学的知识技能。它具体包括以下方法：

1. 观察法

观察法是有目的、有计划地引导幼儿运用视觉器官感知客观事物的一种方法。通过观察，可以锻炼幼儿各种感官，发展大脑的机能，提高幼儿注意、想象、思维等能力，激发幼儿的求知欲，使他们逐步形成对周围事物的辩证态度。

要注意艺术观察与科学认知的区别，突出艺术领域的特点。在科学认知活动中，幼儿通过各种感官，在感知客观事物的基础上形成的是科学概念，强调的是“真”；而艺术活动中的观察是通过感官感知事物的审美属性，让幼儿获得美感及其体验，强调的是“美”。

例如，观察活动——“下雪”，在科学认知活动中，要让幼儿知道雪是怎样形成的，雪对植物、动物、人们生存环境的影响等科学知识。而在艺术活动中，就要让幼儿观察下雪时天空和地面的景象，雪花的形状及其变化，雪在空中飞舞的样子，雪中人们的行为、衣着、神态以及自己的心境与感受等。

运用观察法的要点是：

(1) 观察活动要有计划。观察前教师要选定并熟悉观察对象，做好观察计划，创设观察的条件。

(2) 观察目的要明确。教师要向幼儿提出观察目的和要求，引起观察兴趣，引导幼儿自始至终有目的地进行观察。

(3) 观察过程要有指导。观察活动应伴随教师的指导，教师可用语言和手势进行指导，教幼儿按顺序观察和用比较的方法观察，同时调动幼儿的多种感官参与观察，并有意识地在观察活动中发展幼儿的语言。

(4) 观察结束要有总结。通过引导总结幼儿观察的印象，让幼儿将观察到的知识进一步巩固和条理化。

2. 演示法

演示法是指教师通过向幼儿展示各种实物、教具或采用多媒体视听手段等使幼儿获得关于某一事物或现象的感性认识的方法。如折纸活动中，教师向幼儿演示折纸的步骤。演示法包括分步演示、连续演示、局部演示、对比演示、反复演示等多种形式。

运用演示法的要点是：

（1）选择适宜的演示对象。演示对象要主题明确、形象鲜明，能够凸显所学内容的主要特征。

（2）使全体幼儿都能看清演示的对象，并辅以简明扼要的讲解和谈话，使幼儿把注意力集中在对象的主要方面。

（3）演示要技巧熟练、程序正确、动作清楚、速度适宜。

（4）演示的时间要短，根据需要可向全班、小组或个人进行重复演示。

3. 示范法

示范法是教师把艺术教育过程中的有关难点，通过操作演示直接展示给幼儿，并引导幼儿进行模仿练习，从而掌握各种艺术技能的方法。在幼儿园艺术活动教学中，教师往往运用示范的方法教幼儿学歌唱、跳舞、律动动作，或按一定的方法、步骤、程序绘制美术作品。示范法包括完整示范、部分示范、分解示范、不同方向示范等多种形式。

运用示范法的要点是：

（1）进行歌唱示范时，要声音洪亮、吐字清楚、用词准确、速度适中，富有表现力。

（2）进行动作示范时，要选择好位置，使每个幼儿都能看清楚。

（3）示范动作要慢一些，要清楚准确，并适当加以解释。

（4）示范应同讲解配合使用，通过浅显易懂的描述使幼儿理解示范的实质和要点，从而提高教学实效。

4. 范例法

范例法是指教师将具有典型性的图片或事例展示给幼儿，给幼儿提供一种可模仿的榜样。榜样应是形象的、具体的，包括图片、模型、玩具、画册、实物标本以及教师画或做的图画、手工和贴绒样品等。

运用范例法的要点是：

（1）范例的大小适宜，应让每个幼儿看清楚。

（2）范例的难易适当，与幼儿实际水平相适应。范例的表现方法应适合幼儿年龄特点、为幼儿所理解，是大多数幼儿经过努力能够达到的。如在美术欣赏活动中，世界名画——凡·高的《向日葵》就是较好的范例。

（3）范例要富有美感，色彩鲜艳，画面清晰，形象突出，具有典型性。

（4）范例要多样化、层次化，具有一定的数量，能从不同角度反映事物的面貌，以开阔幼儿的思路，为其创造性表现提供基础。如大班剪纸“窗花”，教师可以提供形式多样的、不同材料和方法制作成的窗花，来拓展幼儿眼界，鼓励幼儿思考与动手。

应该注意的是，范例选择运用得当与否，对幼儿创造性的发挥有一定影响。不适宜地、过多地使用范例会抑制幼儿创造性思维，限制幼儿自身经验、能力的发挥，还可能让幼儿错误地认为艺术就是模仿。所以，范例只是帮助幼儿理解、表现的辅助性教学手段，当幼儿需要的时候，应适时适宜地提供范例，并且要尽可能地引导幼儿主动思考，独立地、创造性地进行艺术活动。

（三）实践练习类方法

实践练习类方法是指教师在教育活动中，创设一定的环境，提供充足的实物材料，让幼儿通过自身的实践、练习活动进行学习的方法。这类方法最大的优点在于幼儿是学习的主体。幼儿在实践活动中反复实践，调动各种感官协调活动，幼儿的大脑始终处于积极状态，在较短的时间内幼儿能获得准确、系统、完整的知识，而且记忆深刻，兴趣浓厚。具体包括以下几种方法：

1. 练习法

练习法是指在获得某种知识技能之后，幼儿通过重复的练习从而熟练地掌握知识和技能的一种方法。

根据创造成分的多少，练习法可以分为技能练习、模仿练习和创作练习。技能练习是运用工具和简单表现技能的练习，如执笔、运笔、涂色、剪贴、使用剪刀等。模仿练习是幼儿依照范例或教师的示范而进行的练习活动，如律动、舞蹈基本动作练习等。创作练习是幼儿根据教师的命题和自己的意愿独立构思和表现的创作活动，如意愿画、听曲绘画、听曲表演、配器等。

根据练习内容可分为分段练习（分步练习、单项练习）、综合练习（完整练习）的方式进行。

以上各种练习方式有各自的特点和作用，教师应根据幼儿的能力和活动内容的需要单独或综合运用。

运用练习法的要点是：

（1）练习要有明确的目的。幼儿应在明确和理解练习的目的、任务和具体要求的情况下自觉练习。

（2）练习要循序渐进。练习中要先求正确后求熟练，逐步提高要求。可根据练习材料的性质和幼儿的年龄特点，适当分配练习的分量、次数和时间。开始阶段，练习次数多些，每次时间少些；要由浅入深，由易到难；由单一练习到综合练习，不断提出新的练习要求；既要力所能及，又要保持一定的标准高度，以引起幼儿做练习的要求和愿望。

（3）练习的方式要多样化。多采用游戏形式，以提高练习的兴趣，避免单调、乏味的重复。艺术知识技能不可能通过一两次简单的练习就可以获得、掌握，它需要反复、多次的练习与实践。所以要为幼儿提供多种操作练习的机会，同时多采用游戏方式，在游戏中逐步熟悉、完善，进而达到熟练掌握和运用的目的。

（4）练习要注意及时纠错。练习要加强个别辅导，及时纠正错误，以免形成习惯后不易纠正，对能力差的幼儿要多给予练习的机会和具体的帮助。

2. 操作法

操作法是指幼儿通过亲自动手操作直观教具，在摆弄物体的过程中进行探索，从而获得知识、经验和技能的一种教学方法。

运用操作法的要点是：

（1）操作材料要充足。为幼儿提供充足的操作材料，一般人手一份。

（2）操作时间要充分。给幼儿充分的操作时间去摆弄物体，去思考和探索，以达到操作的目的，充分发挥教具、材料的作用，切忌走过场。

（3）操作前讲解说明。在幼儿动手操作之前，应向幼儿说明操作的目的、要求和具体的操作步骤、方法。

（4）操作中观察引导。在幼儿操作的过程中，教师要观察幼儿的操作情况，及时发现问题，引导幼儿积极思考和探索，可根据情况向全体幼儿或个别幼儿提出启发性问题或提醒幼儿应注意的问题。

（5）操作后讨论小结。要讨论操作的结果，帮助幼儿将他们在操作中获得的感性经验予以整理归纳，明确概念。

3. 游戏法

游戏法是指幼儿在有规则的音乐游戏或美术游戏中进行学习的一种方法，是深受幼儿欢迎的一种学习方式。

运用游戏法的要点是：

（1）根据不同的教育目标和教育内容选择、创编不同形式的游戏。

（2）教师应根据游戏的内容及形式的不同，采用不同的指导方法。

（3）教师要重点指导幼儿遵守游戏规则，克服困难，独立或与同伴合作完成游戏。

（4）游戏中要注意培养幼儿之间的合作、谦让、友爱、互助等优秀品质。

（四）引导启发类方法

引导启发类方法是指在教师的指导下，由幼儿自己发现问题、探索问题和解决问题的方法。

1. 发现法

发现法（又称探索法）是指在教学过程中，教师不是将知识直接教给幼儿，而是引导幼儿在已有知识经验的基础上，去发现、探索和研究的一种学习方法。

运用发现法的要点是：

（1）发现法的关键在于发现情景的创设。教师要根据教育目标、具体艺术教育的内容以及幼儿的水平投放教具，创设问题情境，引导幼儿明确任务，认识了解教具，思考解决问题。

（2）发现法以幼儿自主探究为主。鼓励幼儿以个人和小组的方式，动手动脑尝试解决问题的方法，完成任务，教师可给予必要的引导和帮助。

（3）教师应注意引导幼儿交流、各自发现。鼓励幼儿相互评判，并帮助幼儿归纳结论，反思探究过程中的方法，进行知识的迁移或发现新的问题。

2. 联想法

联想法是指在幼儿充分感知事物的基础上，通过回忆一件事物连带想起相关事物的方法。艺术教育活动中，启发幼儿联想对幼儿的艺术构思、丰富作品内容具有重要作用。

运用联想法进行活动指导时，要注意原型与幼儿已有经验的相关性和相似性，为了使幼儿产生丰富的联想，可以在原型与联想之间建立联想中介点和交叉点，从而产生最佳的联想效果。如在绘画活动中，幼儿画了一辆小汽车，教师可引导幼儿：车在什么地方行驶？车上有谁？马路上还有些什么？还可以画什么？等等，不断地通过幼儿的联想来表现和丰富画面效果。

3. 因势利导法

因势利导法是指教师对幼儿在艺术活动中出现的偏离预期活动日标的情况采取积极引导的态度，从而取得特殊教学效果的方法。

对幼儿而言，艺术表现活动及其结果并无绝对的对错界限。“我戴着墨镜看太阳，所以太阳的颜色不是红的”，“树上结满各种各样的糖果点心”，“我在学鸵鸟飞”，“我在听花儿唱歌的声音”……对幼儿的这些想法和艺术表现，成人不能简单地以对错加以评判，而应鼓励幼儿独立想象和创造，尽量与众不同，尽可能充分地发挥想象力。教师要善于发现每个孩子的特点，因势利导地进行指导，真正地让孩子充满自信，自由表现。或许幼儿的一件作品或一种表现在成人看来没什么，而孩子却是认真的。在他们充满童真的、稚气的想法中，都隐藏着创造性，老师要及时地发现并精心地指导。在指导上可用“谈谈你为什么这样画”来代替“不应该这样画，应该那样画”的说教方式，或者启发幼儿“你画得真不错，再想想还可以怎么样来表达呢？”

其实只要我们认真仔细地从不同的角度去发现幼儿作品的可取之处，并进行积极引导，就能充分挖掘幼儿潜在的艺术才能，使艺术活动取得意想不到的效果。

例如，在“我和我的好朋友”的绘画活动中，很多幼儿都把班上自己最要好的朋友画在画面上，有一位小朋友却在画面上画了一只小花猫，当孩子迟疑、不知所措时，教师及时引导说：“呀！你的好朋友是一只小花猫吗？你喜欢它吗？为什么？”幼儿听了老师的话，感觉到了鼓励和肯定。老师继续说：“现在画面上有了你的好朋友，那你在哪儿呢？”于是该幼儿又在画面上添上了自己和小花猫捉迷藏的情节，最后这幅特别的画成了全班小朋友一致推荐的最好的一幅画。这个孩子也从此对绘画充满自信。在这次活动中，教师认识到幼儿“泛灵论”的思维特点，当幼儿在绘画中将动物拟人化的时候，用理解的语言加以肯定，并进一步加以引导，既保护了幼儿的自信心，又激发了幼儿丰富的想象力与创造性思维，收到了很好的效果。

幼儿艺术活动的方法很多，各种方法之间相互联系、相互渗透。在整个艺术教育过程中，可根据具体操作内容采取不同的教育方法，也可将几种方法结合起来运用，还可以根据具体情况和教学实践，不断总结、创造出新方法，确保幼儿身心获得美的、健康的发展，顺利实现艺术教育的目标和要求。

第四节　幼儿园艺术教育活动的设计

幼儿艺术活动就如同艺术本身一样，有着多种多样的内容和形式，把它放到一种设计模式中并非是最合理的选择，但为了初学者学习，这里还是常识性地介绍幼儿艺术活动过程的一般环节，即选择内容、制定目标、活动准备、过程设计、活动延伸，它们既是幼儿艺术教育活动的基本设计环节，也是一份完整的活动方案所涉及的五个方面，即：活动名称、活动目标、活动准备、活动过程、活动延伸。

一、活动内容的选择

幼儿艺术活动的内容，体现在教案中就是活动的名称，体现在过程中就是整个艺术活动所要围绕的主题内容。它可以是来自于教师的选择，也可以是从幼儿的各项活动和需要中派生出来。

教师选择的内容除了考虑它的艺术性之外，还要考虑如下几点：

（一）内容要与幼儿发展相适宜

在选择课程内容的时候，我们应该考虑到我们在为谁选择内容，简单地说，适宜性也就是我们在选择内容的时候一方面不能局限于幼儿的已有水平，在原有的经验上打转转，另一方面又要在基于幼儿的水平、着眼于其发展的前提下来考虑。不同年龄段的幼儿会表现出不同的年龄特征，在选择内容时就必须要有年龄阶段的针对性。如抢椅子的音乐游戏。小班幼儿不关注比赛，但关注自身，玩时可以让椅子和幼儿人数一样多，幼儿每次听到音乐一停止，就立即找一个椅子坐下即可。而大班幼儿比较关注游戏结果，则可以增加游戏的难度和竞赛成分，让椅子总是保持比幼儿人数少一个，音乐一停止幼儿必须立刻抢椅子。

（二）内容要贴近幼儿现实的生活

幼儿的学习特点是以无意学习为主，我们能够看到较明显的表现就是幼儿很在意自己的生活，并且通过看似无意的生活学到了很多的东西，可以说，有生活就有幼儿的学习，在选择内容的时候，如果我们脱离幼儿的生活情景，远离他们的生活经验，幼儿的学习将会是事倍功半。反之，让幼儿在生活中学习，他们会较容易地感知事物的特征，理解一些规律，进而在直接感知的基础上获得基本态度、基本行为方面的发展。而且艺术本身就离不开生活、来源于生活，因此我们应该在幼儿的生活中选择合适的教育内容。

（三）内容要考虑幼儿的兴趣

在选择内容的时候，我们必须考虑到幼儿的兴趣，“兴趣是孩子最好的老师”，若幼儿的兴趣与我们所选择的内容相一致，就会大大地促进内容的学习。我们首先要从幼儿感兴趣的事物中寻找富含教育价值的内容，幼儿感兴趣的且富含教育价值的内容自然就是最好的素材。

在幼儿活动和需要中生成的内容往往是幼儿感兴趣的内容，但由于这些内容并非教师精心准备的，所以对于教师而言，难点就在于如何给幼儿提供引导和支持，这对教师的专业素质要求较高。总体来讲，我们认为对这类内容，教师应该放松心态，放低姿态，和幼儿一起面对、一起探索、一起思考、一起尝试，同时也会一起体验到探索的过程与结果带来的快乐。

二、活动目标的制定

针对每一具体的艺术教育内容，教师都要制定出明确的活动目标，以避免活动的随意性和盲目性，提高活动的实效。

在制定活动目标时，要依据以下几个方面：（1）依据《纲要》中幼儿艺术教育领域的目标。（2）依据该年龄班幼儿艺术能力的发展水平。（3）依据本次艺术活动内容的具体特点和需要。

（一）表述的方式

教育活动目标是指某一次或某几次艺术教育活动所期望幼儿获得的某些发展。从表述角度的不同，可分为两种表述方式：

（1）从教师的角度表述，说明教师期望通过活动帮助幼儿获得的学习结果。如：“引导幼儿体会表演的乐趣”，“鼓励幼儿大胆地表达自己的感受”都属于这种方式的表述。

（2）从幼儿的角度表述，说明幼儿活动前后的行为变化。如：“尝试运用乐器敲打乐曲 ABB 的曲式”，“能根据图谱用身体动作表现歌曲的强弱变化”等。

目前我们比较提倡从幼儿角度表述目标，因为这样做更能够提醒教师关注幼儿的发展变化，而不只是关注自己的“教”。从关注教师的“教”到关注幼儿的“发展”，其实体现了一种观念的转变。教育活动目标无论是哪种表述形式，都应侧重于说明活动之后学习者行为或能力方面的变化。

（二）表述的要求

1. 教育活动目标的内容要尽可能全面

虽然不同教育活动的目标应有所不同，且应有各自的重点目标，但总体而言，除了突出本活动的重点目标外，还要兼顾其他方面的目标。每个具体教育活动目标原则上都应包括情感态度目标、认知目标、行为技能目标三个方面的内容。

鞋匠之舞——打击乐（重点领域：艺术）

活动目标

（1）感受鞋匠修鞋敲打乐器的快乐。（情感态度目标）

（2）尝试运用乐器敲打乐曲 ABB 的曲式。（认知目标）

（3）能用身体以及打击乐器来表现鞋匠修鞋，并进行简单的合奏。（行为技能目标）

2. 教育活动目标的陈述应具体而明确

教育活动目标应以具体明确的表述说明幼儿完成学习任务后要达到的“目的地”，如不能清楚地表达，幼儿可能就会因目的地不明而难以到达。目标不明确，对教师确定教育内容、组织教育过程、安排教育策略、评价学习结果等都是不利的，所以，教育活动目标的陈述应具体、明确，具有可操作性，避免笼统、概括和抽象，以便能具体指导、调控教师的教学过程。

如一位教师在一次歌唱活动的目标中写道：“发展音乐能力”，这样表述的目标过于含糊，且不具有可测量性和可操作性，若改成“初步学唱歌曲，能自然地唱弱起拍”就很具体了，有可观察性和可测量性，同时对教师的教育实践也具有指导作用，而且还能更利于对教育活动结果进行评价。

3. 教育活动目标的表述角度要统一

教育活动包含教师的教和幼儿的学，所以在教育活动目标的表述上可以有两种形式，一是从教师角度出发，表述教师期望通过活动帮助幼儿获得的学习结果，二是从幼儿角度出发，指出幼儿在学习之后应知道和能做到的表现。但是无论从哪个角度表述活动目标，都应注意每条目标的出发点一致，即有统一的表述角度。

线的遐想——想象画（重点领域：艺术）

活动目标：

（1）引导欣赏线条表现的艺术作品。

（2）学习利用随意线条形成的图形，想象添加有趣的形象。

（3）能用不同种线条组织一幅画面，表现出一定的美感。

具体分析这三个目标可发现，第二个的“学习……”和第三个的“能用……”都是从幼儿角度表述的，而第一个的“引导……”则是从教师角度表述的，所以存在表述角度不统一的问题。

不过，目标是预定的，而幼儿的活动是生动鲜活的，在活动中要根据实际需要做合理的调整与变通，不要拘泥于一时、一事、一技、一曲、一幅的短时效果，而要着眼于幼儿的整体的、长远的发展。

三、活动前期的准备

活动准备包括经验准备和物质准备。经验准备即幼儿完成此次活动内容所需要具备的经验，包括认知的、操作的、心理的、情感的等多方面的准备。一定的经验水平有助于支持幼儿愉快顺利地完成新的活动和学习。物质准备即完成此次艺术活动所需要的各种物质材料，包括教师使用的教具、幼儿使用的学具以及活动环境的各种布置。以上准备不一定每一次都要面面俱到，可以有所侧重地写。

不一样的自画像——美术欣赏（重点领域：艺术）

活动目标（略）

活动准备

（1）知识经验准备：有过画人物的经验，能用线条和图形表现五官。

（2）物质材料准备：教学欣赏 PPT 图片——凡・高《自画像》、毕加索《拿着圆筒冰淇淋的男人》，记号笔、蜡笔、牛皮纸等。

四、活动过程的设计

活动过程的设计是指根据本次活动的内容和目标，对此次艺术活动过程进行的具体设计，通过设计来有效实施艺术教育。活动过程在结构上可分为开始部分、基本部分和结束部分来进行分析，不同部分的任务、形式和时间都各不相同。

开始部分：主要目的是集中幼儿的注意力，激发幼儿的学习兴趣，并提出本次活动的主题。可以采用猜谜语、讲故事、提问、出示教具、设置情境等方式，但时间不宜过长。这部分活动的设计强调形式的简明、有趣和自然，要激发幼儿进一步活动的欲望。

基本部分：主要目的是完成本次活动的各项任务。教师应根据活动目标，确定重点和难点，并以此安排幼儿活动的顺序、步骤，设计活动的方法、形式、手段。并注意各环节之间的自然衔接和过渡，围绕目标，突出活动的重点，突破活动的难点，循序渐进展开活动。这部分时间相对较长，是活动的主体。

结束部分：主要目的是归纳整理本次活动的主要内容，如活动评价、展示活动成果。要求结束自然，时间不要过长，不要拖泥带水。

五、活动后续的延伸

如果有未完成的内容，可以利用其他时间继续活动，即活动延伸。

如“小木偶的舞蹈”活动结束后，教师可将木偶投放在音乐区，幼儿可继续创编不同的动作，或者把更多小朋友的纸木偶动作连起来，大家一起做。

对于有经验的老教师而言，活动过程可以只是一份简单的程序列表，而对于新教师而言，则必须详细写明每个环节所采取的方式方法，甚至具体的提问和要求，只有这样才可保证活动的顺利进行。

六、艺术教育活动方案案例分析

案　例	评　析
手指小人来了——指印添画（大班） 活动目标 1. 体验与同伴合作添画的愉悦情绪。 2. 能根据生活经验在指印基础上添画丰富有趣的情节。 3. 能正确使用美术操作材料进行创作，养成良好的卫生习惯。	目标涵盖幼儿情感态度、认知以及行为技能三个方面，较为全面，表述具体，角度一致。
活动准备 1. 经验准备：幼儿有合作作画的经验。 2. 物质材料准备：白色卡纸、水粉颜料、勾线笔、白乳胶、碎布头、吸管等	活动准备较为充分，为活动进行奠定了良好基础。
活动过程 1. 故事导入，了解不同的作画方式。 •教师讲述故事，引发幼儿兴趣。 “知道他们的工作是什么吗？城堡是用什么做的吗？” “手指小人现身了，他们的身体、四肢和长相都不一样，他们是什么样子的呢？” •教师激发幼儿发挥想象，请个别幼儿上台来添画。 2. 丰富故事情节，引导幼儿创作出有各自不同想法的创作。 “手指小人家族里有爸爸、妈妈、爷爷、奶奶、哥哥、妹妹，他们的样子都不同，大家能怎么分辨出来呢？” •幼儿尝试用不同的手指印画出大小不同的手指小人，并能用不同的线条表现出各自不同的样子特征。 •幼儿尝试用重叠、堆砌的印画手法，表现出小人聚集在一起的感觉。 •教师提供材料，引导幼儿用不同的材料来装扮手指小人。例如，把碎布剪成三角形当衣服，把吸管剪成小段当裤子等。	导入方式生动有趣，引发幼儿活动的兴趣。为本次活动创设了一个良好的开端。 引起幼儿对已有生活经验的回忆，创作前的引导。 提供不同的材料，鼓励尝试探索，利用不同的材料自由地创作与表达。 循序渐进，增加难度，鼓励幼儿合作创作，体验合作的快乐。

续表

案　　例	评　　析
3. 幼儿自由创作，教师巡回指导。 • 幼儿分组合作添画。 提示幼儿在情景构图和制作城堡的材料上可以更有想象力。 4. 展示自己的作品，相互交流手指小人的故事。	展示作品，小结评议，自然结束活动。

思考与练习

1. 举例说明艺术活动对幼儿身心发展的促进作用。
2. 幼儿园艺术教育的目标是什么？说说你对艺术教育目标的理解。
3. 结合实例谈谈你对幼儿园艺术教育基本原则的理解。
4. 找一份幼儿艺术教育活动的案例，并分析其基本结构和规范。

第二章　歌唱活动设计与指导

本章摘要

本章着眼于介绍幼儿园歌唱活动的设计思路与指导策略，在分析幼儿园歌唱活动基本内容、类型、选材及基本要求等基础上，对幼儿在歌唱活动中所需掌握的基本知识技能进行了详尽的阐述，并结合案例详细介绍了幼儿园歌唱活动的基本环节、程序变式及具体的指导策略，旨在引导学生对幼儿园歌唱活动的组织实施有一个较为系统而全面的认识。

学习目标

1. 明确幼儿园歌唱活动的含义和价值，理解歌唱活动中幼儿所需掌握的基本知识技能。
2. 了解幼儿园歌唱活动的内容、类型、要求及歌唱游戏的创编方法。
3. 初步掌握幼儿园歌唱活动的设计思路与指导要点。

第一节　歌唱活动概述

唱歌是人类自然的愿望，是人类表达自己喜、怒、哀、乐各种复杂感情的有力手段，生活中经常喜欢唱歌的人，会收获更多的快乐，唱歌不但能学习音乐的基本知识和基本技能，还能提高审美能力。歌唱，又称唱歌，是指人类通过发声器官产生音乐性声音的过程，与说话相似。歌唱通过音长、音高、音色、音程、音量、旋律、节奏、表现力等方面，来阐释作品和艺术性地表达情感。歌唱是人类与生俱来的一种天赋，是抒发、交流情感的一种重要方式，更是儿童表达自己思想感情的一种方式。对于学前儿童来说，歌唱是他们日常生活中不可缺少的一个重要组成部分，也是其表达自己感情的一种方法。歌唱既能给儿童的生活带来无穷的乐趣，同时它还具有中介的教育价值，能在潜移默化的审美熏陶中陶冶儿童的情操、启迪儿童的心智、完善儿童的品格。因此，歌唱活动是学前儿童音乐教育的一个重要内容。

1904 年 1 月，清政府颁布《奏定蒙养园章程及家庭教育法章程》第二章“保育教导要旨”的第二节“保育教导条目”中，规定“歌谣”为四项条目之一：“幼儿在五六岁时渐有心喜歌曲之际，可使歌平和浅易之小诗，如古人短歌谣及古人五言绝句皆可，并可使幼儿之耳目喉舌运用舒畅，以助其发育且使心情和悦为德性涵养之质。”① 在“游戏”条目中，规定“同人游戏者合众幼儿为诸种之运动，且使合唱歌谣，以节其进退”。可见《奏定蒙养园章程及家庭教育法章程》规定的音乐活动主要是唱歌和游戏。

1905 年，我国最早的幼儿园——湖北幼稚园的开办章程中，将“唱歌”列为该园七项保育课目之一。1905 年湖南蒙养园的教课说略中将“乐歌”列为该园的七项科目之一，规定“乐歌为体育之一端……以歌意发其一唱三叹之感情。盖关系于国民忠爱思想者，如影随形……各歌节教发育小儿身心；教育机关之唱歌者，培养美感，高洁心情，涵养性情也。有单音唱歌，轮环唱歌、复音唱歌之分……幼稚园中准教单音。乐歌一道为用最大，凡立学堂不设乐歌，是为有教无育，是为不淑之教。盖不止幼稚园为然也……体操发达其表，乐歌发达其里；强健四肢莫善体操，乃全乐歌之妙生于舞蹈，以状所歌之事与词，而用音的节奏以发扬之……应将本省名山大川盛迹名区，乡贤名宦，动植各物，剩为浅显歌词，谱出新腔，令学童歌唱以乐和之……凡共同之唱，声音洋溢，最是感人……本省地理历史理科是本省学童特性中事，先启发其爱乡之情，然后以言爱国。将来歌词有忠孝节义等发扬蹈历之事，则爱国之教也”②。

歌唱活动是幼儿园音乐集体教学中常见的一种活动类型。幼儿园歌唱活动泛指所有运用嗓音进行艺术表现的活动。因此，除了通常意义上的学习演唱歌曲以外，还应该包括自由地哼唱，自由地念念有词，有节奏地说，说、唱及动作表演等各种方式相结合。③ 学前儿童在歌唱活动中，学会歌唱和说话时倾听自己的声音，并学着控制声调的高低，逐渐在歌唱活动中获得音准感。同时，在歌唱活动的学习过程中，学前儿童发声器官的协调能力也得到发展，从倾听和歌唱两方面来形成自己唱歌的音准。因此，在幼儿园歌唱活动中，教师应以幼儿体验参与集体歌唱的愉悦感为重点，在歌唱过程中使幼儿亲自体验并意识到自己是集体中的一员，同时帮助幼儿获得通过歌唱表达自己情感的经验。

一、歌唱活动的基本知识与技能

幼儿园歌唱活动是指用嗓音来演唱有旋律、有歌词的歌曲以及节奏朗诵、唱名游戏

---

① 中国学前教育史编写组. 中国学前教育史资料选. 北京：人民教育出版社，1989：96.
② 中国学前教育史编写组. 中国学前教育史资料选. 北京：人民教育出版社，1989：108-109.
③ 许卓娅. 幼儿园音乐教育活动指导. 北京：人民教育出版社，2009：17-18.

等。歌唱活动的根本目标是培养幼儿对幼儿歌曲作品的感受力和理解力；不断丰富幼儿听唱歌曲的音乐经验，并满足其用嗓音表达自我的愿望，引导幼儿通过歌唱体验愉悦的情绪；提升幼儿的歌唱表现力，全面提高幼儿的协调能力、自控能力和审美能力。

歌唱活动的基本知识和能力的发展主要包括歌词、音域、节奏、音准、呼吸、情感体验与表达、独立性、合作性以及创造性九个方面。理想的歌唱活动能促进这些方面的发展，使幼儿能够舒适地、有理解力地和有感情地歌唱。

（一）各年龄段学前儿童歌唱能力的发展

1. 3~4 岁儿童歌唱能力的发展

该年龄阶段的儿童对音乐的表现欲望和能力正在萌芽，对歌唱活动的兴趣愈来愈浓，尤其是对富有戏剧色彩的、生动活泼、情绪热烈的歌曲特别喜欢，还喜欢唱歌曲中的重复部分。

在歌词表现方面，虽然 3 岁左右儿童的语言发展已有了很大的进步，他们已经能够完整掌握比较简短的句子或较长歌曲中的相对完整的片断，但是由于此阶段儿童认知发展方面有一定局限，他们对歌词内容的理解还存在一定的困难，加之儿童听辨和发音能力还较弱，所以碰到他们不理解的字词，吐字发音往往不太清楚。

3~4 岁儿童歌唱的音乐一般为 c^1-a^1（即 C 大调 1-6），其中唱起来最舒服、轻松的是在 d^1-g^1 之间（即 C 大调的 2-5），但个别儿童的音域发展有所偏差：音域稍宽的儿童偏高可达到 C^2，偏低可唱到 a，而音域偏窄的 3 岁儿童仅能唱出 3 个音左右。

在旋律感知方面，此年龄阶段儿童存在着明显的差异性和不精确性，最明显的表现就是“走音”现象。有相当一部分儿童音准有问题，往往不能正确地唱出歌曲旋律，唱歌如同“说歌”，特别是在没有乐器伴奏的情况下或是在独立歌唱时走调、没调的情况更为严重。当然这种现象的发生还必须注意到是否由歌曲音域过宽、音调过高或过低、旋律太难等其他因素所致。

在节奏方面，3~4 岁儿童基本上能做到比较合拍地歌唱，尤其是对儿童日常生活中如走步、跑步、心跳、呼吸等相对应协调的节奏——四分音符、八分音符所构成的歌曲节奏更易感受和掌握。

3~4 岁儿童由于肺活量较小，呼吸较浅，所以在歌唱中对气息控制的能力还没有很好地发展起来，往往不能根据乐句的需要来换气，有的儿童往往会一字一换气，一字一顿地歌唱，还有的儿童一句歌词没唱完就换气，常常因换气而中断句子、中断词意（一般会在强拍后面或时值较长的音后面自由换气）。

在歌唱的其他表现技能方面，3~4 岁儿童能够在成人的引导，特别是幼儿园的良好教育影响下，对于他们已经熟悉和理解的歌曲，以速度、力度、音色等较明显的变化来表现歌曲。在集体歌唱时的合作协调性方面，3~4 岁儿童往往缺乏协调配合的意识和能力，常常是或超前、或拖后，个别孩子声音特别突出，不容易整齐，但在进入幼儿园以后的一段时间，特别是集体歌唱活动和经验的逐步增加和积累，进入小班后期，儿童基本上能懂得在音量、速度、力度、音色等方面与集体相一致，能够通过改变声音的强弱、快慢、音色等来表现歌曲，初步体会到集体歌唱活动中协调一致的快乐。

2. 4~5岁儿童歌唱能力的发展

这一年龄阶段儿童掌握歌词的能力有了进一步的提高，一般能比较完整、准确地再现熟悉的歌曲中的歌词，而且对歌词的听辨、理解、记忆和再认能力有了很大的提高，唱错字、发错音的情况有了较大的改变。

4~5岁儿童歌唱的音域较以前有了扩展，一般可以达到 c^1-b^1（即C调的1-7），但是表现在具体的歌曲和个别的儿童身上仍有很大的差异性。

由于这一年龄阶段儿童接触的歌曲日益增多，对于儿童来说，对旋律的感知、再认能力也逐步提高了，表现在音准把握能力有了一定的进步。一般在乐器或录音的伴奏下，大多数儿童都能基本唱准旋律适宜的歌曲。当然表现在个别儿童身上，旋律感、音准的把握仍然是歌唱能力发展中最困难的。

在节奏方面，随着儿童听觉分化能力的逐步提高，这一年龄阶段儿童对歌曲节奏的把握和表现能力也得到了较大的发展。他们不仅掌握了四分音符、八分音符的歌曲节奏，还能够比较准确地再现二分音符的节奏，甚至带附点的节奏。

4~5岁儿童对嗓音的控制能力有了进一步的提高，能够逐步学会使用较长的气息，一般都能够在教师的指导下学会按乐句和情绪的要求换气，中断句子、中断词意的换气现象有了明显的改进。

这一年龄阶段儿童在歌唱技能的发展中对速度、力度、音乐变化的把握方面也有了一定的进步，这是因为他们对歌曲形象、内容、情感的体验和理解能力有了一定程度上的发展和提高，由此在演唱、表现歌曲时，也能够比较细致地表达出歌曲在力度、速度等方面的变化，且比小班儿童表现得更为准确。

随着集体歌唱活动经验的不断积累，4~5岁儿童不仅能够比较协调地参与集体歌唱，注意在音色、表情、力度、速度等方面调节自己的声音，与集体保持一致，而且还表现出了独自唱歌的愿望和兴趣，他们常常会在游戏、玩耍的时候，饶有兴致地独自哼唱，也会在音乐节目的收看、收听中高兴地即兴跟唱。另外，这一年龄阶段的儿童在歌唱能力的发展上已经表现出了一定的创造性，他们会运用已经积累的一定的歌唱和表达的经验，部分地替换歌词，重新演唱；会主动地、自发地提出歌唱的形式和表情；还会即兴地创编简短的小曲等。

3. 5~6岁儿童歌唱能力的发展

这一年龄阶段儿童在歌唱的技能和水平上有了较显著的提高。首先表现在随着语言的进一步发展，他们能记住更长、更复杂的歌词，对词义的理解能力也进一步提高，在歌词的发音、咬字吐字方面表现得更趋完善。

5~6岁儿童歌唱的音域基本上可以达到 c^1-c^2（即C调的1-$\dot{1}$），个别儿童甚至更宽。但值得注意的是，教学中不应勉强儿童，应尽量照顾到大多数儿童的音域范围。

随着儿童歌唱经验的不断增加，5~6岁儿童的旋律感发展，特别是音准方面的进步更为明显了。他们不仅能容易地掌握小三度、大三度、纯四、五度音程，比较准确地唱出旋律的音高进行，而且对级进、小跳、大跳也不会感到太大的困难，可见儿童已经初步建立了调式感。

5~6 岁儿童不但能准确地表现 2/4 拍和 4/4 拍的歌曲节奏，同时对三拍子歌曲的节奏及弱起节奏也有了一定的理解和掌握，而且能够较好地掌握带附点节奏和切分节奏歌曲的演唱。

这一年龄阶段儿童气息保持的时间较以前延长了，能够按乐曲的情绪要求较自然地换气，同时歌唱的音量较以前有了明显的增加。

5~6 岁儿童歌唱的表现意识得到了更进一步的发展，表现在歌唱的声音、表情更趋丰富，能够表现出同一首歌曲中的强弱快慢，能较好地唱出顿音、跳音、保持音及连音，并且能尽力把不同的情绪情感体验通过音色、节奏、速度、力度上的对比变化用歌声生动细致地表达出来；在集体歌唱时协调一致的能力也大大加强了。他们不但能与集体同时开始、同时结束演唱，而且会听前奏、间奏，同时对对唱、小组唱、轮唱、合唱等不同演唱形式都产生了一定的兴趣；发展起了一定的创造性歌唱表现意识，不仅能积极参与创造性的歌唱表现活动，而且会努力使自己的表现与众不同，其创编歌词、创编即兴小曲的能力得到了进一步的提高。

总之，随着儿童年龄的增长及歌唱活动经验的不断积累，他们对歌唱活动的积极态度和初步的兴趣爱好逐渐地得到巩固，歌唱的技能进一步得到发展，对歌曲结构的感受也日趋合理、完善，能够从音高轮廓漂浮不定到准确地再现音高；音域从窄到宽；节奏从单调、散漫到丰富而有组织；调式感从模糊不定到准确……各方面的能力和表现都随着年龄的增长、环境的变化、教育的引导及各种内、外部因素的共同影响而逐渐地向更合理、完善的方向发展。

（二）学前儿童歌唱需掌握的基本技能

现代教育家、儿童心理学家、幼儿教育专家陈鹤琴说过："所谓唱歌，有两方面的意义：一是肌肉运动的唱歌技术；一是从内心出发的精神活动。"他主张从内心而歌的精神活动是第一要素，而唱歌的技术则是次要的，这是因为儿童由于所处的环境和本身的素质的不同，彼此差异较大，如果用同一种方式，强制他们去学习音乐的特殊技能，是很不合理的。然而在学前儿童歌唱过程中，为了其不至于在错误的歌唱中影响发声器官的正常发育，以便获得更好的发展，教师应从以下基本技能方面加以引领：

1. 正确的歌唱姿势

歌唱姿势正确与否直接影响着呼吸与发声，唱歌时若能有正确的身体姿势、饱满的精神，就能给人以愉快的感觉和良好的印象。

学前儿童唱歌时全身肌肉要处于放松状态，不僵化，但也要有所控制，有一定的警觉性。无论站着或坐着唱歌，都应保持正确的唱歌姿势，即保持身体和头部的正直、放松；两臂自然下垂或放在腿上；两眼平视，两肩放松；口型能直接影响发声，应呈垂直的长圆形，避免嘴角向两边延伸呈扁圆形。嘴唇的动作要求自然，根据正确的咬字及发音的需要适当地张开嘴，应避免嘴角向两边延伸呈扁圆形。

2. 正确的换气呼吸

呼吸是一种先天性的反射活动，在唱歌过程中，呼吸却成了一个重要的技巧性问题。呼吸是歌唱的动力，讲话时，字是一个一个地讲出来的，而歌唱时必须要有气息的支持，才能保持或延长歌声。歌唱中正确的呼吸方法应该是自然地吸气，均匀地用气，并尽量在呼吸时一次吸入足够的气息并保持住，然后再在演唱时根据乐句和表情的需要慢慢地、有节制地运气。另外，在呼吸的时候还应注意不抬头、不耸肩、不发出很大的呼吸声，一般不在乐句的中间换气，必须按照一定的乐句规律来换气。

3. 正确的发声方法

音质优美是唱歌的基本要求，应从小培养幼儿习惯于用自然的声音唱歌，正确的发声方法是使歌声优美、动听的基本要求。要使儿童学会用“自然美好的声音”来唱歌，就必须运用一定的发声技巧。首先，儿童的下巴放松，嘴巴自然打开，用自然的声音唱歌。其次，要防止大声喊叫，也不过分地克制音量。一些表现欲望强的儿童往往会大声喊叫着唱歌，大声喊叫会损伤儿童柔嫩的声带，破坏对音乐的感受；一些害羞、胆小、自卑的儿童往往在歌唱时非常拘谨、紧张，过分克制音量也会导致不能自然地表达自己的感情。

教师应该及早地让学前儿童掌握一些保护嗓音的基本常识，如：不宜大声喊叫着歌唱，不宜在剧烈运动时或剧烈运动后大声地歌唱，不宜长时间地连续唱歌，不宜在空气污浊的环境中歌唱，不宜在咽喉发炎时歌唱，等等。最为关键的是要及时教给儿童正确的唱歌发声方法。

4. 正确的吐词咬字

歌曲是由歌词和音乐相结合而成的，唱歌和说话一样，需要咬字吐字清楚，才能准确地传情达意。但由于受到歌曲旋律和节奏的影响，对于学前儿童来说，歌唱时咬字吐字要比说话和念儿歌时困难。有的儿童会因为吐字器官配合不当，出现个别字音咬不准、吐不清；有的儿童由于对歌词词义的不理解而吐字含糊不清；还有的儿童由于歌曲速度快、个别乐句节奏短促或一字多音而产生吐字咬字方面的困难等。针对这些情况，要教给儿童正确的吐字咬字方法，这可以从培养吐字器官唇、齿、舌、喉的相互配合协同动作开始。

汉语中有韵母和声母之分，一般歌声的延长主要靠韵母，唱好韵母对唱好歌有很重要的作用，韵母能使歌声流畅并富有感情色彩变化。声母的发音也要依据歌曲的性质而有所不同。唱柔和、抒情、安静的歌曲时，声母不能过分强调，只要唱清楚就行，而唱雄壮、刚毅、英勇的歌曲时，声母就要唱得有力。唱歌时要吐字清楚，但也要防止夸张、做作，使人感到不自然。

5. 正确的协调合作

协调一致是指学前儿童在集体歌唱活动中，能够掌握一些正确地与他人合作的技能。首先，表现在歌唱时不使自己的声音太突出，能够有意识地将自己的歌声和谐地融入集体的歌声之中；其次，在接唱、轮唱、二声部合唱等不同歌唱表演中，能够做到准确地与其他儿童、其他声部相衔接，保持音量、音色、节奏、力度等方面的协调，以及声音表情、脸部表情和动作表情方面的和谐一致。而集体唱歌协调一致的训练是在幼儿年龄的成长中逐渐要求以达到目标，对年龄小的儿童应该只进行基本要求。

6. 正确的情感表达

歌唱是一种特殊的表达、交流感情的方式。人们情感上的喜怒哀乐都能从声音中感受到。唱歌时将日常生活中的声音艺术化，用来表达人们多种多样复杂的心情、体验，它是一种经过艺术加工的表达感情的方式。唱歌应有表情，这是最起码的要求，这种感情应发自于内心。

要做到真正有发自内心的感情，首先要理解歌词内容，对曲调要喜爱。若让儿童去唱一些他们无法理解的远离他们生活的歌曲，他们往往只能机械地模仿，不可能有感情地融入。其次，需要掌握一定的表情技巧，要有表情地唱歌，必须有抑扬顿挫，还需要在声音的强弱、快慢及音色等方面有变化，要掌握一定唱歌的表情技巧。

儿童有表情地唱歌，主要表现在儿童的歌声、自然的面部表情，以及随音乐而产生的轻微动作中，而不是做作或是强加的“假笑”以及过分的身体摇晃。

幼儿唱歌的目的在于获得身心健康发展，能形成良好的唱歌习惯，能掌握最简单的表达感情的方法。绝不能离开儿童的实际发展水平，追求技能技巧的提高，进行枯燥无味的机械训练。

二、歌唱活动的形式与要求

不同的歌唱表演形式可以表达出歌曲不同的演唱效果。在学前儿童的歌唱活动中，可以根据参与歌唱者的人数及合作、表演方式的不同，将歌唱的形式分为以下几种：

（一）独唱

独唱是指一个人独立地歌唱或独自表演唱。

（二）齐唱

齐唱是指两个或两个以上的人在一起整齐地唱同一首歌曲，这也是幼儿园集体歌唱活动的一种最主要的形式。

（三）接唱

接唱是指将一首歌曲分成几个乐句，由幼儿分组轮流一句句接唱。例如：

咚 咚 锵

金本 词
汪玲 曲

1=F 2/4

3 3 3 1 | 3 3 | 2 2 2 3 | 6 6 | 1 1 6̣ 1 |
（甲）我 敲 小 鼓 咚 咚（乙）我 敲 小 镲 锵 锵（丙）咱们 两 个

3 1 2 | 3 6̣ | 3 6̣ | 3 6̣ 3 3 | 6̣ 0 |
一 起 敲（丁）咚 锵。咚 锵 咚 锵 咚 咚 锵

（四）对唱

对唱是指个人与个人、小组与小组之间以问答的方式各自唱歌曲中的问句和答句。例如：

小朋友想一想

潘振声 词曲

1=C 2/4

1 2 3 | 1 2 3 | 3 2 3 4 | 5 6 | 5 — |
问：小 朋 友 想 一 想， 什 么 动 物 鼻 子 长？
问：小 朋 友 想 一 想， 什 么 动 物 耳 朵 长？

5 6 5 | 4 3 2 | 5 6 5 4 | 3 2 | 1 — |
答：鼻 子 长 是 大 象， 大 象 鼻 子 最 最 长。
答：耳 朵 长 是 白 兔， 白 兔 耳 朵 最 最 长。

（五）领唱

领唱是指由一个人或几个人唱歌中比较主要的部分，集体唱歌曲中配合的部分。

（六）轮唱

轮唱是两个声部按一定时值的间隔先后开始唱同一首歌曲。

（七）合唱

合唱是学前儿童歌唱学习中的重要音乐形式，是指不同声部相配合的集体演唱形

式。合唱有助于培养儿童的合作能力，有助于儿童美化心灵、扩大视野、陶冶情操和身心健康的发展。由两个或两个以上声部组成的歌曲，每个声部由一组人演唱，称为合唱。合唱的人数较多，音响效果更为丰满，表现力更强，色彩更丰富。合唱是一个整体协调要求较高的艺术，在歌唱活动中要特别注意指导儿童学会协调各声部之间的关系，使各声部形成相互配合、相互支持的关系，而不是相互竞争、相互干扰。在合唱的过程中要注意声音的统一、层次清晰、声部和谐均衡。在共同歌唱的时候使自己的声音与同伴协调一致也是一种重要的歌唱能力。共同歌唱要求儿童在歌唱时不仅要注意监听自己的歌声，而且还要注意倾听同伴的歌声和伴奏的声音。要达到在共同歌唱中能够与同伴相协调，对于学前儿童来说并不容易。

5~6 岁儿童，即大班儿童在良好的教育影响下，已经积累了一定的合作经验，已经发展起较强的合作协调意识和技能，已能从合作歌唱中体会到更多的愉快感。他们在歌唱时不仅会较多地注意到声音、表情上的整体协调性，而且也能产生较多的情感默契和共鸣。他们会比较自觉地主动控制自己的声音，也会比较敏感地注意到集体歌声中的不协调因素及其产生的原因。同时，他们还能掌握独立的对唱、接唱、领唱、齐唱、轮唱及简单的二声部合唱等合作的歌唱表演形式。

适宜于学前儿童的合唱形式一般可以有三种。第一种“同声式”指两个声部的旋律、和声相同。可以是一个声部唱歌词，另一个声部用同一旋律唱衬词；也可以是一个声部用哼鸣的方式唱旋律，另一个声部按节奏朗诵歌词。第二种“固定低音式”是指一个声部唱歌词，另一个声部唱固定音型或延长音等。第三种“填充式”是指一个声部唱歌词，另一个声部在歌曲的休止或延长音部分唱适当填充式的词曲。

三、歌唱活动内容的选择

唱歌是学前儿童的天性，让儿童唱什么歌曲，应该是教师精心考虑的问题，歌唱活动的设计应从内容的选材出发，如何识别、甄选适合学前儿童歌唱的音乐作品是至关重要的，我们可以从歌曲的题材、歌词和曲调等方面着手选择符合学前儿童身心发展和学前儿童音乐教育特点的音乐作品。

（一）根据题材选择儿童歌曲

1. 以游戏娱乐为题材

游戏是幼儿园活动的主要形式，在学前儿童音乐教育中，集体教学活动往往是以游戏的形式展开的，这十分符合儿童天性好动的特点，游戏是儿童的主要存在方式和儿童教育的主要方式。把游戏融入歌唱教学活动中，或在游戏中学习、体验歌曲，都能使儿童获得积极愉快的情绪情感体验和享受，培养并形成对歌唱活动的兴趣和积极、主动的个性。因此，学前儿童歌曲的内容中也经常融入游戏的因素，在游戏题材中发展幼儿的歌唱能力。例如《找朋友》、《编花篮》、《丢手绢》等音乐作品就是根据现实生活中的儿童游戏活动编创的儿童歌曲作品。

2. 以生活经验为题材

现代幼儿教育专家张雪门十分重视音乐对儿童的教育作用，他主张音乐教材要与儿童的生活有关，要有民族性，要简单而完美，适合儿童的能力，容易引起儿童的情绪共鸣。学前儿童的认知体验是离不开生活的，周围日常生活的场景、家庭生活、节日庆祝活动、爱国、同伴交往等题材的音乐作品能使儿童认识、体验生活，还可以通过歌曲更深入地感受生活。例如，《一分钱》、《我爱我的幼儿园》、《健康歌》等儿童歌曲不仅生动地描述了生活中的品德与习惯，还具有积极的教化意义，更是学前儿童生活认知的好范本。

3. 以童话故事为题材

所有的儿童都喜欢童话故事，因为童话故事能配合儿童认知发展的程度，在所谓“原本思考程序”里，容许儿童沉醉于幻想境界，用象征的语言、魔术的方法，可以打败比自己还要强大的对方，满足弱小儿童的心理。虽然儿童故事是由成人所写，但成人内心里仍有一颗童心，也有自己儿时的回忆与存留的美好愿望，通过童话故事与幼小的学前儿童沟通，拨动儿童的心弦。

童话故事中隐含着现实的逻辑，它用艺术的手法再现真实的生活。学前儿童从童话故事中可以看到自己、自己的父母和同伴。在童话故事中理解他人并站在别人的角度来看待自己成为可能。在理解故事内容的过程中，多数学前儿童并非运用理智，而是通过喜恶来同情或厌恶某个人物，分出所谓的“好人”与“坏人”。例如，根据童话故事编写的歌曲《小兔乖乖》、《拔萝卜》等。这种情感上的选择可以让儿童练习对社会道德的判断。美好的故事时时鼓励儿童，面对困难时拿出勇气和毅力，困难终可克服，奇迹会在最后关头出现。一首相信童话的儿童歌曲会把童话故事所给予他的美好、感动、震撼实现为高雅、真诚、执著。所以，音乐中的童话故事也有助于儿童分辨是非、形成自己特有的人生观。

4. 以自然社会为题材

学前儿童歌唱作品的题材也经常选择大自然的美景和社会劳动等，诸如春天、落叶、风雨雷电等自然现象都能直接作为歌曲的表现内容，这对帮助学前儿童理解自然物质大有帮助。还有一部分歌曲中所塑造的那一幅幅栩栩如生的动物肖像画也令人拍案叫绝，如小花狗、两只小象、大公鸡、袋鼠妈妈等，都传神地刻画出了动物的独特个性和习性，每段刻画不同动物的音乐都可以用到学前儿童的歌曲中。

（二）根据歌词内容选择儿童歌曲

1. 将儿童的日常生活作为歌词内容

学前儿童日常生活的每一天都是他们品德、习惯、认知、情感、社会性表现等与外界环境互动的过程。应寓歌曲于儿童的一日生活之中，在歌曲中捕捉儿童身边的有趣的事情、感人的事情和应该改掉的坏习惯等，用发生在儿童身边的事情来教育儿童本人。

儿童的生活给创作儿童歌曲提供了很好的素材。有的儿童喜欢玩娃娃家，就有《过家家》、《泥娃娃》、《摇篮曲》、《拉拉勾》等歌曲可供选择，让孩子们在玩娃娃家的游戏过程中，学习交往、学习摆放物品、理解娃娃家角色之间的关系，发展儿童的游戏语言；有的儿童喜欢追逐、喜欢跑跳，相应地可以选择《小动物走路》、《路边有个小娃娃》等歌曲，让儿童懂得玩耍中会遇到危险，注意安全才能快乐玩耍的道理。

2. 将儿童的美好愿望作为歌词内容

儿童的心灵是纯真的，儿童的向往是美好的。应寓歌曲于儿童的理想与美好的愿望中，选择能激励儿童对自己身边的事情感兴趣的，以及引导儿童对祖国建设美好未来向往的歌曲。诸如《我爱我的家》、《国旗国旗多美丽》、《粉刷匠》等儿童歌曲，都是学前儿童生活中最喜欢唱的歌曲。

3. 将儿童的品德教育作为歌词内容

具有教育意义的儿童歌曲可以引领儿童做到自己能做到的事情，寓歌曲于儿童的思想品德教育中，积极向上的歌曲能引领儿童健康成长。有的儿童在《路边有个小娃娃》、《一分钱》、《我的好妈妈》等歌曲中，学会了关心他人，学会了克服困难，学会了看到别人的优点；有的儿童在《我不上你的当》、《我爱我的幼儿园》、《红绿灯》等歌曲中，懂得了如何爱护我们的环境，如何远离陌生人，如何遵守交通规则，如何照顾自己的道理；还有的儿童在《幼儿园里好事多》、《排排坐》等歌曲中学会了等待，学会了遵守纪律，学会了为集体做事情……有趣的儿童歌曲给儿童的生活带来了快乐，有教育意义的儿童歌曲激励了儿童积极向上的情绪。

4. 将易于动作表达的语言作为歌词内容

教师应尽量注意歌词内容的可表达性，在边唱边做动作的歌唱活动中能自然而直接地发展学前儿童的肢体动作能力。学前儿童在对音乐感知的过程中也往往表现出自然的动作摇摆。选择适宜于肢体动作表现的歌词内容的儿童歌曲，不仅有利于学前儿童更好地记忆、理解歌词内容，还能充分地发展学前儿童的动作协调能力，加强对歌曲情感的表达。

（三）根据歌曲曲调选择儿童歌曲

1. 音域不宜太宽

为学前儿童选择歌曲时，应注意歌曲的音域不宜太宽，选调应参照各年龄段学前儿童音乐能力发展的具体情况，根据不同年龄段学前儿童的实际演唱音域范围来确定，小班的音域从 E~A 四个音；中班从 D~A 或 B 五至六个音；大班从 D~C 七个音。

2. 速度要适宜

为学前儿童选择歌曲时应注意歌曲的速度要适宜，不能太快，一般以中速或中速稍快、中速稍慢、行板或小快板指导歌曲速度。特别是四岁以前的儿童肺活量小、呼吸浅、气息短，加之语言能力发展有限，歌唱中的呼吸、发声、咬字等方面的技能掌握困难，使得歌曲的演唱速度一定要适中，不宜太快或太慢，适宜中速。

3. 节奏和节拍不宜太繁杂

为学前儿童选择歌曲时应注意歌曲的节奏和编排不宜太繁杂，节奏应简单而清晰，以四分音符、二分音符和八分音符的均分节奏为主。中、大班时逐渐添加带有附点音符、少量的十六分音符、切分音节奏以及弱起节奏的歌曲，配合理解有特殊音乐内容的歌曲的学习，培养对音乐的表现力。节拍主要是2/4拍和4/4拍，偶有三拍子的歌曲配合表现特殊的音乐情感。

4. 旋律起伏应平稳适宜

为学前儿童选择歌曲时要注意歌曲的旋律起伏应平稳适宜。学前儿童最容易掌握的旋律音程关系是三度以下的音程，其次是四度、五度和八度音程的音高关系。六度、七度及其他增减音程，即使是六七岁的儿童也不容易唱准。因此，根据学前儿童的年龄段，小班适宜选多为三度音程的旋律音高关系的歌曲；中、大班儿童的歌曲旋律可适当增加一些三度以上的音程的跳进。

5. 曲式结构应短小而工整

为学前儿童选择歌曲时还要注意歌曲的曲式结构应短小而工整。小班儿童的歌曲以四个乐句为宜，中、大班的歌曲可有六至八个乐句，偶尔也可唱稍长乐句的歌曲。歌曲中的每个乐句不宜太长，一般每四拍或六拍一个乐句配合二拍子、四拍子和三拍子的歌曲节拍，且乐句间的长度最好相等。歌曲的曲式结构简单工整，可以是简单的二段体或三段体歌曲，一般没有间奏或尾奏等附加音乐。①

另外，为儿童选择的歌曲材料应该多一些民歌、儿歌以及儿童自己创作的歌曲，而对于音不准的儿童，则可以从倾听入手，以培养、增强儿童对正在唱的声音的注意力和音高控制力。

四、歌唱游戏的创编

在幼儿园歌唱活动过程中，教师往往使用新颖别致的教具、图谱并通过自身演唱的热情来引发学前儿童学习歌曲的兴趣，同时应该多采用儿童在自然游戏中学习歌唱的方式。如果学前儿童在学习新歌的过程中，能够有一些有趣、好玩的游戏做，令他们感觉到好玩、愉快，那么学习新歌曲的过程便赋予了趣味性，达到寓教于乐的最佳教学效果。

（一）歌词内容游戏

有些歌曲本身就是具有游戏性质的歌词内容，教师边唱歌边带领学前儿童做简单的游戏动作，歌曲唱完后，某个或某些与音乐的结束发生关系的人需要被“惩罚”做一些特别的事情，如追跑、表演或单人下一轮单独游戏等，在反复游戏的过程中，虽然学会唱歌并不会被认为比获得游戏的愉悦感更重要，但在游戏的过程中，儿童自然而然地

① 中国学前教育史编写组. 中国学前教育史资料选. 北京：人民教育出版社，1989：88.

就学会了唱歌。例如传统歌曲《丢手绢》。又如新手歌曲《懒惰虫》，这首歌曲就可以借鉴这种玩中学唱新歌的模式，与《丢手绢》不同的是，需要个别游戏者比较严格地按照音乐的节奏来“点数”其他游戏者，待歌曲唱到结束，唱最后一个“虫”时，谁被“点”到，谁就要创造性地表现自己对被人称作懒惰虫的态度。这种点兵点将的游戏，可以贯穿始终；甚至在初步学会唱歌曲之后还可以变换其他的演唱方式，如创编新歌词“黏黏虫”、“糊涂虫”等。

懒　惰　虫

1=D　4/4

1 2 | 3 3 1 1 2 | 3 3 1 1 2 | 3 3 4 3 | 2 — — 7 1 |

你是　懒 惰 虫，你 是　懒惰 虫，你是　一 个 懒 惰　虫。　你的

2 2 7 7 1 | 2 2 7 5 5 | 5 4 3 2 | 1 — — 0 |

眼　睛 痛，你的　肚　子　痛，你 的　一 身 都 是　痛。

（二）音节歌唱游戏

教师可将各种单音音节、双音音节或多音音节等象声词填入乐曲中，替换原有的歌词，让儿童随旋律哼唱，以此来培养和训练儿童的节奏感，帮助幼儿熟悉旋律。例如：

5 1 5 1 | 3 1 1 5 | 1 1 1 5 | 1 1 1 5 |

小小　老鼠，跑来 跑　去，　跑来　跑去，跑来　跑去，

单音音节：啦……

双音音节；嘀嗒……

多音音节：叽里呱啦……

（三）歌词朗诵游戏

将歌词配上歌曲的节奏进行朗诵来帮助儿童对歌词的熟悉，通过朗诵培养儿童对歌曲节奏感的感知与熟练，这是学前儿童非常喜欢的一种游戏形式。例如：

苹　果

1=C　4/4

5 5 3 6 5 5 3 | 1 3 5 3 2 2 1 |

朗诵：树 上 许 多 红 苹 果，　一 个 一 个 摘 下 来。

5 5 3 6 5 5 3 | 1 3 5 3 2 2 1 ‖

朗诵：我 们 喜 欢 吃 苹 果，身 体 健 康 多 快 乐。

（四）即兴创造游戏

在歌曲教学中，有时会遇到一些教学难点，教师可采用即兴创造游戏形式，利用情境来突破难点，使学前儿童易于接受。例如，让儿童理解并唱准休止符时，教师可以设计一个“抢圈”的游戏情境：在地上画四个点，准备三个圈，其中一个点上没有圈，然后请四名儿童手上拿着四分音符或者八分音符的图片随着音乐的节奏开始抢圈，音乐声停止，抢不到圈的儿童就请站在点上，手上拿着休止符；然后让其他儿童根据他手上拿的音符图片唱节奏；轮到休止符时，就用手势不出声。在这样的游戏情境中，儿童既认识并唱准了休止符，又感受到游戏带来的快乐，解决了教学难点。

（五）听辨声音游戏

学前儿童在学唱歌曲的过程中，当歌曲唱完了，教师可以让所有儿童将眼睛“躲”起来。请一名儿童站起来，大声地发出声音，接着让其他幼儿根据刚才的声音来猜测是谁。例如，小班歌唱活动“小猪呼噜噜”重点分享的环节：找小猪的环节分为三个层次进行，第一个层次：儿童演唱歌曲，唱到最后一句时，大家一起将头低下躲起来。教师用方巾将一只小猪盖起来。这只小猪要大声说：“我是一只爱×××的小猪，”接着让大家来猜测这只小猪是谁；第二个层次：儿童演唱歌曲，当小猪都躲好时，教师将一只小猪带走，躲在边上。小猪大声说：“我是×××的小猪，”其他小猪猜哪只小猪不在了；最后一个层次：儿童手握太阳伞，边唱歌边抖太阳伞。当歌曲唱完时快速躲到伞下。教师将一只小猪请出来，小猪说：“我是×××的小猪，”接着拿开太阳伞，小猪群们猜刚才是谁说话。该游戏的设计中，无论哪个层次，都是通过儿童的耳朵去听辨同伴的声音、同伴说话的语气和语调，通过耳朵感觉器官去听辨判断声音的来源，猜测说话的小猪是谁。在此过程中充分调动了学前儿童的好奇心和好胜心。

（六）呼吸训练游戏

教师可以创设游戏情境训练学前儿童的呼吸能力，例如，小蜜蜂和妈妈一起找花蜜，找找哪盆花最香。准备几盆漂亮的小花，教儿童“找花蜜”的方法：口鼻一起缓缓吸气，吸后停留瞬间，用轻柔的“嘶——”声，有控制地慢慢呼出。谁找的花最香，“嘶——”的声音也最好听。教师制作好人手一只小狗的卡片，用一张长纸条当作小狗的尾巴，教儿童用轻轻均匀吐气的方法帮小狗翘起小尾巴，保持一定的时间不掉下来。教师在训练时要注意多种方法交替使用，千万不能让儿童感到疲倦。

教师还可以用形象式指导儿童练习气息，如用“我们吹气球”的图谱游戏进行气息练习。在纸上画上6个气球，排列顺序为从小到大。让幼儿通过几次吹气变成大气球，逐步过渡到一口气吹成一个大气球。这个游戏将抽象的气息练习转化成了具体形象的吹气游戏，让幼儿在游戏中练习气息，既形象又符合幼儿的年龄特点。

（七）舌肌训练游戏

对学前儿童实施舌肌训练时也要讲究游戏性。例如，启发儿童模仿农庄里农妇喂小动物时的叫唤声，如“哞哞，啧啧啧啧啧……”“嘎——嘎嘎嘎嘎嘎……”“喔啰啰啰啰……”等的声音。创设了一定的场景，让儿童感觉不是在学习，更觉得是在游戏，他们会玩得更投入、更起劲。打响舌的游戏也是每个儿童都喜欢的游戏。一开始儿童的舌尖力量可能很小，教师可以告诉他们舌头的用力方法，来模拟敲木鱼、双响筒、马蹄声等。这样游戏式的练习轻松而富有情趣，避免了发声训练时的枯燥乏味。

（八）发声训练游戏

发声训练的目的是使发声器官的肌肉松弛而灵活起来，使儿童在唱歌时声带能放松，消除一切障碍。应适当地采用一些生活象声词如吹喇叭的“嘀嘀答答”声、河水流动的“哗哗”声、“叽叽呷呷”的小鸡小鸭的叫声，来唤起儿童唱歌的兴趣，提高练习的积极性。例如，创设妈妈生气打孩子的情境。教师当妈妈，儿童当娃娃，当妈妈打屁股时，儿童嘴巴发出“姆”的音并且做撒娇的动作。又如：教师当布谷鸟妈妈，唱：“布谷鸟在哪儿?”儿童扮演小布谷鸟，从四面八方模唱：“咕咕咕咕咕咕。”练习火车爬山的曲子时，教师可以让儿童两手相握做波浪起伏状：“呜——呜——”，教师要求儿童唱歌时要连贯，否则小火车会脱轨的，无形中就将要求融入其中。

在游戏形式中学习歌唱，孩子们是那样的轻松、愉快，对歌唱活动的参与兴趣是那样的浓厚，需要教师坚持不懈、持之以恒地钻研教法，结合各种形式开展幼儿喜欢的唱歌活动，并进行科学的训练。

第二节 歌唱活动设计思路与指导要点

一、歌唱活动的设计思路

（一）基本环节

1. 积累歌曲相关感性经验

教师应充分创造条件让学前儿童在学习歌曲之前先对歌曲内容有个初步的感性认识。例如在学习歌曲《小汽车》之前带儿童到大马路上看看来来往往的汽车。

2. 产生歌唱的兴趣

为了激发儿童学唱歌曲的积极性，教师可以根据不同的年龄段适当使用一些能活动的教具，恰当地讲述有关内容的短小故事或小谜语，以及要求儿童集中注意力准备回答教师的提问，这样可以使教学收到良好的效果。还包括如拉线玩具、木偶等。

幼儿园常用的贴绒、磁性教具等在教唱歌时都可运用。在选用教具时应力求简便、易于操作；能活动，有利于节奏感的培养。如用画面，内容应简单有助于儿童理解歌词，如画面内容过于复杂，会分散儿童的注意。

3. 感受与欣赏歌唱作品

富有感情的范唱能将教师对歌曲的感情、对儿童的热爱直接传达给儿童，使其受到感染。儿童善于模范，教师的范唱，不仅应有正确的唱歌技巧，如正确的姿势、呼吸，清楚的吐字，准确的旋律与节奏，适当的表情等，给儿童树立良好的榜样，更重要的还应有对幼儿的真挚感情，把儿童当成亲切的听众。同时要从儿童的心理发展水平出发，像他们一样怀着极大的兴趣富有感情地唱他们喜爱的歌曲，使儿童真正受到情绪的感染。儿童对听教师富有感情地唱自己所喜爱的歌曲，往往比听声乐技巧高超的歌唱家的演唱更加喜爱，倍感亲切。

在范唱中还要有一定的教学艺术。例如，范唱前先暗示儿童，引起他们的注意，知道老师要唱歌了，自己要好好听，心理上能有所准备。在唱的过程中要使每个儿童都在自己的视线之内，与他们能有视线的接触。范唱时最好不用伴奏，面对儿童使他们能听清歌词，看清口型及面部表情并产生情感交流。有的教师范唱时，面对钢琴、背对幼儿，边弹边唱，这样效果不好。教师通过范唱把歌曲表达的思想感情充分地表现出来，能引起幼儿的情感共鸣，消除幼儿对歌唱高不可攀的恐惧心理。在范唱中，教师富于表情的演唱、生动有趣的动作、眼神及亲切清晰的发音吐字等，都能感染激发幼儿，给幼儿提供学习的“样板”，让幼儿从中得到启发、借鉴。但是清唱对教师也提出了一定的要求，即对教材的熟练程度要高，歌唱的情感要丰富，歌唱时做到尽量不走调。

儿童一般要听几遍之后才能跟着学唱，因此，范唱可以不止一次。如果最初是结合着使用教具唱的，那么一两次也可停用教具清唱给儿童听，使他们能更加集中注意力听教师的歌声。

在范唱的过程中，有的儿童特别是小班儿童会自发地跟着唱个别容易唱的地方，如一些衬词、象声词、重复的短句以及句中的最后一个长音等。这都是正常现象，来自于他们好模仿的心理特点，也是学习积极性的一种表现，只要是轻声的、不影响大局的就不必加以禁止。孩子在学唱过程中，教师要从台前到台后，慢慢退出。开始时，整首歌曲要用较响的声音与幼儿共同来演唱，然后从带动的角度慢慢退到帮助的角度，最后退出。

4. 轻松愉悦地练声游戏

现在的歌唱教学中有些教师会忽略练声这一环节而将其省略。常常看到有的儿童在唱歌时，颈部青筋凸起，面部涨红，特别是在他们情绪高涨时，更容易出现这种现象。这时喉部紧张、用力，时间久了，就会损伤幼儿的嗓音。在歌唱教学时，我们要求幼儿用自然的声音演唱，如让孩子用说话的力气来唱歌，让孩子用好听的声音让大家能听见。

有时候可以将歌曲中的一些儿童不太容易掌握的乐句，抽出来用哼唱的方法进行嗓子的“热身运动”。如把某一部分的歌词去掉，填上有趣的象声词，让幼儿玩唱。使用一些无意义音节或象声词，如嘟（du）、答（da）、啦（la），还有很多如 di，yi，ya……还可以采用在新授歌曲中选取一个难点乐句的旋律，填上有趣的象声词作为练声曲，运用无意义音节玩唱进行练声的教学组织方法，这样既激发了儿童对歌唱活动的兴趣，又突破了教学难点，这些“奇奇怪怪”的声音，起到增加情趣、降低困难的效果。

练声时重要的是让学前儿童自己感受、发现，并学会用听觉去辨别歌唱音质的优劣，懂得什么是好听的歌声，什么是不好听的歌声，引导他们从教师富有艺术感染力的歌唱中体会歌唱艺术丰富的表现力，教给学前儿童在鉴赏歌唱音质的优劣、提高歌唱审美能力的基础上，懂得爱护自己的嗓音。

5. 理解并记忆歌词内容

理解记忆歌词往往是歌唱教学活动的难点之一，教师可采用游戏、故事、情景表演、图谱等方法帮助幼儿理解并记忆歌词内容。

游戏法是根据学前儿童模仿学习和喜欢游戏的共性。例如小班活动“小猫叫，咪咪咪”用生活经验模仿游戏“洗脸”一气呵成。教师事先设置情境，认识客人，营造师幼之间宽松的氛围，以“帮客人洗脸”的游戏形式理解并记忆歌词内容，效果甚好。当然，采用了游戏的方法，要注意歌唱分量不适当的问题。小班儿童运用游戏的方法，容易忽视用声音演唱，而且儿童本身的特点就是喜欢动不喜欢静的，老师对唱无要求，那就达不到用歌声来表达情感的要求了。

爱听美妙的故事是学前儿童的天性，故事是学前儿童最易接受的一种艺术形式，因此巧用故事法帮助儿童理解和记忆歌词是行之有效的教学方法。这种方法适合一些歌词内容本身就反映出完整的故事情节的歌曲，例如，大班歌曲《狼和小兔》、《迷路的小花鸭》、《猴子学样》等。

一些歌词内容反映的是简单的、“一目了然”的情境或事件，而且这些情境和事件也是学前儿童可以用自己的语言表述出来的。这类歌词适宜使用情境表演法，这里所说的情境表演在实际操作中可以有各种不同的方式：由教师或儿童在现场做哑剧表演或歌舞表演，由教师或儿童利用木偶或其他功能类似的教具、学具做情境表演，由教师在投影屏幕或电视屏幕上播放有关的情境表演。情境表演法能使学前儿童能够比较容易地了解和记忆新歌的歌词，最终自然地参与到歌唱中来。

另外，还可以把歌词的内容以形象的方式——图谱的形式呈现，引导儿童观察图谱，使他们对图谱产生正确的理解，并将图谱所呈现的画面与歌词以及音乐元素之间建立一定的联系，循序渐进，在儿童理解图谱内容的基础上，让他们再去记忆歌词或者音乐元素。

形象的图谱给了学前儿童直观的视觉刺激，可以提醒和加强儿童对于歌词的理解和记忆。例如，在大班所进行的歌唱活动《春节里来》的时候，将歌词和图谱一一对应形象化："温暖的太阳当空照"用一个大大的太阳来表示；"照着我的新衣裳"画一件美丽的唐装；"鞭炮响呀烟花放"就用真实的图片鞭炮和烟花来表示。这些呈现的画面都是儿童的前期经验，所以既激发了儿童的兴趣，又充分调动了其感官，并且还很好地将图谱和歌词进行了联系，在轻松的认知中学会了歌词，更为重要的是当儿童理解这些图谱的含义后，在接下来有类似图谱出现的时候，他们会很自然地将知识进行迁移，容易而有趣。

借助图谱记住歌词这种记忆形式形象而又深刻，特别对于小中班年龄的儿童来说，儿童即使暂时遗忘了，借助回忆图谱中的内容也能很快联想到歌词的内容。并且借助图谱儿童还更好地理解了歌曲中的一些比较难的音乐元素，并在歌唱活动中可以进行很好的处理。

6. 掌握歌曲的节拍与节奏

拍子与节奏是不可分割的，就是把拍子定为节奏的尺度，即节奏的基本单位。学唱歌曲之前可以适当根据这首歌曲加入一些节奏训练，把培养儿童的节奏感融入到游戏当中来势必会激发儿童的兴趣，将歌曲中重难点节奏型设计成节奏谱，可以加上有趣的情节和动作来表示以更好地吸引孩子们的兴趣。例如，前十六后八的节奏型（××× ×××），如果用枯燥的视谱演奏的方法来练习效果肯定不会太好，如果我们以母鸡下蛋的声音（咯咯哒咯咯哒）来形象地比喻，相信儿童掌握起来就会很容易。学习重难点节奏型时，绝不能只让儿童机械地打拍子，要引导儿童感受节奏的美，最突出的例子就是三拍子的"强弱弱"规律，能让儿童充分地感受三拍子起伏的特点，让儿童获得审美的体验。

结合语言节奏训练法和动作节奏训练法，训练儿童对歌曲节奏的感知。所谓语言节奏训练法，是指结合词组、短句，用游戏的方法进行训练，让儿童掌握一定的节奏型，探索语言节奏的规律。例如：附点节奏我们可以利用儿歌《知了》来掌握，河边 | 杨柳 | 梢，知了 | 声声 | 叫；（×·× ×·×）；知·了 知·了，夏天 已来 到。学习歌曲时按照音乐的节拍、节奏、速度、力度念歌词，以便更好地掌握音乐的节拍、节奏、速度、力度。而动作节奏训练法是通过身体的动作来感受歌曲的节奏。歌曲主要靠声音的高低、快慢、强弱等表现手段来表达，要使儿童感受这些表现手段所表达的内容，单靠听觉是难以完成的，学习重难点节奏型时，需要有动作的参与，加深对音乐的体验和感受，来训练幼儿运动神经感受的反应和身体动作的协调。当然，儿童的注意力也不能主要表现在动作上，而是以音乐刺激听觉、产生印象，再以身体的动作来表现歌曲的音乐，把音乐的情绪、速度、力度表现出来，精讲多听，发挥儿童学习节奏的积极性和创造性。

7. 熟悉歌曲的旋律

另外，教师还应根据歌曲加入旋律感受训练，一般情况下可以设计一些有趣的游戏环节或演唱一两首音域较窄的有趣小歌，让幼儿在轻松愉快的情绪中开始新歌曲的学习，让幼儿感受歌曲旋律上的前后变化，教师可充分运用表演、律动、节奏练习、游戏等方法让学前儿童在轻松氛围中感受。为了有效地降低儿童的学习难度、消除他们学习歌曲的障碍，只有在充分感受与熟悉旋律的基础上跟唱歌曲，在学唱时才会产生似曾相识的心理体验，才会轻松地学习。

（1）运用多种感官协调配合熟悉歌曲的旋律。

在歌唱活动中，为了帮助学前儿童掌握歌曲的旋律，唱准音高位置，教师可以在教儿童唱歌的同时利用一些直观的教、学具，配上手指动作，以引导儿童把视觉与动觉上的高低与听觉上的高低一致起来，从而形成正确的旋律感。例如：

苹　果

1=C　4/4

1 1　5 5　1 1　5 | 5 5　4 4　3 2　1

（2）运用各种不同的嗓音表现形式帮助儿童熟练掌握歌曲的旋律。

①移调歌唱。

教师可以有选择地对某些歌曲作移调歌唱练习，例如原来歌曲是 C 大调，可以尝试着转入 D 大调请儿童演唱，在移调过程中教师经常反复使用正确的描述乐音高低的专业术语，也可以有效促进学前儿童形成正确的音高概念。

②唱旋律唱名。

在歌唱活动中，如经常把唱旋律唱名作为一种有趣的音节游戏，不仅能在反复的练习中刺激儿童的听觉，以形成正确的音高概念，而且能促使儿童自觉地将唱名与所听到的歌曲旋律匹配起来，也为儿童日后的视唱练耳打下了较好的基础。

③默唱。

默唱是培养和训练学前儿童旋律感的一种十分有效的手段和形式。所谓默唱，即不发出声音在心里默默地唱。在歌曲演唱的过程中，采用部分字、词默唱的形式，不仅能够保持儿童重复练唱的兴趣，而且也有助于培养儿童的听觉表象能力，以形成正确的旋律感，同时也发展了儿童的自我控制能力。默唱游戏设计的形式可有多种：可以是有规律地一小节（或一句）默唱；可以由儿童自由选定任意部分进行默唱；也可以是按歌词中字的递增（递减）方式进行默唱。例如：

BINGO

1=D

5 5 | 1 1 1 5 6 6 5 5 5 | 1 1 2 2 3 1 |

There was a farmer had a dog, and Bingo was his name, OH!
There was a farmer had a dog, and Bingo was his name, OH!
There was a farmer had a dog, and Bingo was his name, OH!
There was a farmer had a dog, and Bingo was his name, OH!
There was a farmer had a dog, and Bingo was his name, OH!

3 3 4 4 4 | 2 2 3 3 3 | 1 1 2 2 2. 1 | 7 5 6 7 1 1 :‖

B–I–N–G–O! B–I–N–G–O! B–I–N–G–O! And Bingo was his name,oh!
(B)–I–N–G–O! (B)–I–N–G–O! (B)–I–N–G–O! And Bingo was his name,oh!
(B–I)–N–G–O! (B–I)–N–G–O! (B–I)–N–G–O! And Bingo was his name,oh!
(B–I–N)–G–O! (B–I–N)–G–O! (B–I–N)–G–O! And Bingo was his name,oh!
(B–I–N)–G–O! (B–I–N–G)–O! (B–I–N–G)–O! And Bingo was his name,oh!

（备注：以上曲谱中括号中的部分为默唱。）

（3）运用肢体动作和不同歌唱形式帮助幼儿感知歌曲中的乐句结构。

①通过肢体动作理解乐句结构。

在开展歌唱活动的过程中，教师为了更好地帮助学前儿童正确地感知、理解每一个乐句的开始与结束，可以适当采用身体动作参与的方法，一个乐句完成一个动作，比如在感知歌曲《小星星》的乐句结构时，可以让幼儿自由地在每个乐句开始的第一拍做星星闪烁的动作，在每个乐句的左后一拍做动作定格，以此肢体动作来辅助儿童感知四个乐句的基本结构。

小 星 星

1=C 2/4

1 1 | 5 5 | 6 6 | 5 — | 4 4 | 3 3 | 2 2 | 1 — |

一 闪 一 闪 亮 晶 晶， 满 天 都 是 小 星 星

× × × × × × × × × × × × × × × ×

× — × — × — × — × — × — × — × —

5 5 | 4 4 | 3 3 | 2 — | 5 5 | 4 4 | 3 3 | 2 — |

挂 在 天 上 放 光 明 好 像 许 多 小 眼 睛

× × × × × × × × × × × × × × × ×

× — × — × — × — × — × — × — × —

1 1 | 5 5 | 6 6 | 5 — | 4 4 | 3 3 | 2 2 | 1 — ‖

②通过不同歌唱形式理解乐句结构。

运用不同的歌唱形式理解乐句结构也是一种十分有效的形式。可以采用对唱或接唱

的歌唱形式，通过分句演唱来培养学前儿童的乐句感，既可以是教师与全体儿童的轮流或对答，可以是幼儿和幼儿之间的轮流或对答；也可以采用默唱的歌唱方式，有规律地分句默唱；还可以采用节奏插句的方法，即在一个乐句与另一个乐句之间插上有趣的节奏语言，以体会不同的乐句。例如：

大雨和小雨（片段）

1=C

5 3　4 2　| 3　–　|　（× ×　×　| × ×　×）|

大雨　哗啦　啦　　　　哗 啦　啦　　哗 啦　啦

5 3　4 2　| 3　–　|　（× ×　×　| × ×　×）|

小雨　淅沥　沥　　　　淅 沥　沥　　淅 沥　沥

8. 学唱新歌

学唱新歌过程中总会有教师伴奏，歌唱活动中的伴奏应与歌唱活动本身融为一体。因此，教师在活动前要做充分的弹唱练习，即使是我们熟悉的歌曲也要确保熟练弹唱，这里并不提倡自我陶醉、脱离歌唱活动的“高技术”伴奏，教师应正确处理好伴奏在歌唱活动中的位置，即伴奏是伴随着歌唱的演奏，因而总体上要服从歌唱的需要。但是，伴奏也不总处于伴随地位，特别在歌曲的前奏、间奏、尾奏中，由于没有歌唱者的限制，这时，伴奏可以根据音乐的需要充分表现，以起到对歌曲的引领、烘托、补充的作用。特别是前奏，前奏又称引子，是歌曲开始前的一段钢琴演奏。它预示歌曲的主题内容、音乐形象和风格特征，为歌唱者提示情绪、音高、速度、调式、节拍等。歌曲前奏响，就是要重重地唱；前奏轻，暗示着轻轻唱；前奏慢，则要求慢慢唱；前奏快，就是说要快快唱。弹琴时还需要注意学前儿童年龄小，知识经验不够丰富；因此在学唱新歌时，需要借助教师的体态、动作神态表情、口型变化以及教具的演示来理解、学习和记忆歌词。

儿童学唱新歌时，一般采用整首教唱法。幼儿在感受、欣赏的基础上，整体学唱，能把握歌曲的整体美，把握歌曲的整体脉络。演唱歌曲是儿童用声音来表达对歌曲的理解的一种方式，是儿童自己情感的一种方式。音乐是声音的艺术，所以在歌唱活动中，演唱歌曲要占一定的比例，练唱时可安排5遍左右的练习。进行学唱时，每一遍都要提出新的要求。

传统的歌唱活动，是以教师的“教唱”和儿童单纯的“学唱”为主的方法，它注重的是让儿童学会歌曲内容，满足于儿童会唱几首歌，教学方法单一。反思这样的活动过程，儿童被教师牵着鼻子走，没有任何时间、空间可以自由地表达或创造。当然，传统的一些音乐教学的方法也不能全盘丢弃，但如果只是让儿童一遍又一遍地大声模唱，可导致儿童由于学习内容困难过大，又缺乏必要的自我控制能力，而出现注意力分散或机械发音等不良结果。整体学唱法应与分句学唱法相结合，灵活运用。整体学唱法是教师完整地教唱新歌，幼儿完整地学唱；教师唱一句，幼儿唱一句的分句学唱法适宜解决难点。

歌唱是音乐教学中感受、体验审美情感的直接手段。德国音乐理论家舒巴尔特指出：“人声是自然的原音，而自然的所有其他声音，只是这个原音的遥远的回声。”应使儿童掌握正确的唱歌方法学唱新歌，将歌唱活动中的基本音乐尝试和不同歌曲的性质特点相融合，以培养儿童在唱歌中正确的发声习惯，让儿童能用美的声音去欣赏、去感受美的事物。

9. 与游戏结合复习歌曲

在复习歌曲的活动中，如果方法不得当往往会导致儿童因缺乏兴趣而觉得活动没有意思，不愿意配合教师积极演唱歌曲，影响儿童对歌曲情绪的体验，削弱歌唱复习活动的效果。儿童要真正学会一首歌曲是需要经过反复练习的，复习在歌唱教学中是不可缺少的部分。复习歌曲时，除了复习刚学过的歌曲，也可复习以前学过的。复习并不意味着不断地、单调地重复，教师作为教学活动的主导者，倘若善于利用各种方法巧妙地将复习活动寓于生动活泼的形式之中，将会使儿童充分享受歌唱的快乐。组织幼儿复习歌曲时应让儿童在愉快、有兴趣的情境下进行，避免单调重复练习。应用表演唱、变换演唱、游戏及其他活动形式复习歌曲。

复习歌唱可采用多形式的练唱，如齐唱、独唱、对唱、领唱、接唱等；还可采用多方式的练习，如改变歌曲快慢、轻重来演唱等。当儿童学会了歌唱，我们在复习巩固歌曲的时候可以尝试着改变方法，融入游戏化的内容，从对音乐材料的处理上着手，将音乐中的一些重要元素，用儿童能理解的方式、乐意接受的形式来作为一种复习手段，使歌唱活动更具活力。

教师利用其他活动来帮助儿童复习歌曲，效果会更好。例如歌曲《春天来了》，在美术活动中，教师可以带领儿童画春天的花园，将歌曲内容用美术形式表现出来，帮助儿童理解歌曲，记住歌词。

10. 鼓励幼儿结合歌词内容进行表演唱

对于一些结构简单、工整，歌词内容富有动作性的歌曲，可以引导学前儿童展开一定的想象，为歌曲编出生动形象而有趣的表演性动作。例如歌曲《一只哈巴狗》，歌词浅显易懂、生动形象，对动作有很强的暗示性，小班或中班儿童完全能根据歌词内容创编出简单的表演动作——两手放在头上做小狗耳朵，按照歌曲的节奏上下扇动；蹲在小椅子边按歌曲节奏拍两下手；两手放在嘴边，做啃肉骨头的动作等。

一只哈巴狗

1=C 2/4

1 1 1 2 | 3 — | 3 3 3 4 | 5 — | 6 6 5 4 | 3 — |

一 只 哈 巴 狗， 坐 在 大 门 口， 两 眼 黑 黝 黝，

5 5 2 3 | 1 — ‖

想 吃 肉 骨 头。

还有一类歌曲，歌词中既有具体的动作描写，又有较为抽象的情感体验的内容，例如歌曲《泥娃娃》，这类歌曲对于动作表演的要求比较高，一般中、大班的儿童可以在教师的启发下完成表演。这首歌曲中，教师可以重点启发儿童怎样用动作表现“我做她妈妈，我做她爸爸，永远爱着她”以及“她是个假娃娃，不是个真娃娃”等。

泥　娃　娃

1=F $\frac{2}{4}$

佚名　词曲

中速 温柔地

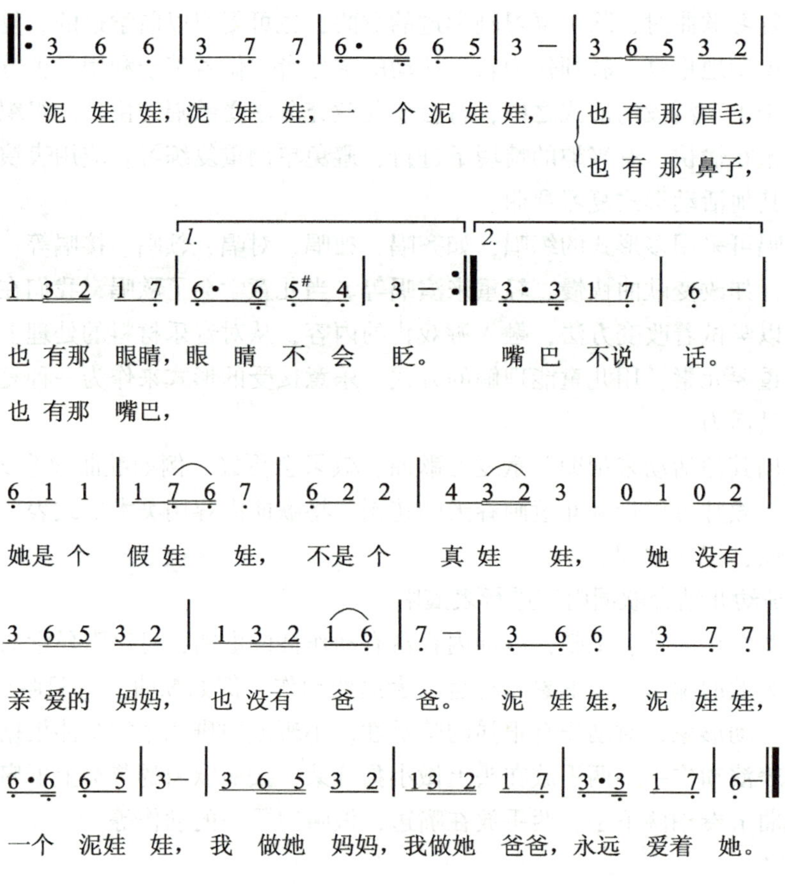

除了为歌曲创编配合歌词的表演性动作外，还可以进行表演性的节奏动作。无论进行哪种形式的动作表演，教师都应该注意启发学前儿童的生活经验，引导儿童多观察周围的生活和环境，积累一定的动作语汇。在表演唱的过程中，教师还可以将歌曲适当地进行分段、分句或放慢歌唱速度等，待到学前儿童熟练掌握动作以后再把歌曲完整而连贯地以边唱边表演的形式表现出来，恢复到原有的歌曲速度。

11. 为儿童提供创编歌词的机会

艺术教育的关键能力是创造力。在歌唱活动中加入创编内容，一是为学前儿童提供了创造性的机会，二是给歌曲注入了新的学习元素，进一步激发儿童学习歌曲的兴趣。注意创编时，给予儿童创造的机会，还要尊重儿童，给予儿童时间、空间，让儿童来说去做，教师要帮助儿童归纳、提炼，切不可包办代替。在学前儿童自发性的歌唱活动中，儿童常常喜欢重复地歌唱某些儿歌中的片段，或将一些滑稽、有趣的词语填唱在这些歌曲片段中替代原有的歌词，这正是学前儿童创编歌词的活动内容。因此，在学前儿童歌唱活动中，教师要利用创编歌词、改编歌词等游戏活动来培养儿童的创造性。学前儿童在这种自创性的活动中表现出极大的热情、快乐和满足，可以增强儿童歌唱的积极性和主动性，使他们充分体验和感受自我表达的乐趣。

学前儿童的歌词创编主要是以替换、改变歌词为主要形式，歌曲的形式以重复段落为主，歌词简单易懂、易记忆和替换。切记根据不同年龄段的儿童在认知和知识能力上的差异性来选择歌曲曲目。

（1）小班：对于小班儿童的歌词创编内容应该选择有较强形象性的，词句中有较多规律性的重复语句，便于此年龄段儿童记忆。例如，歌曲《小鸡在哪里》，可请幼儿将歌词中画曲线部分“小鸡”自由替换为自己喜欢的其他小动物“小鸭”、“小猫”、“小狗”等；“叽叽叽叽”的叫声替换为小动物相对应的“嘎嘎嘎嘎”、“喵喵喵喵”、“汪汪汪汪”等。

小鸡在哪里

佚名 词曲

1=C 2/4

1 1 | 3 3 | 2 2 | 1 — | 3 3 | 5 5 | 4 4 | 3 — |

小 鸡 小 鸡 在 哪 里？ 叽 叽 叽 叽 在 这 里。

6 6 | 5 3 | 4 5 | 3 — | 6 6 | 5 3 | 2 2 | 1 — |

小 鸡 小 鸡 在 哪 里？ 叽 叽 叽 叽 在 这 里。

（2）中班：为中班的儿童选择歌词创编的歌曲时，可以适当地选择歌曲中有多处重复部分的歌曲，进行多处替换和改变，同时，歌曲中歌词的意义可由具体的形象向较抽象的情感过渡。例如，歌曲《雪花和春雨》，可以启发学前儿童从热爱四季（春、夏、秋、冬）的情感入手，在丰富幼儿相应的生活经验、语言经验的基础上，引导幼儿将画曲线部分的歌词替换和改变，进行改编歌词的活动。

雪花和春雨

佚名 词曲

（3）大班：大班儿童的歌词创编材料的要求为比中班稍难，但也要遵循由慢渐快、由简单到复杂、由协作到独立的编唱原则。要特别注意通过歌词创编活动，培养儿童的科学逻辑思维；还应提高儿童创编歌词的参与度，避免等待和游离于活动的边缘状态。如：在含有较多重复句子的歌曲，如《胡说歌》中，教师可先安排一名儿童编唱第一句歌词，然后由其他儿童马上参与进来唱其他重复的句子。

胡 说 歌

卢乐珍、汪爱丽 译配

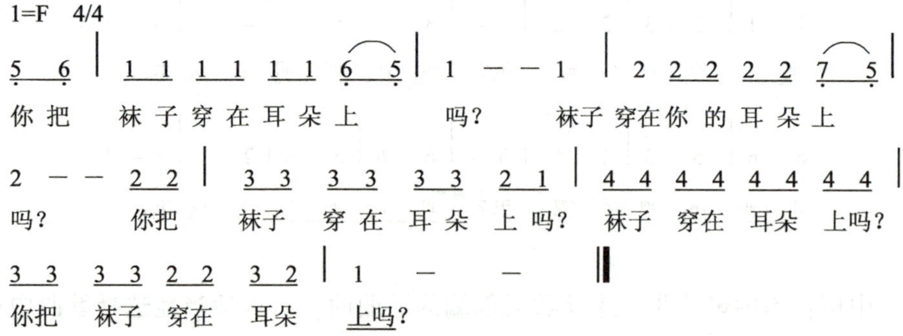

（二）程序变式

传统的歌唱活动程序往往是：复习已学歌曲或练声—欣赏教师范唱—儿童跟唱—创编动作—儿童表演唱。在此程序过程中，儿童流露出一种被动的学习状态，注意力不够集中、持久时间不长，没有积极性，学唱歌曲的主动性不够，学习过程比较地机械，学习方法比较单一，学习的情绪不够积极和愉悦。这主要是由教学流程没能满足儿童的好奇心和好胜心、教学形式没能充分调动儿童学习探究的积极性和主动性、教学过程中的学习内容对于儿童的认知挑战不够造成的。

1. 高结构化歌唱活动程序

（1）示范—模仿—练习的程序。

该程序的具体步骤为引出主题—反复范唱—分析歌词—全曲带唱—分句教唱—反复练唱。

（2）先熟悉—后加工的程序。

该程序的具体步骤为反复感知—加工经验—全曲带唱—分句教唱—反复练唱。

（3）先分解—后累加的程序。

该程序的具体步骤为熟悉节奏—熟悉歌曲—熟悉旋律—全曲带唱—分句带唱—反复练唱。

（4）边创造—边熟悉的程序。

该程序的具体步骤为自由探索——即兴创造——完整带唱——反复练唱。

2. 低结构化歌唱活动程序

常以小组或个别的方式展开。包括区角活动、方案教学活动、音乐会、音乐娱乐活动、自发的游戏活动等。教师仅创设环境、提供材料、观察参与、化解矛盾。

二、歌唱活动的指导要点

歌唱活动是学前儿童同伴间协调合作活动的过程，可利用领唱、对唱、创编歌词等方式引起儿童演唱歌曲的兴趣，发展创造力，应注意以下几个指导要点：

（一）营造轻松、自然的歌唱氛围

最适宜儿童学习唱歌的方式是在儿童想要唱、想要表达情况下的一种体验。对于儿童来说，唱歌体验是一种重要的音乐体验，教师应逐步帮助儿童建立一种自由、自然、放松的唱歌习惯，在这种情况下，儿童才会有控制音高自然技能的发展。

（二）关注倾听习惯的培养

通过唱歌，给儿童提供一个用耳朵来演奏的自然方法，从中感受正确的音高，培养灵敏的听觉，形成倾听的习惯。

（三）鼓励启发幼儿大胆表达

儿童只要有自己的想法，教师就可以鼓励其通过唱歌的方式表达出来，如鼓励儿童根据生活经验编出儿歌、童谣，再根据童谣本身的节奏加上音高，边说边唱，鼓励幼儿即兴创作出简单的音乐作品等。

教师在教学中应从儿童的发展立场出发，自然地激发儿童的音乐创造冲动和欲望，帮助儿童从中获得知识的、情感的、技能的、审美的积极体验，促进儿童创造能力、自我思考能力、自我行为能力、社会适应能力及鉴赏美的能力的综合发展。

（四）注重儿童歌唱时情感的表达

在歌唱活动中，教师可以利用视觉表现与听觉表现的相互类比，并用嗓音加强音色的表现，可以帮助学前儿童体会用恰当的音色来表现特定的音乐材料。例如歌曲《我爱我的小动物》，在演唱不同小动物的叫声时，应用不同的音色处理：小狗的叫声有力，小猫的叫声柔美，小牛的叫声沉闷，小鸡的叫声细细的，小猪的叫声粗粗的，等等。鼓励儿童通过嗓音的模仿来表现各种常见的不同音色，更有利于对音乐情感的表达。

我爱我的小动物

1=C　2/4

5 6 5 4 | 3 1 | 2 1 2 3 | 5— | X 0 | X 0 ‖

我 爱 我 的 小 猫，小 猫 怎 样 叫？喵　喵

我 爱 我 的 小 狗，小 狗 怎 样 叫？汪 汪　汪 汪

我 爱 我 的 小 羊，小 羊 怎 样 叫？咩　咩

……

另外，教师还要结合音乐作品的内容、形象和情感等特征来进行对学前儿童歌唱速度感和力度感的培养。教师可以向学前儿童出示比较直观的视觉图，使儿童将图像与音乐材料相匹配，从而选择恰当的速度和力度来表现歌曲。教师可以有针对性地专门选择一些在力度、速度上有明显对比的音乐作品，帮助儿童进一步感知和理解，比如在处理歌曲《摇篮曲》和《小海军》时，教师可以出示两幅图，并提问：哪根线表示轻柔地、舒缓地演唱？哪根线表示快快地、有力地演唱？

摇　篮　曲

俞梅丽　词

王瑜珠　曲

1=D（F）　3/4

3 5 — | 3 2 1 — | 2 3 — | 1 6 5 — |

星 星　睡　了，月 亮　睡　了

1 1 6 5 | 1 3 2 — | 3 5 — | 3 2 1 — |

天上白云 不动了， 虫儿 不叫了

2 3 — | 1 6 5 — | 1 1 6 5 | 2 3 1 — ‖

小鸟 不飞了， 小宝宝 睡着了

小 海 军

自豪地

1=F 2/4

（5•55 | 5•55 | 5 5 5 5 6 | 5 5 ）|

1• 3 2 5 | 1 3 | 5• 5 5 6 | 5 — |

我是小海 军， 开着小炮艇

3 3 6 | 553 | 2• 2 2 3 | 2 — | 1•3 25 |

不怕风，不怕浪，勇敢 向前进。 炮艇开得

1 3 | 5• 5 4 5 | 6 — | 5• 5 6 6 | 5 5 3 |

快， 大炮瞄得准， 敌人胆敢来侵 犯

× × | × 0 | 6• 6 6 5 | 2 3 | 1 0 |

轰 轰 轰 打 得 它呀 海 底 沉。

（选自人民出版社出版的大班《音乐》）

（五）随时关注儿童歌唱技能的获得

教师要有意识地引导儿童在歌唱活动时，能自然换气、区分强弱快慢等变化，用歌声表现情绪和情感体验。要注意引导儿童个体的声音与钢琴、同伴的声音靠拢，其中涉及力度、音高、节奏、曲式以及音色的音乐原色。

歌词作为歌曲的主要组成部分，在歌唱活动时也很重要。教师对幼儿的吐词咬字要提适宜的要求，通过嘴唇放松、圆圆口型帮助幼儿清晰准确地演唱。教师在对幼儿咬字吐词进行引导的时候要提示他们嘴唇放松，将歌词唱清楚，同时注意字头、字符、字尾的发音。这就需要教师在歌唱活动的整个过程中聆听儿童、观察儿童，随时进行调整支持。

了解儿童的音域，从低音的 sol 到高音 la 是比较适合儿童演唱的，但教师在选择歌曲时还需根据自己班级儿童的实际情况，不同儿童存在个体差异。教师可根据自己班级幼儿的特点选择歌曲或对歌曲进行移调，为幼儿提供合适的音域范围。同时，倾听五声音阶音高组成的乐句能帮助儿童达到良好的音准感。

音乐由节奏和旋律组成，要重视听觉能力的培养，帮助儿童建立4/4拍、2/4拍以及3/4拍的感觉，更可适当加入一些弱起的节奏。为了帮助儿童建立准确的音准感，教师可逐渐递进，从唱mi、sol、la三个音高组成的乐句开始，逐步增加音高至唱五声、七声音阶音高组成的乐句。音乐是由节奏和音响组成的，教师要重视对幼儿听觉能力的培养。

（六）教师提供的歌唱内容要体现层次感

在确立了体现活动特质的活动目标之后，就要在活动目标导向下，观察分析儿童的已有经验与可能产生的新经验之间的联系，通过内容材料与儿童的互动来适度超越原有经验，推动幼儿走近“最近发展区”，为儿童设置一定的发展目标，以激发其学习的积极性和学习的潜能。这个目标分为深度层次目标和广度层次目标，前者主要指原有经验的概括或提升，而后者是对原有经验的横向拓展。

要让儿童保持这种积极的学习和互动状态，必须从最直接的经验开始，在不断尝试的过程中，在与内容材料、同伴、教师的直接接触过程中逐步提升已有经验，即内容要体现层次感。这里面有两层含义：一是从教育连续性角度看，每个活动都是前一次活动的经验提升，是层层深入的；二是就每个单独活动而言，活动中的每个环节要体现层次感，只有这样儿童在过程中才会有所收获，才能真正体现出活动的价值。

（七）注重儿童创造性表现

在唱好歌曲的同时，更重要的是挖掘儿童的创造性表现，如歌曲《布娃娃》中的切分节奏，如何让儿童学唱、理解、操作、表现。教师重点启发儿童从情感上想象体验布娃娃不要自己抱的着急心情，在学唱的基础上进一步思考可以用什么动作表现着急，如：用“两手一摊”表现“怎么办 怎么办”；用两手拍腿表现“急得团团转”；用食指点鼻子表现“哎呀呀 哎呀呀”等。

第三节　歌唱活动案例分析

新授式歌唱活动案例

歌唱活动：在农场里（中班）

活动目标：

1. 在唱唱、跳跳、玩玩中体验多种形式演唱歌曲的快乐。
2. 学唱歌曲《在农场里》。
3. 能用自己喜欢的、熟悉的动物来创编替换歌词。

活动准备：

1. 知识经验准备：幼儿认识农场里的动物，熟悉其叫声。
2. 物质材料准备：电子琴，录音机。

3. 环境创设准备：将活动室布置成农场，里面有各种动物玩偶和图片（猪、牛、鸭、鸡、羊、狗、猫）。

活动过程：

1. 创设“开心农场”的情境，激发幼儿兴趣，练声。

（创设了农场的游戏情境帮助幼儿体验歌曲内容，这一点很好。）

启发思考：孩子们，欢迎你们来到开心农场，今天，农场里有三只动物听说小朋友来做客，特别高兴！它们要用歌声来欢迎你们，请仔细听听是哪三种动物，它们是怎么叫的？请你学一学好吗？

（活动导入环节利用模拟动物叫声为幼儿练声，为进入歌唱活动做好了充分的准备，激发了幼儿乐学、爱学的兴趣，巧妙地引出了歌词的主要内容，活动条理清晰，层层递进。）

2. 全体幼儿欣赏、学唱并表演歌曲。

（1）完整欣赏歌曲，请幼儿说出是哪三只动物，并在“农场”里把它们找出来。

（2）依次出示小猪、小牛和小鸭子图片，学习歌词的节奏并分段跟唱。

（3）随音乐完整演唱歌曲，并尝试变换不同形式演唱。

（在学唱歌曲的过程中采用唱唱、跳跳、玩玩等多种歌唱形式保持了幼儿对歌唱活动的兴趣。）

3. 创编歌词，大胆表演歌曲。

（1）出示其他动物图片，幼儿选择自己喜欢的动物，学一学动物的叫声，并编进歌曲里唱一唱。

（2）请幼儿将自己编的新歌曲演唱给大家听。

（3）表演自编的歌曲，为歌曲取名，评价、提升并用动作表现歌曲内容。

（在活动的最后拓展幼儿的经验，鼓励幼儿进行简单的创编，较好地尊重了幼儿自由表达的愿望，没有因为一首歌曲局限幼儿的认知。）

4. 教师总结，学习歌曲的名称。

（1）介绍歌曲名称，总结活动。

介绍歌曲：孩子们，请为这首歌取个名字。今天我们学了《在农场里》这首歌，还为农场里的动物们编了新的歌曲。

（2）鼓励幼儿拓展经验，引出下阶段的活动。

引发思考：请你们想一想，在森林里有些什么动物呢？下一次我们为它们编一首《在森林里》的歌，好吗？

（宜昌市直机关桃花岭幼儿园　李静）

表演式歌唱活动案例

歌唱活动：进城又出城（大班）

设计意图：

现在的流行音乐随处可听，大班幼儿耳濡目染时间长了，也会哼唱一些流行歌曲。

在教室里，时不时地听到孩子们哼唱着周杰伦的《双截棍》，歌词念得虽然含糊不清，但节拍感较好。看着他们那小大人的模样，我便想将这种说唱的形式融入到歌曲教学中来。正巧我班刚开展了音乐活动“进城又出城”，孩子们很感兴趣，歌曲旋律不复杂，歌词以重叠词为主，念起来朗朗上口，加之选材又贴近幼儿生活，这首歌很适合孩子们用多种歌唱形式进行演唱和表现。

活动目标：

1. 体验节奏感较强的歌曲带来的喜悦和动感。

2. 理解歌词内容，学习以 Rap 的形式演唱歌曲及 AABB 式叠词。

3. 能有节奏、欢快地即兴表演歌曲。

活动准备：

1. 知识经验准备：幼儿曾了解过说唱歌曲《王老先生》。

2. 物质材料准备：Rap 形式的演唱音乐及课件，与歌词相符的图片若干，各种表演道具。

3. 环境创设准备：幼儿围成半圆形，中间留有空场地。

活动过程：

1. 师幼以说唱的形式齐唱歌曲《王老先生》，练声导入活动，引出主题。

导入语：王老先生在田边养了动物呢？我们用歌声来告诉大家吧！

2. 观看“进城又出城”的课件，理解歌词内容。

(1) 观看课件，初步感知歌词内容。

(2) 回顾课件内容，基本了解歌词内容。

(3) 结合图片进一步理解和学习歌词内容。

①以回答问题的方式，尝试说出歌词。

提问：你们看到了什么？发生了些什么事？

②幼儿说出歌词，教师边唱边出示相对应的图片。

③再次观看课件，启发幼儿发现、补充余下的歌词内容，进一步感受歌词。

3. 教师清唱歌曲，幼儿感受歌曲欢快的节奏。

幼儿以游戏的形式学唱歌曲。

(1) 师幼、幼幼玩钓鱼游戏学唱歌曲。

幼儿用歌声唱出钓走的图片，教师唱出黑板上有的图片。

(2) 玩捉迷藏的游戏学唱歌曲。

幼儿用歌声唱出藏起来的图片，教师唱出黑板上有的图片。

(3) 集体完整地演唱歌曲。

（学唱歌曲这个重点环节教师运用了不少教学策略来进行完善，例如用轻声切入策略让幼儿静下心来感受歌词内容；用图谱与歌词结合的策略及游戏的方式让幼儿学唱歌曲；用榜样示范策略及情境游戏策略让幼儿对新的歌唱形式进行尝试和适应。活动做到了层层推进，逐渐分化；教师做到指导适度，灵活退位。）

4. 比较歌曲，学习以 Rap 的形式演唱歌曲。

(1) 播放 Rap 形式的演唱音乐，请幼儿说出唱法的不同。

(2) 师幼尝试用 Rap 的形式演唱歌曲。

(3) 幼儿分组进行 Rap 形式的演唱。

(4) 集体分组进行歌曲表演：一边做动作一边演唱歌曲。

(此环节充分凸显了幼儿的主体地位，让幼儿自己梳理歌词内容，自己发现不同的歌唱形式，自己摸索出 Rap 形式的演唱方法来进行展示和表演，做到充分地尊重幼儿的自主权，给他们足够的探究与创造空间，让他们通过自己的探索与思考来一步一步完成这首歌曲。幼儿往往对自己创造出的作品更乐意去大胆表现，因为这是属于他们自由表现的作品。)

5. 表演游戏“进城又出城”，进一步体验歌曲欢快的性质。

(1) 第一遍表演：教师扮演“公共汽车”，请另外 5 名幼儿分别扮演“乘客”、“前门后门”、“妈妈”、“马路汽车”、“我”，其余幼儿扮演歌唱家，进行表演。

(2) 在歌曲的伴奏下，幼儿分组边唱边表演歌曲。

(该活动将幼儿周围生活中十分流行的具有较强节奏感的 Rap 形式融入幼儿歌唱活动中，既符合幼儿的兴趣特点，也给他们创造了新的刺激与体验，具有时代气息。)

活动延伸：

1. 提供材料在表演区自由表演歌曲。

2. 回家将歌曲表演给家人看，并请家人也加入进来。

(湖北省军区幼儿园　刘生琴)

创编式歌唱活动案例

音乐活动：勤快人和懒惰人（中班）

活动目标：

1. 喜欢进行仿编活动，体会演唱自创歌曲的乐趣。

2. 学唱歌曲，用不同的演唱速度来表现勤快人和懒惰人的不同状态。

3. 尝试根据歌曲结构，替换歌词进行演唱。

活动准备：

1. 知识经验准备：幼儿有仿编歌词的经验。

2. 物质材料准备：音乐 CD《勤快人和懒惰人》，歌词图示一张，供幼儿操作的未完成的歌词图示三份，彩笔幼儿人手一份。

3. 环境创设准备：幼儿座位摆成半圆形。

(该活动的选材符合中班幼儿年龄特点，贴合幼儿生活实际，很容易调动幼儿的学唱兴趣。)

活动过程：

1. 复习歌曲《劳动最光荣》进活动室，谈话导入。

(1) 提问：这首歌曲的名字是什么？(《劳动最光荣》)

(2) 谈话引出勤快人与懒惰人。

教师：老师发现咱们班里也有爱劳动的小朋友，把教室里收拾得越来越整洁了，你们知道是谁做的吗？像小朋友这样爱劳动的人，老师要夸一夸他们，称他们为勤快人。相反地，那些不爱劳动的人，我们称他们什么呢？(懒惰人！)

(教师以歌曲导入，歌曲的内容巧妙地引出了谈话的主题，谈话的主题又自然地引出了新手歌曲的主题。)

2. 欣赏音乐。

(1) 引出歌曲：有一首歌就是唱的"勤快人和懒惰人"，我们来听一听这首有趣的歌。

(2) 幼儿欣赏音乐 CD《勤快人和懒惰人》。

提问：歌中有两种什么样的人？勤快人做了些什么事情？懒惰人又在干什么？

出示歌词图示，按歌词演唱顺序依次出示炒菜、煮饭、蒸馒头的图片以帮助幼儿记住歌词。

(此环节"欣赏音乐"时间不宜过长。)

3. 请幼儿分段欣赏音乐，说一说对音乐的感受。

第一段欢快、活泼；第二段缓慢、无力。

4. 学唱歌曲。

(1) 打节奏看歌词图示说歌词。

教师清唱歌曲，幼儿跟唱，学唱歌曲。

(2) 鼓励幼儿唱出两种不同人的情绪。

启发思考：勤快人劳动的时候很有精神，小朋友唱的时候用什么样的声音演唱？(欢快、活泼的声音)

懒惰人不爱劳动，做事慢腾腾，我们用什么声音演唱呢？(缓慢、无力的声音)

(3) 练唱小游戏。

分角色演唱：将幼儿分两组，一组扮演勤快人在劳动的场面，一组扮演懒惰人什么也不干，睡觉的样子。

5. 仿编替换。

师幼讨论：我们勤快人还会做一些什么事情呢？

(1) 幼儿自由讨论，说一说自己还会做什么劳动。

(2) 分组欣赏图片，尝试用第三人称仿编歌词："他在……"、"他在……"和"他还在……"。引导幼儿在仿编第三句时，用三个字的劳动动作来仿编。

(为幼儿创编歌词做了一定图片准备，使他们的编唱能力得到了培养。如能在活动中多给幼儿提供自由动手和自主选择的机会则更为理想。)

6. 愉快地讨论自己能做的事情结束活动。

小结：在生活中我们要做勤快人还是懒惰人呢？我们都愿意做勤快人，那就一起去劳动吧，看看你还会做哪些事情呢？

（活动设计层层递进、环环相扣，充分发挥了艺术的两个功能：既让幼儿有美的体验，又萌发了其做勤快人的情感。）

（仙桃市实验幼儿园　张慧）

游戏式歌唱活动案例

歌唱游戏：滑稽的脚先生（中班）

活动目标：

1. 体验与同伴一起做音乐游戏的快乐。
2. 在学学、唱唱、跳跳的音乐游戏中学习各种用脚走路的律动。
3. 能随音乐掌握踮脚走、脚跟走、脚边走和双脚并拢跳的动作。

活动准备：

1. 知识经验准备：幼儿知道脚的各个部位的名称。
2. 物质材料准备：脚先生的道具、图片、礼物。
3. 环境创设准备：创设相应的游戏场地。

活动过程：

1. 游戏导入，引出课题。

(1) 引出“脚先生”。

扮演脚先生：小朋友，你们知道我是谁吗？我是脚先生，你们觉得我长得怎样？我是滑稽的脚先生，今天我邀请你们去家里做客，愿意吗？

（教师以脚先生的形象出现，风趣幽默，易引起幼儿的兴趣。）

(2) 可爱的“脚印座位”。

提出要求：我家里没有椅子，请你们找一个脚印坐下来吧！

(3) 认识脚。

提问：你们的小脚带来了吗？脚先生今天要考考大家，你们脚上有什么呢？

（引导幼儿复习已有的经验，加深对脚的认识，为接下来理解歌词做重要铺垫。）

2. 学习游戏歌曲《滑稽的脚先生》。

(1) 出示寻宝图，引起幼儿兴趣。

介绍寻宝图：今天我为你们准备了神秘礼物，在哪儿呢？我这里有一张寻宝图，你看到了哪些地方？

(2) 熟悉歌曲，理解歌词。

①第一次欣赏游戏歌曲。

教师范唱两遍：怎么样才能找到礼物呢？有一首歌曲告诉我们寻宝图的走法，一起来听听。

根据幼儿讲述贴上脚的走法。

提示：你听到要用脚的什么地方走？（用脚尖走、用脚跟走……）

（寻宝图逼真形象，教师巧妙地将歌词唱成寻宝路线，激发了幼儿继续探究的欲望。）

②第二次欣赏游戏歌曲。

提问：先用什么走？（脚尖）脚尖怎么走？（踮着走）边唱边用脚尖踮着走。

提问：再用什么走？（脚跟）脚跟怎么走？（翘着走）边唱边用脚跟走。

提问：还用什么走？（脚边）我们用脚边来走一走，感觉怎样？（重点理解歪歪扭扭），边唱边用脚边走。

提问：最后，两脚并拢怎么走？（跳）边唱边学两脚跳。

（每一个提问都经过精心设计，让幼儿在互动问答中理解并熟悉歌词，同时鼓励幼儿边表演边唱歌，进一步巩固幼儿对游戏内容的记忆，激发游戏的欲望。）

（3）完整学唱

教师与幼儿一起原地边唱边跳，完整表演两遍。

要求：接下来，脚先生要请你们边唱边表演，学会了我们才能去寻宝。

3. 歌唱游戏“寻宝”——分组表演唱。

揭开寻宝场景，部分幼儿游戏，教师与其余幼儿演唱、观察。

介绍游戏：我们要开始寻宝啦！大家围到脚先生这里来。我先派几个小朋友去试试，看看能不能找到神秘礼物。

小结：没找到礼物，可能是你们唱的声音太轻了，脚先生再派几个小朋友去试试。

小结：还是没找到，我们既要用好听的声音唱，还要用正确的走法，才能找到。请剩下的小朋友一起去找找。

（引导幼儿在寻宝游戏中分组练习、表演歌曲，使幼儿身临其境，把活动推向高潮。）

4. 出示神秘礼物。

提出要求：你们知道脚先生要送什么礼物给你们吗？脚先生提醒你们要注意保暖，所以送给你们每人一双暖和的袜子。你们回家后给袜子画上喜欢的花纹和颜色，好吗？

（让幼儿猜礼物，营造了神秘感，紧紧扣住了孩子的心，神秘礼物是“袜子”，也与活动主题中的“脚先生”相呼应。）

滑稽的脚先生

1=D　4/4　　　　外国儿童歌曲

中速　　　　汪爱丽　译配

1 3 2 4 | 3 5 1̇ – | 7 6 5 4 | 3 4 5 5 5 |

先 用 脚尖　踮 着 走　再 用 脚 跟　翘 着 走，还 用

6 6 6 5 5 5 | 4 3 2 5 5 | i̇ 5 5 6 5 4 |

脚边 走，走得 歪歪 扭扭，两脚 并拢 还 能

3 5 i̇ — ‖

跳 跳 跳。

（江苏省苏州市沧浪新城实验幼儿园　屈雅琴）

思考与练习

1. 请你谈谈组织幼儿园大班幼儿开展歌唱活动应采用哪些指导策略?
2. 请分析阐述游戏式歌唱活动与表演式歌唱活动的异同。
3. 请设计一份中班歌唱活动教学方案。
4. 请设计一份创编式歌唱活动教学方案。

第三章　韵律活动的设计与指导

本章摘要

本章着眼于介绍幼儿园韵律活动的设计思路与指导策略，在分析幼儿园韵律活动基本内容、类型、选材及基本要求等的基础上，对幼儿在韵律活动中所需掌握的基本知识技能进行了详尽的阐述，并结合案例详细介绍了幼儿园韵律活动的基本环节、程序变式及具体的指导策略，旨在引导学生对幼儿园韵律活动的组织实施有一个较为系统而全面的认识。

学习目标

1. 明确幼儿园韵律活动的含义和意义，理解韵律活动中幼儿所需掌握的基本知识技能。
2. 了解幼儿园韵律活动的内容、类型、要求及韵律游戏的创编方法。
3. 初步掌握幼儿园韵律活动的设计思路与指导要点。

第一节　韵律活动概述

著名的瑞士作曲家、音乐教育家爱弥儿·雅克·达尔克罗兹认为，音乐的本质在于对情感的反映。音乐教育则是要通过音乐与身体结合的节奏运动唤起人的音乐本能，培养学生的音乐感受力和敏捷的反应能力，进而获得体验和表现音乐的能力。在学前儿童的音乐活动中，音乐与身体动作常常是不能分开的，它们正是通过节奏运动这种教育手段，去促使幼儿建立生理运动器官和思维之间的转换和连接，从而达到身心和谐发展的目的。

一、韵律活动的基本知识与技能

在幼儿园的韵律教学活动中，教师组织和引导的导向不应该只是停留在对幼儿完整呈现与否、表现程度的夸张与否等方面。幼儿通过动作和节律表达音乐情感的时候，教师更应该通过对幼儿的动作行为、表情等来解读幼儿的音乐情感。所以笔者认为，幼儿园韵律活动的设计导向应该是建立在音乐理解基础上的肢体语言的情感表达与表现。

（一）韵律与舞蹈

韵律是指声韵和节律。韵律活动是指某些物体运动的均匀的节律活动，而舞蹈则是在音乐的伴奏下进行的经过提炼、组织和美化了的人体动作，它是于三度空间中以身体为语言作为情感表达表现的艺术形式。两者在幼儿园韵律活动中呈现时应该是有区别的。一种是简单的律动活动，另一种则是简单的成品舞蹈活动。但幼儿园的舞蹈活动一定是以情绪情感的表达与表现为目标导向，而不能是以舞蹈技能训练的呈现为培养目标。①

（二）韵律与游戏

在"幼儿园要以游戏为基本活动"的思想导向中，很多幼儿园或老师把与幼儿互动过程中的一切活动都称为游戏。这种互动活动是手段性游戏，而不是本体性游戏。幼儿园里所呈现的音乐游戏也是一种手段性游戏。具体来说，音乐游戏就是幼儿在音乐的伴随下进行的特殊的韵律活动。在音乐游戏中，音乐和游戏相互促进，相辅相成。幼儿通过游戏化的形式、动作能更加具体形象地理解和感受音乐，从而获得一定的情感体验。在幼儿园主要是以简单的韵律游戏和音乐游戏两种形式呈现。

（三）韵律活动对幼儿的发展价值

身体动作的参与在音乐教育中具有重要意义。韵律活动作为身体动作和音乐节奏的载体，主要是通过两者的结合来有效促进幼儿的身心和谐发展的。3~6岁的幼儿在成长过程中，其机体的发育是不够成熟的，机能是不够完善的，身心基础都是较为薄弱的。因此在节律的运动过程中，首先是可以促进幼儿身体动作的发展，身体运动需要一定的空间和时间，身体运动中动作的幅度和速度又涉及时间量和空间量，而时间量和空间量又有赖于动作的强度，整体的结合运动中，幼儿的动作协调性、平衡、速度、控制力等都得到了相应的锻炼，从而促进了幼儿肢体的协调发展和大小肌肉的锻炼。

其次，任何韵律活动都伴随着一定的音乐节奏，音乐的本质来源又是情绪情感的表达与表现。在音乐的主题情境之下，幼儿是通过理解主题的情感而做的肢体语言的呈

① 杨立梅，蔡觉民. 达尔克罗兹音乐教育理论与实践. 上海：上海教育出版社，2011.

现。在这个表现过程中，音乐和动作都能刺激幼儿的情绪中枢，使幼儿产生愉快和兴奋的情绪体验和感受。心理学的实验证明，一个人在愉快的情绪体验中会激起无休止追求成功的意念和力量，因为这种自我感受和自我认识会加强幼儿的自尊心、自信心，促使他们自爱、自重、自强不息。所以说，韵律活动还可以帮助幼儿建立积极的情绪情感体验，促进幼儿的心理健康发展。

再次，身体律动活动是幼儿情感表达的载体，幼儿在有节奏的肢体动作体验中，一定是根据音乐节奏本身来进行表达与表现的，因此这种固有的音乐节奏对幼儿的体验提出了隐性的行为要求，幼儿在活动过程中就不自主地形成了一定的规则意识、团队协作意识等。所以说韵律活动对幼儿的个性和社会性发展也有着积极的价值和作用。

最后，幼儿的韵律动作是通过大脑神经细胞信息传导而产生的，幼儿对音乐的每一个反应都是各种感觉器官综合感受和分析的结果。所以说肢体的运动反应等于大脑思维信息处理的结果。韵律活动有助于幼儿大脑皮层神经细胞的成熟与功能的完善，这对于幼儿的智力发展、认知能力的提升有着积极的意义。

（四）韵律活动中幼儿心理发展的特点

幼儿的韵律活动表现应该是幼儿接收了音乐信号刺激后的行为反应。不同年龄段、不同个性特征的幼儿应该有不同的表达方式。研究表明，幼儿平衡性、柔韧性与性格的关系不密切，但是幼儿的肌耐力、瞬发力、协调力却与性格有着密切的关系，而在韵律活动中，幼儿听到音乐后动作表现的力度、强度、流畅性等都直接表明了幼儿对音乐的理解和情感体验。从心理学角度上来讲，有兴趣地、有意识地听音乐是幼儿学习音乐的心理动机。大多数的幼儿已经具备敏锐地辨别不同频率声音的能力，自然地对音乐作出反应是幼儿的本能，也是幼儿的兴趣所在。3 岁左右的幼儿在进行音乐律动的过程中，大多是简单模仿，根据周围人的动作行为进行复制再现；4 岁左右的幼儿在听音乐的时候，明显的身体反应会减少，有意识地听音乐的成分会增加，因此在韵律动作表现上体现出来的节律会更明显；5 岁左右的幼儿音乐审美发展处于符号运用阶段，能基本掌握节奏技巧，能辨别音的长短、高低、速度的快慢、力度的强弱变化等，因此其倾听音乐、模仿音乐、表现音乐再到创造音乐的心理条件逐步成熟。

（五）不同年龄段幼儿韵律活动中动作表现的具体要求

《3~6 岁儿童学习与发展指南》明确指出，幼儿在艺术表现过程中，其终极目标主要是感受美、表现美、创造美，以艺术作品为载体来表达自己对周围世界的认识和情绪态度。教师在引导幼儿发展的过程中更应该关注不同年龄段幼儿自身的学习特点以及发展过程中的具体要求。任何韵律活动都是从感受音乐的情感、节奏开始，有了这个感受前提才能去表达自己的理解感受，最后再用自己的方式表达出来。因此在这个过程中，应该是从感受与欣赏、表现与创造两个维度来看不同年龄段幼儿差异性的发展要求。

3~4 岁幼儿对生活、艺术中的形式作品是非常感兴趣的，并且善于用模仿的方法来学习韵律作品。因此在这个阶段，我们的目标要求是幼儿有兴趣参与所有的韵律活动，在感受与欣赏时能专注地聆听或感受音乐的特性，并能模仿一些简单的韵律作品的动作、表情等。

4~5 岁的幼儿相对于 3~4 岁的幼儿专注力更强，对韵律作品的节奏快慢、旋律中声音的高低、长短、强弱变化也有了一个初步的关注与兴趣，因此他们会初步理解作品要表达的主题情感，在感受欣赏时也会根据音乐作品的节奏进行简单的肢体动作，在老师的引导下能做上下肢结合的复合型动作。①

5~6 岁是幼儿想象力与创造力发展的关键期。在这个阶段幼儿的语言、思维、想象更丰富。因此他们在韵律作品欣赏时常常运用表情、动作、语言等方式表达自己的理解，他们表达韵律作品的呈现方式也更丰满。他们不仅会运用复合型动作来表达自己的理解，更善于用主题情境来表现自己的主题情感。在老师引导得当的情况下，运用道具的合作呈现也是可能会达成的。

二、韵律活动的类型与要求

幼儿园的韵律活动是指幼儿运用肢体语言来表达表现自己对音乐元素及作品的情感理解的艺术形式。对于发展中的学龄前儿童而言，它的形式绝对不是单一的，它一定是幼儿喜欢的、有趣味性的所有表现形式。所以笔者认为在幼儿园实际操作过程中，韵律活动的类型应该包括律动和律动组合、舞蹈、音乐游戏和歌表演。

（一）律动和律动组合

1. 律动

律动包含音乐元素和基本动作两个部分，它是指在音乐伴奏下，根据音乐的性质、节拍、速度、力度等，有规律地、反复地做某一个动作或一组动作的活动。幼儿园的律动可以分成表现性律动和表演性律动两种。表现性律动是指幼儿在听到一首乐曲后单纯的动作反应和情绪表达。它可以不是完整的主题表达。例如，教师给中班的幼儿放一首《马鲁序卡舞曲》时，孩子们听到音乐后手舞足蹈，由于音乐里面有小提琴、大提琴、木琴等不同乐器演奏的声音，有些孩子就像个小指挥家一样投入地挥舞着。这就是典型的表现性律动。而表演性律动一般就是老师给予孩子一个完整的律动作品，引导幼儿欣赏并学习，积累动作经验的过程性活动。但无论是哪种类型的活动，都离不开动作经验的积累。动作的产生主要分为三个方面。

（1）基本动作：幼儿在听到音乐、理解音乐元素后反射出来的一般动作。如垂直的节奏反应：拍手、点头、屈膝、晃手、倾头、耸胯、跺脚等，或者听到高音后站高高、听到低音后蹲下去、听到重音后重重地踏脚、听到轻快的旋律做跑跳步或吸跳步

① 赵宋光. 音乐教育心理学概论. 上海：上海音乐出版社，2003：137.

等。不同年龄段幼儿的基本动作要求有所不同。3岁左右的幼儿能在老师的引导下听音乐做简单的拍手、点头、倾头、晃手等基本动作；4岁左右的幼儿能在听到音乐后做出垂直的节奏反应，并在教师的引导下体现音乐的变化，如听到重音重重地跺脚、听到轻音轻轻地拍手等；5岁左右的幼儿能根据音乐的节奏进行简单动作或单一的复合动作的表现。

（2）模仿动作：它是幼儿因模仿周围事物的外形特征或运动状态而创造出来的动作。模仿动物，如鸟飞、兔跳、鱼游；模仿自然景物，如花开、下雨、风吹；模仿日常生活动作，如洗脸、梳头、穿衣；模仿成人的生活活动行为，如扫地、洗衣、做饭等；模仿幼儿游戏中动作，如拍球、玩跷跷板、溜冰等。学龄前儿童的动作学习主要来源于模仿，不同年龄段的幼儿在观察和了解周围事物时的视角、关注点也是有差异的，因此就决定了他们模仿的动作需要和生活中的经验匹配，和他们的兴趣点进行匹配。3岁左右的幼儿主要是对动物形态特征的模仿；4岁幼儿在动物模仿的基础上增加自然景物形态的模仿和日常生活动作的模仿；5岁左右幼儿的生活经验日益丰富，只要是与其经验相关的形态或联想动作都可以做一些模仿和学习。

（3）舞蹈动作：主要指基本舞步，包括在韵律活动中教师有针对性地做侧勾脚、娃娃步、跑跳步、踏点步等。对于学龄前儿童来讲，基本舞步的学习不是主旋律，幼儿在掌握过程中有一定的差异，它只是作为一种韵律动作表现的工具存在，为幼儿的表达表现做更多的经验铺垫，因此主要是建议5岁左右的幼儿学习运用。

2. 律动组合

律动组合是按照一首结构相对完整的乐曲组织起来的韵律动作组合。幼儿在感受和表现时可以通过以下几种类型来进行学习和理解。

（1）非主题的身体节奏动作组合：组合中动作无特别意义，注重动作节奏，幼儿在表现过程中只是根据音乐中的元素进行非主题的节奏动作反应。不同年龄段的幼儿完成的组合动作复杂程度有差异。3岁左右的幼儿可以做简单的AB、ABC循环结构模式的律动组合，并且在动作设计上以单一动作为主；4岁左右的幼儿可以做ABB、ABBA、ABCD的结构模式，动作设计中可以增加其他部位的复合性表现，比如说表情、声音等；5岁左右的幼儿可以做AX或XB等主体动作加变换创造想象的自主动作，与此同时，动作难度可以更复杂，增加上下肢的复合型动作。

（2）有主题的模仿动作组合：注重模仿动作的组织结构，更注重对模仿对象的表现。表现来源于幼儿对主体情感的理解。幼儿在展现过程中除了单纯的做动作表现，教师还应根据音乐作品的主题引导幼儿进行情感理解与表现，动作的表现内容就是主题本身所要描述的故事情境。如大班主题韵律活动《春天花会开》，描述种子发芽—出土—生长—开花的过程，其动作就不是单纯的循环重复的结构动作呈现模式，而是一个在春天里花儿盛开的流程图了。这种模式是比较符合幼儿的兴趣特点的，在内容设计上小年龄段幼儿的主题情节更简单易懂、时长更短、动作更简单，大年龄段的幼儿的主题情节更丰富，乐段略长，动作较复杂一些。

(3) 舞蹈动作组合：它的呈现方式主要是将舞蹈的基本动作用组合的方式连接起来。它可以有简单情节的表演组合舞，也可以有结构较自由、松散的自娱舞，还可以是以队形变化、舞伴交流为主的集体舞组合。这种呈现方式在5岁左右的幼儿韵律活动中出现得比较多，对于3岁左右的幼儿来讲，还是有难度的。

(二) 舞蹈

舞蹈被称为动作的艺术，是以经过提炼、组织、美化了的人体动作为主要表现手段来塑造舞台形象的艺术，是幼儿非常重要的音乐体验。配合着表现不同文化、具有不同音乐风格、节奏鲜明的舞蹈音乐做动作，可以使幼儿通过自由的肢体动作感觉音乐的流动，体验快乐。舞蹈对于帮助幼儿感受和体验音乐的情绪、节奏韵律、音乐的段落结构、动作的协调平衡、即兴创造等都具有重要意义。

幼儿舞蹈的设计主要是反映幼儿生活情趣，一般题材较广泛，体裁丰富多样，动作较简单，但有特定的主题、内容、情节、角色、场记。幼儿园舞蹈可分情绪舞（歌舞）、情节舞（幼儿童话歌舞剧）。在韵律活动的动作练习和创编过程中舞蹈动作是最常用的。

1. 幼儿常用手型与手位

(1) 掌：五指自然伸直分开。(此掌形为幼儿最常用，可演变出很多手型，如芭叶掌。可放在腰后抖动模仿小鸭翅膀，可挥手做打招呼状等。)

(2) 虎口掌：虎口张开，拇指根向手心用力，手指伸直，手心有一个自然的沟。其余四指微张开，掌的外侧用力。(如：可插在腰间，也可放在嘴边做喇叭状。)

(3) 兰花掌：食指到无名指挺直，虎口收紧，拇指向中间靠拢，但不完全贴上，有一点距离。(常用在“邀请”动作中，此掌形在民族舞中使用较多。)

(4) 剑指：食指与中指并紧挺直，指根用力。

(5) 兰花指：拇指尖与中指尖相碰，食指挺直微上翘，小指微抬。

(6) 实心拳：食指至小指并拢，向掌心卷曲成实心拳，拇指内屈紧贴中指。

(7) 空心拳：食指至小指并拢向掌心弯曲成空心拳，拇指内屈紧贴食指和中指。

2. 幼儿常用步位与步法

(1) 正步：两脚靠拢，脚尖对前方，重心在双脚上。

(2) 丁字步：右脚跟靠拢左脚窝，脚尖方向同小八字步。

(3) 小八字步：两脚跟靠拢，脚尖分开，对左、右前角。

(4) 大八字步：两脚跟相距一脚半，其他同小八字步。

(5) 小踏步：左脚尖向前，右脚向左后踏，脚掌着地，与左脚跟成一横线，左脚直立为重心，右腿微屈，两膝前后重叠。

(6) 小碎步：正步准备。双脚跟提起，前脚掌快速、小步交替、均匀地踏地，双膝放松稍弯曲向前、向后、向左、向右或原地旋转走圈。

(7) 小跑步：正步准备。半拍一步。每拍的前半拍左脚向前跑一小步，同时右脚离地，膝微屈；后半拍右脚向前跑一小步，同时左脚离地膝微屈，依次交替连续进行。跑动时，两腿交替向前提膝，脚尖自然下垂，前脚掌落地，给人以欢快轻盈之感。步子应小而快，速度均匀，有弹性。

（8）踏点步：两拍完成。第一拍，左脚向左或向前、向后踏一步。第二拍，右脚掌在左脚跟后点地，同时两腿稍屈膝。换右脚做时，动作相同，方向相反。

（9）进退步：小八字步准备，右脚为例。是幼儿跳新疆舞的基本步法，幼儿跳的进退步是一前一后的垫步。右脚开始，原位进行，两拍一步。第一拍前半拍，右脚向前半步，前脚掌着地，左脚稍抬起；后半拍，左脚着地，右脚离地。第二拍前半拍，右脚后退半步，前脚掌着地，左脚稍抬起；后半拍，左脚踏地，右脚离地。

（10）十字步：正步准备。四拍完成，左脚为例。第一拍，左脚向 2 点上一步。第二拍，右脚从前绕过左脚向 1 点上一步。第三拍，左脚向 7 点撤步。第四拍：右脚向 5 点后撤一步。动作时双手随身体扭动而自然摆动。

（11）娃娃步：摆动手臂拐拐脚，是儿童舞中大头娃娃的动作。两拍一步（或一拍一步），第一拍（或前半拍），左腿屈膝向旁抬起，小腿向上翘，两手五指张开向左摆动，头和上体向左侧弯曲，第二拍（或后半拍），左脚落地。

（12）跑跳步：正步准备。一拍一步。第一拍，前半拍左脚向前迈一步，后半拍左脚原地小跳一次，同时右腿正吸腿，脚尖向下绷脚。然后换右脚做，动作相同，方向相反，左、右交替，连续进行。

（13）交替步：双手叉腰，左脚向前迈一步，重心移到左脚，右脚越过左脚旁踏地，重心移到右脚，同时左脚离地，接着左脚再向前迈一小步，重心移到左脚，右脚开始，动作相同，方向相反。

（14）滑步：正步或小八字步准备。动作时前半拍双腿屈膝，左脚向左侧滑迈一步，重心移至左脚，后半拍右脚向左侧擦地滑步向左脚靠拢，重心移至右脚，同时左脚离地准备第二步。右脚起步向右滑步，动作相同，方向相反。

（三）音乐游戏

游戏是孩子的一种与生俱来的需要，甚至是不需要别人教就会自己发现和创造的活动方式。而音乐游戏则是在音乐伴随下进行的游戏活动，是指音乐学习中与歌唱、律动、舞蹈、欣赏、听力练习、乐器演奏等内容相关的游戏性活动。

它是一种比较特殊的韵律活动，其特殊性主要表现在游戏和音乐的相互关系上。音乐指挥、促进和制约着游戏活动，而游戏动作又能帮助儿童更具体、形象地感受和理解音乐，获得情感体验。二者相互促进、相辅相成。其类型主要分为：①有主题的音乐游戏。②无主题的音乐游戏。③歌舞游戏。④音乐表演游戏。⑤听辨音乐反应游戏。例如小班音乐游戏《下雨了》，老师分别弹奏三段乐曲，孩子们听到第一段欢快的乐曲时，分别自由跑跳、欢快地游戏。接着教师弹奏第二段急促的音阶，并大呼“下雨了！”，孩子们随即四处逃窜，找到相应的遮掩物“躲雨”。老师看孩子们差不多都按音乐提示进行了相应的情境游戏动作后，就开始第三段欢快音乐弹奏，并大呼“雨停了!”，孩子们随即出来又开始欢快地自由跑跳。这就是一个典型的通过游戏的方式引导幼儿来进行音乐感知的有主题的音乐游戏活动。

不同年龄段幼儿音乐游戏的难易体现主要是在其情节的复杂性和动作的难易上做些许区分，主要满足幼儿身心娱乐。随着幼儿的成长，他们逐渐会自己改编、创造游戏，促进音乐活动的发展和延伸，对此教师要给予支持和帮助，为幼儿的学习创设一个有趣味性的游戏环境，有效地促进幼儿对音乐要素的感知和音乐能力的提高。

（四）歌表演

在韵律活动中只要是有音乐元素和动作两个元素的内容或形式都称为韵律活动。在幼儿园的歌表演中也包含这两个元素，因此它也是幼儿园韵律活动的一个部分。歌表演特指伴随歌唱进行的身体表现活动。歌唱与动作表演是不可分割的，它是幼儿最初的舞蹈，歌唱教学重点在“动作伴随歌唱”，韵律教学重点在“歌唱伴随动作”。因此在引导过程中需要教师有目标导向性地激发幼儿进行想象与表现。在幼儿表现的过程中，只要节奏吻合，动作与主题情感匹配即可。

三、韵律活动内容的选择

幼儿园的韵律活动不是为了音乐表演，也不是少数孩子的事情，更不是追求娴熟技巧的活动，而是要创造机会让所有孩子都能亲身参与感受，充分表达表现，让他们借助音乐作品及韵律活动形式为载体去探索发现，感受生活及艺术中的真善美。因此教师在韵律活动内容的选择上应该关注以下两个要素：

(1) 音乐选择注意乐句的结构工整、节奏清晰，关注音乐速度、节奏、性质及风格的多元化。韵律活动的音乐节奏与速度等性质应该是动感的、有画面感的。因此规整的音乐结构才能利于幼儿的肢体表现与心理感受的满足。其次，音乐教育也是一种文化的传承与学习，肢体语言艺术在中国及其他一些欧洲国家也都有其各民族的特色与风格。从我们幼儿的个性化发展、综合化发展和全面化发展的培养方向来讲，我们需要韵律活动的音乐题材也是多元化的，因此不同国家、不同民族的特色动作也可以做些选择引导幼儿进行感知和学习。

(2) 动作设计的过程中考虑幼儿的兴趣和能力。包括动作的难易程度、动作与幼儿感兴趣或熟悉的事物的交点、是否能促进本年龄段幼儿的经验提升等。

四、韵律游戏的创编

说到创编，老师们可能会很容易联想到一个概念，就是幼儿的自主表达，从而完全“尊重”幼儿的“自由呈现”，而忽视教师本身应该对于幼儿发展的引导职责。或者说对于幼儿想象创造的结果仅是以伪尊重式的结果性回应，没有激发其积极的、深入的、拓展的想象创造，让幼儿真正以韵律活动为载体感受更多的积极情绪。

与此同时，幼儿韵律活动感受体验的过程，一定不是完全模仿学习的过程，它应该是幼儿通过肢体语言来输出和表达自己对音乐作品的感知理解后的情绪感受。所以在韵律活动中要更好地激发幼儿的表达表现，就应该关注三个核心要素：第一个是幼儿韵律活动创编的前提条件，即教师要创造条件引导幼儿对音乐作品的感知理解；第二个是引导幼儿在感知理解的基础上充分自由地想象和创造；第三个就是幼儿表达、表现及创造的经验基础的积累。任何创造性的结果一定是建立在一定的经验基础之上的，尤其是学习发展过程中的幼儿。没有叠加的感知经验基础，很难让幼儿有创造性的再现。这也正是为什么很多老师困惑孩子想象力、创造力很难激发的原因。因此，韵律活动的创编可以从不同的切入点进行：

（一）从动作开始的创编

动作的创编和动作的探索学习是不同的，探索活动给予孩子自由自主的空间、时间，形式更多，而创编活动也是强调幼儿在这个体验过程中表现出来的只是技能。因此，在动作创编的过程中，孩子可以积累越来越丰富的动作表达语汇。从创编方法来讲，幼儿可以从“动作观察”开始，观察教师的直接示范，观察舞蹈作品、节目、实物形态等；还可以从动作的模仿开始，直接获得动作经验进行学习。

（二）从队列队形开始的创编

幼儿园的舞蹈队列学习是发展幼儿的空间运动记忆和团队协作能力的重要手段。幼儿进行韵律活动创编时，动作创编不是唯一方法。有些韵律作品所含的基本动作和音乐旋律结构比较简单，就可以从整体的队列队形开始引导幼儿做些变化创造。这样还有助于帮助幼儿形成舞蹈整体形象感。

（三）从主题情境开始的创编

情境式教学法是幼儿园教学的基本方法。就像一个故事作品的创编一样，韵律活动中动作的创编也可以从“情境想象”开始，把要创编的动作按照音乐作品的主题情感情境化。教师可以引导幼儿按照音乐节奏表现这个动作故事，按照这个思路续编故事内容，伴随着生活中的经验，肢体动作的语汇就出来了。

（四）从道具开始的创编

韵律活动往往受主题内容和经验动作的局限而导致创新不足。然而，艺术教育中材料的提供、道具的增加与调整也是有效创造的一个重要策略。但使用道具与否，教师一定是根据此道具对主题内容的价值及对孩子创造性表现的价值程度来进行选择。选择道具应注意以下几点：

一是能增加活动的趣味性，扩大动作的表现力，但不会妨碍幼儿做动作或移动，不会使幼儿因过度兴奋而游离于活动之外，也不存在潜在的人身伤害的危机。因此，所选的道具不宜过大、过重，使用技巧也不宜太复杂。

二是能增加幼儿的美感，引发和丰富幼儿的想象、联想。因此，所选道具不宜粗制滥造，也不宜过于讲究逼真。可以向幼儿提供某种线索，让他们自己去选择道具；或向幼儿提供某种低结构材料，让它们自己去制作道具等。这对幼儿想象和动手能力的培养也有着积极的作用。

此外，选择道具还应当尽量使用幼儿身边普通的甚至是废旧的物品，让幼儿自己决定怎样利用它们进行活动。这样，还有利于培养幼儿的审美敏感性、环保意识和创新能力。①

第二节　韵律活动设计思路与指导要点

幼儿园的任何活动一定是建立在满足幼儿身心发展规律的基础之上，因此教师在活动设计过程中首要考虑的就是孩子的兴趣、不同年龄段孩子的发展需求，以及相同年龄段孩子不同的发展水平。韵律活动的设计也同样如此，教师在音乐选择和动作设计的过程中一定是以幼儿的可持续发展为终极目标的方案预设。也就是说，教师在设计活动之初要考量孩子会不会喜欢、是否能促进孩子的发展、是不是能满足不同孩子的发展节奏；在活动设计过程中要考虑目标设计的合理性、韵律活动结构的动静交替（大小运动量的交替、理解与表现的交替、教学媒介的交替等）。

一、韵律活动的设计思路

音乐学习过程应该是一个在音乐—听觉—身体—情感—思维之间建立一种迅速交流、分析的过程体验。因此在设计组织一个具体完整的教学活动方案时还应该考虑音乐与情绪感受、音乐与身体感受等循序渐进过程环节的预设，满足幼儿感知觉、记忆、想象等发展及接受的需求。

（一）基本环节

韵律活动的环节设计可以分为预备起势—听辨旋律—肢体感受—配乐表现—音乐游戏—放松整理。

1. 预备起势

韵律活动作为动作与音乐元素的结合表达，它首先需要的是热身，让身体处于接受

① 许卓娅. 幼儿园音乐教育活动丛书——韵律活动. 南京：南京师范大学出版社，2010：4-5.

运动的准备状态，同时集中幼儿学习的注意力。

2. 听辨旋律

肢体动作行为的表现一定是建立在音乐节奏等信息元素的感知基础上的，因此，要想幼儿有所感受，并能用肢体动作表达出自己的感受就需要进入听辨旋律环节。教师应引导幼儿感受音乐的节奏、旋律情境等，为后面的动作呈现提出隐性规则要求。

3. 肢体感受

这一环节就是辨别音乐元素信息后的肢体表现了，用动作来表达你对这个音乐作品的情感理解。百花齐放，任由幼儿想象和创造。这个时候的动作是单频道的，只是作为一种肢体语汇呈现出来。

4. 配乐表现

这一环节就是结合音乐的动作呈现，让韵律活动更完整，让幼儿的想象与音乐作品链接起来了。幼儿感受单纯的想象呈现可能只能作为个体的情感表达，对全体成品的借鉴学习价值意义不够。

5. 音乐游戏

音乐游戏环节一定是教师整合经验，帮助和引导全体幼儿经验提升的过程。任何一种身体运动都会让幼儿兴奋，并伴随着一定的运动负荷。

6. 放松整理

韵律活动之后应该让幼儿做一些简单的身体放松，应该是降低幼儿兴奋度的整理活动。所以在韵律活动设计环节中，从幼儿身体心理的起势准备到最后的放松整理，是一个完整的身体运动与音乐的对话过程，我们除了要给幼儿心理美好的艺术体验，还要遵循幼儿的身体运动发展的规律。

（二）程序变式

当然，幼儿园的韵律活动类型不仅包括律动和律动组合，还有一些舞蹈组合和音乐游戏，因此，在不同类型活动的环节设计中可以灵活地做些程序变化。如果是熟悉的音乐作品，教师可以将听辨旋律和肢体感受结合起来，引导幼儿产生情感共鸣，并自由表现；如果是同内容的第二次活动，只需要预备起势—音乐游戏—放松整理三个流程环节即可。总之，教师可以根据幼儿的水平情况、作品的理解程度等做些程序的变化。

二、韵律活动的指导要点

无论是过去还是现在，幼儿的音乐学习都必然要经过模仿、运用与创造三个阶段。这是由音乐学科的特点决定的。而我们看到的以往的音乐教学中模仿的理解是比较片面的，尤其在韵律活动中运用与创造是非常容易被忽视的。虽然现在我们强调幼儿要学会感受美、表现美，但在方法运用与引导过程中仍然不能忽视模仿在幼儿音乐学习中的作用。

（一）模仿是运用与创造的基础

幼儿的年龄特点决定他们喜欢模仿，模仿是幼儿基本的学习方式之一。当然，我们这里说的模仿不是单纯的原始积累，它应该是在模仿中引导幼儿逐步走进音乐，从情感上接纳音乐，积累相应的音乐知识和音乐技能，萌发初步的音乐兴趣。因此教师在操作过程中应注意：

（1）创设具体的音乐环境帮助幼儿理解抽象的音乐与现实生活的关系。对于幼儿来说，教师是第一环境，教师的语言、肢体动作、对作品的演绎等形成了幼儿理解音乐、走进音乐的最大环境。教师是通过自己的身体力行、言行举止在向幼儿传递着各种信息。此外，各种与本音乐主题相关的道具的运用也是幼儿积累音乐理解或动作经验的重要途径。

（2）教师要善于帮助幼儿分析作品。幼儿对作品呈现的前提是对作品的理解与否，因此，教师在引导幼儿学习时一定要通过多种教学形式把作品的意境、感觉等内容呈现在幼儿面前。目的就是为了让幼儿更好地熟悉作品、了解作品、走进作品，最后才能表现作品的情感内涵。

（3）在模仿中要引导幼儿对音乐作品中的试听效果产生兴趣。幼儿在进行模仿的过程时，不要单纯引导幼儿复制再现，要引导幼儿关注音乐作品中不一样的特殊试听效果。试听效果一般有两种：一种是试听现成的作品；另一种是试听同伴或自己的表演结果。两种都很重要，因为在这个过程中教师伴随着对作品内容的分析以及他特有的艺术感染力。这对幼儿的音乐素养的积累、音乐技能和音乐兴趣的提升都有着积极的价值意义。

（二）创造表现的前提是情感的共鸣与输出

幼儿园的音乐教学，尤其是韵律活动教学，不是音乐作品幼儿化的实践表演，更不是纯粹的技能技巧展示。它应该是幼儿通过音乐作品理解音乐情感，迁移音乐情感，表达音乐情感，并从中获得音乐知识经验和情感体验的过程。例如，当老师提供一个音乐作品给孩子，引导孩子用动作表现对音乐作品的理解时，通常会把重点放在“你想用什么动作来表现你听到的这个音乐”，重点放在了动作的表现形式，而不是放在音乐教育的本质——情感的共鸣上。孩子的创造性表现也会受到阻碍，或者说是形式化的，没有灵魂，不鲜活的。因此，教师在引导幼儿进行韵律活动创造表现之前，一定要先创设各种环境，运用各种媒介引导幼儿理解音乐的主题情感，并以情感表达为导向引导幼儿进行肢体语言的呈现。创造是幼儿学习的最高境界。教师在引导过程中还要注意以下几点：

（1）教师目标预设不宜太高，应关注幼儿创造能力的差异性体现。每个孩子的创造能力肯定是有差异的，因此教师在回应过程中要注意尊重幼儿的各种水平的呈现，不要等级化评价。

（2）关注幼儿的创造意识与兴趣的培养。幼儿的创造性的过程比结果应该更值得我们关注，因此，尤其是在幼儿的无意创造过程中教师要细致观察，善于捕捉和发现幼儿的创造灵感，并把幼儿的无意创造引向有意创造，以有效地促使幼儿的创造意识和兴趣的提升。

（3）关注幼儿的自主创造，原创再现，而不是以结果导向的形式呈现。原创的呈现是具有鲜明的个性化色彩的，也是幼儿自己的思想感情淋漓尽致呈现的载体。因此，要想让幼儿通透地感受一个音乐作品，表现一个音乐作品，一定要真正地尊重幼儿的原创。

（4）关注幼儿动作的表现性激发。前面我们也提到过，幼儿的创造需要已有经验。如何帮助幼儿把已有经验进行恰当转化，是创造的前提条件。与此同时，除了为幼儿积累表现经验以外，还需要激发幼儿动作的表现性。如何去做？一是让幼儿有机会看见更多由幼儿和教师提供的动作表现范例，并为幼儿积累动作表现语汇的机会。二是让幼儿有机会观察和用动作模仿各种事物及其运动状态。可以在本班环境中，引导幼儿进行观察和表现，如动、植物，家具、家电，玩具的形态，家长、教师做事时的姿态及运动方式等。三是让幼儿有机会在美术、文学作品的激发下进行动作的表现。例如，在美术创作或欣赏活动中，鼓励幼儿用动作感知和表现作品的情感、内容，以及构成有关视觉形象的线条、形状、运动状态等；再如，在文学欣赏、复述及仿编、创编活动中，鼓励幼儿用动作感知和表现其中的人物、事物，以及他们的内心情感和外显活动等。这些都有助于幼儿艺术表现力的激发和培养。①

第三节　韵律活动案例分析

律动和律动组合活动案例

律动活动：骑大马（大班）

活动目标：

1. 感受蒙古族音乐带来的欢乐，愿意专注学习舞蹈动作。
2. 初步学会蒙古族舞蹈动作组合“骑大马”。
3. 训练身体的平衡力和快速反应能力。

活动准备：

1. 知识经验准备：幼儿前期已经认识蒙古族的特点；会跳基本的起踵步、垫步和小碎步。
2. 物质材料准备：动作提示图。
3. 环境创设准备：空场地。

① 许卓娅. 学前儿童艺术教育. 上海：华东师范大学出版社，2008：100.

活动过程：

1. 创设草原情境，幼儿在“骑大马”音乐的氛围中体验感受，听辨旋律。

（1）教师讲述大草原马儿奔腾的情境“蓝蓝的天空上飘着白白的云朵，在一大片绿绿的草原上，一群马儿欢快地过来了”，引导幼儿倾听音乐，感受音乐中热烈、欢快的场景，并自己想象在大草原骑马奔腾的情景。

（2）请幼儿用语言或动作描述音乐表现的内容。

（3）老师用语言和身体动作为幼儿总结描述音乐呈现的内容。

（作为以马为主题的模仿动作组合：此环节教师根据音乐作品的主题引导幼儿进行情感理解与表现，动作的表现内容就是主题本身所要描述的故事情境。幼儿的表现来源于幼儿对主体情感的理解。）

2. 教师启发幼儿用肢体动作感受，学习基本动作。

（1）再次欣赏音乐，鼓励幼儿随音乐自由做扬鞭、骑马、甩鞭、勒马等动作。

（2）教师引导幼儿学习马技和斗马的动作。

（3）请幼儿将扬鞭、勒马、骑马、斗马、甩鞭的动作进行自由组合练习。在练习过程中教师注意引导幼儿观察自己的脚步变化。

（4）教师哼唱音乐，引导幼儿看示范并进行动作组合的练习。

（此环节教师对动作的编排有利于帮助幼儿分析作品。教师在引导幼儿学习时一定要通过多种教学形式把作品的意境、感觉等内容呈现在幼儿面前。目的就是为了让幼儿更好地熟悉作品、了解作品、走进作品，最后才能表现作品的情感内涵。）

3. 播放音乐，鼓励幼儿配乐表演，相互欣赏。

请幼儿和教师一起听音乐进行动作组合的表演。

4. 创设骑马比赛的情景，请幼儿完整表演，游戏巩固。

教师用适当的体态、语言及面部表情为幼儿渲染草原骑马比赛的情景，请幼儿和教师随音乐一起完整做律动组合，表现出赛马的欢乐和热闹的情景。

（创设骑马比赛的具体环境帮助幼儿理解抽象的音乐与现实骑马之间的关系。对于幼儿来说，教师是第一环境，教师的语言、肢体动作、对作品的演绎等形成了幼儿理解音乐、走进音乐的最大环境。教师是通过自己的身体力行、言行举止在向幼儿传递着各种信息。）

骑　大　马

1=F　2/4

黄海怀　曲
吉弗　制谱

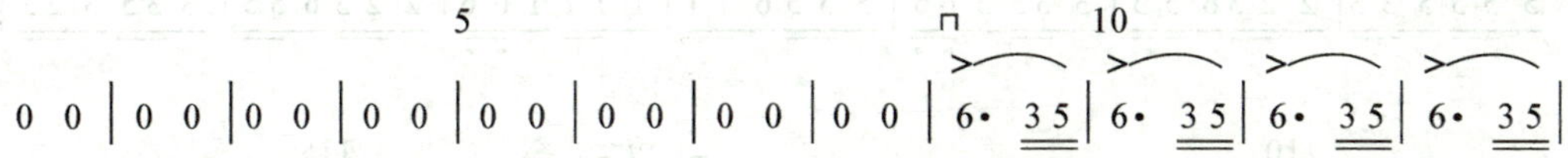

欢乐地
pizz

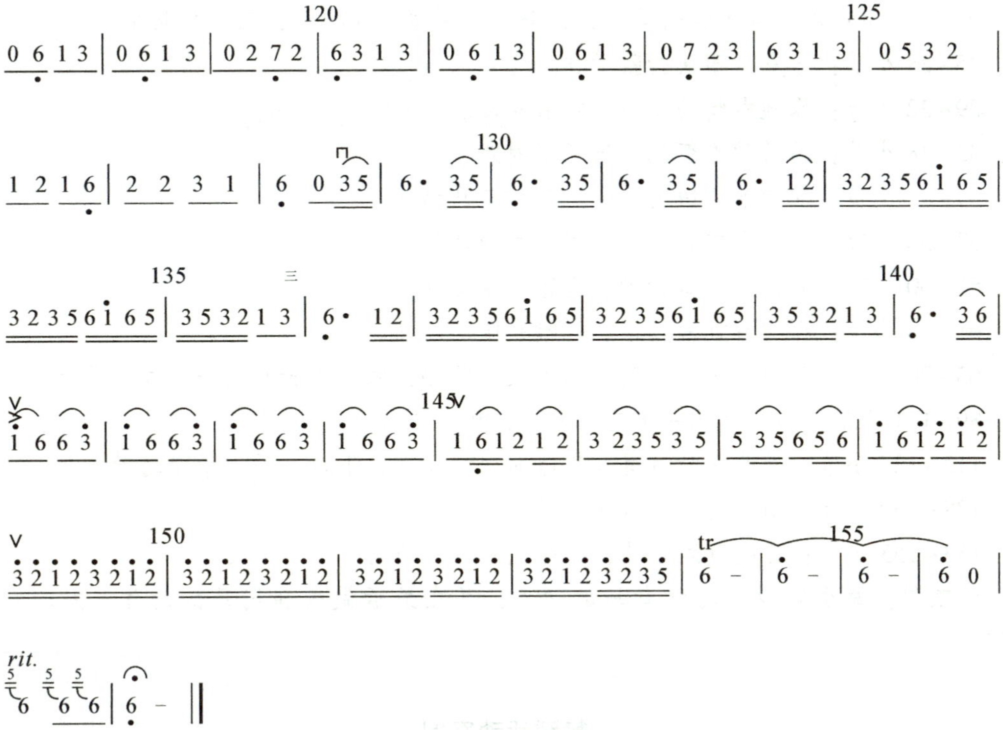

作品分析：

本曲选自二胡独奏曲《赛马》，旋律欢快、奔放，拨弦模拟马蹄声，形象地表现了一群马儿在草原上你追我赶的热闹场景。此乐曲容易引发幼儿欢乐的情绪，为帮助幼儿更好地感受乐曲中欢乐、流畅的情绪，并进行跑马步和队形变化的学习，我们以“骑大马”为主题，从幼儿喜爱动物的心理出发，在情境中激发幼儿的学习兴趣和表演兴趣，从而提高幼儿对音乐的感受力和想象力。

动作建议：

准备队形：孩子站成六列纵队，左右各三列。

1. 勒马：两手向前屈伸，空握拳提压手腕，身体略向前倾。

2. 扬鞭：左手做勒马动作，右手伸出食指，其他手指握拳，举起手腕转圈圈。

3. 甩鞭：左手做勒马动作，右手伸出食指，其他手指握拳，举起手腕从上向下甩手臂。

4. 骑马：手上为勒马动作（需随音乐上下晃动手臂），脚上可用起踵步、垫步、小碎步、小跑步等动作移动。

5. 马技：右脚高抬向右前方跨一步，同时两手握空拳打开双臂，再还原为勒马动作。

6. 斗马：两两幼儿相对，做扬鞭动作。

前奏 1~8 小节：原地小碎步，做勒马动作。

9~24 小节：做起踵步和骑马动作，分别从两边跑向中间，三横排队形。

25~28 小节：分别做四次扬鞭动作。

29~32 小节：原地做骑马动作，左右晃动。

33~48 小节：骑马动作变化为三角形对戏。

49~52 小节：面向前方做扬鞭、甩鞭和骑马动作。

53~56 小节：面向左方做扬鞭、甩鞭和骑马动作。

57~60 小节：面向后方做扬鞭、甩鞭和骑马动作。

61~64 小节：面向右方做扬鞭、甩鞭和骑马动作。

65~88 小节：三角形队形转变为二大横排队形，做垫步骑马动作，左右晃动手臂。

89~111 小节：两两幼儿一组交替做马技和斗马动作。

112~127 小节：幼儿骑马后退并集体向中间收缩，下蹲，手上做骑马动作。

128~132 小节：幼儿起立，做扬鞭动作。

133~153 小节：变换五路纵队，交替做甩鞭、骑马、斗马的动作。

结束句：做小碎步骑马和勒马的动作，并在最后做吸腿勒马的动作，同时喊出“吁”。

舞蹈活动案例

韵律活动：我爱洗澡（小班）

活动目标：

1. 体验韵律活动带来的乐趣、帮助他人的快乐。

2. 根据音乐速度的变化做出相应的身体动作。

3. 能有节奏地做动作。

活动准备：

1. 知识经验准备：活动前与幼儿欣赏音乐，感受不同音乐速度的变化；玩游戏，巩固身体各部位名称的认识，训练幼儿听指令做动作的反应能力；结合洗澡进行讨论交流，了解幼儿在语言表达上是否比较完整，是否已有一定的生活经验。

2. 物质材料准备：录音机、光盘，沐浴球、沐浴露。

（增添了沐浴球及沐浴露辅助材料，直观形象，便于理解歌曲内容。）

3. 环境创设准备：空场地。

活动过程：

1. 游戏“小手拍拍”导入，通过做动作感受节奏。

边念儿歌“小手拍拍，食指伸出来，头发在哪里，头发在这里”边随着速度的变化，强调幼儿有节奏地做动作。

（采用游戏导入—讨论问题—情景表演—梳理经验的教学流程，逐步深入，由浅入深地完成教育目标。）

2. 讨论问题，引导幼儿按歌曲内容做动作。

鼓励幼儿自由讨论，帮助幼儿理解歌曲内容，熟悉歌曲节奏，感受音乐速度的变化。

(1) 教师提问：宝宝们，你们看这是什么？做什么用的？洗澡都洗哪里？

(2) 全体幼儿欣赏歌曲《我爱洗澡》，熟悉歌词内容。

提问：我们一起来听一听歌曲里都洗了哪些地方？

提问：歌曲里先洗哪里？再洗哪里？接着洗哪里？又洗哪里？最后洗哪里？让我们一起随歌曲内容来有节奏地洗洗澡吧！

3. 师生学习韵律舞蹈《我爱洗澡》，注重幼儿韵律活动的节奏性。

(1) 教师示范表演韵律动作：我爱洗澡。

洗澡过程：用水湿身→搓澡→擦沐浴露→冲洗干净。

(让幼儿在活动中通过亲身体验来理解歌曲内容，感受韵律活动的节奏，体验帮助他人的快乐和韵律活动带来的乐趣，非常符合3~4岁幼儿喜欢动、喜欢模仿的年龄特点。)

(2) 分角色情境表演韵律：我爱洗澡。

教师：在家里是谁帮你洗澡的？请你找一位朋友互相洗澡，商量一下，谁先当“妈妈”。我们一起随音乐速度有节奏地来洗澡。

(3) 以替换歌词的形式，引导幼儿随音乐速度的变化做出相应的动作，强化幼儿韵律活动的节奏性。

教师：除了头、肩、腰、膝盖、脚外，还要洗哪里？我们把洗头换成洗胳膊，其他部位不变，我们随音乐试着洗一次。

(重点是按歌曲内容做出相应的身体动作。难点是随音乐速度的变化做相应动作。)

4. 进行放松活动，结束活动。

教师：我们洗澡的时候，要有节奏地搓洗，这样才能洗干净。宝宝们，你们洗干净了吗？闻闻身上香不香？活动自然结束。

(充分调动幼儿已有经验、现有水平，鼓励幼儿主动参与活动，让幼儿在轻松、自然的氛围中进行活动，激发幼儿对韵律活动的兴趣。)

韵律游戏活动案例

韵律游戏：小黄鸭减肥（中班）

设计意图：

韵律游戏“小黄鸭减肥”主要描述的是主人翁小黄鸭围绕着减肥的主题进行身体各部分的肢体运动的情境内容。是结合情境式游戏内容与肢体韵律活动的综合再现。是通过趣味性的小黄鸭的减肥主题来进行肢体运动教育的有效手段。教师可在过程中充分引导幼儿想象小黄鸭的心情及减肥的有效动作来进行创造表现。

活动目标：

1. 愿意自然愉快地表演。

2. 感受音乐旋律节奏的变化，根据音乐能创造性地想象出各种动物形象。

3. 能合着音乐的节奏，初步学做小黄鸭的韵律游戏。

活动过程：

1. 预备起势：律动进场“快乐小猪”。

(1) 导入：孩子们，快来！和老师一起来做做运动吧！(《快乐小猪》)

(2) 讨论：我们刚才跟着音乐里面跳的是什么小动物啊？(小猪)

(3) 幼儿自由猜测，老师展示小黄鸭图像。

介绍小黄鸭：刚才是一只快乐的小猪。有许多的小动物都和这只小猪一样喜欢唱歌跳舞。今天我们教室里就请来了这样一位小动物，小朋友猜猜是谁？是一只小黄鸭，听，它朝我们走过来了，小朋友们猜猜这是一只怎样的小黄鸭呀？

(此环节采用了情境式教学法，韵律活动中动作的创编也可以从“情境想象”开始，把要创编的动作按照音乐作品的主题情感情境化。教师可以引导幼儿按照音乐节奏表现这个动作故事，营造小黄鸭到班上来做客的氛围，按照这个思路续编故事内容，伴随着生活中的经验，肢体动作的语汇就出来了。)

2. 听音猜测小黄鸭的样子并模仿胖胖的小黄鸭。

(1) 钢琴和弦 (2 46 5 72)。

引发讨论：从听到的音乐里你们觉得这是一只什么样的小黄鸭？

(注意提醒幼儿语言表达完整：“我觉得这是一只胖胖的小黄鸭。”)

小结：原来这是一只胖胖的小鸭子，它走路的脚步又重又沉，胖得快走不动路了。

(2) 听琴声学胖鸭子走路。

提出要求：那我们来学学胖胖的小黄鸭走路吧。(钢琴伴奏)

(鸭子走路动作探索活动给予孩子自由自主的空间、时间、形式更多，在动作创编的过程中，孩子可以积累越来越丰富的动作表达语汇。从创编方法来讲，幼儿可以从“动作观察”开始，观察教师的直接示范，观察舞蹈作品、节目、实物形态等；还可以从动作的模仿开始，直接获得动作经验进行学习。)

3. 听辨旋律，肢体感应。

(1) 交流讨论让小黄鸭减肥的方法。

讨论：小朋友们刚才在学小鸭子走路的时候有什么感觉啊？(很辛苦，很累) 哦，很累，很辛苦！它胖得连路也走不动了，那我们帮助它减肥好不好？谁有什么办法可以帮小黄鸭减肥呀？(少吃，做运动) 运动这个方法真不错，那我们可以做些什么运动呢？

(幼儿自由说出各种动作，老师请他们做出来) 哦，有跳绳，那请你来把跳绳的动作做出来吧。(游泳、排球、举重、转呼啦圈)

(2) 播放 CD，幼儿有节奏地自由表现各种运动的动态。(拍球、跑步、游泳等)

介绍音乐：老师这里有一段好听的音乐，我们来把刚才想到的各种动作放到音乐里吧！你们觉得我在做什么动作？还有没有不一样的？

(3) 欣赏律动 VCD。

启发思考：刚才小朋友们的运动方法非常好，那除了你们说的这些方法以外，小黄鸭还可以做什么运动呢？我们一起来欣赏小黄鸭的减肥运动吧！

(4) 分解动作。

①请幼儿跟律动再跳一遍，熟悉动作。

鼓励表现：这些动作真有趣，我们也请小朋友们一起来试试看，看你们会不会跳好？仔细看，找到你喜欢的动作，我一会儿再请你们来表演！

②带领幼儿回顾 VCD 中的动作，请幼儿跳出自己喜欢的动作。

提示：你们都喜欢小黄鸭的哪些减肥动作呀，能不能跳一跳啊？(请幼儿自由回答表现)

③教师小结，幼儿学做具体动作。

启发：是不是先跟小朋友打了声招呼，点了点头呀？小鸭的小手是什么样子的呢？(五指张开，放于两侧) 身体的各个部位都要锻炼一下，甩一甩，点点头，摇一摇，转一圈，点点头，蹲一蹲。

(甩一甩它的鸭翅膀，半蹲，转呼啦圈，跳跃运动)

④以提问的方式，让幼儿巩固动作的内容。

提问：现在我来考考大家，刚才我们的小黄鸭为了减腰部的肉，做了什么运动啊？(转呼啦圈) 减腿部的肉做了什么运动啊？(半蹲) (请幼儿用动作表现出来)

(5) 整体学做：教师与幼儿玩照镜子的游戏。

介绍游戏要求：每天早上起床，你们是不是都会刷牙、洗脸呀？你们有没有发现，你在刷牙的时候，镜子里的那个你也在刷牙，你在洗脸，镜子里的那个你也在洗脸呀，原来镜子里的动作和你的动作是一模一样的，那现在我们来做一个照镜子的游戏，我来扮演这只正在减肥的小黄鸭，请你们学做镜子里的小黄鸭，我做什么动作，你们就做什么动作，看谁做得快做得像？教师先请一名幼儿配合示范后再让全体幼儿参与到照镜子的游戏中来。

4. 音乐表现。

(1) 请幼儿站成圆圈，请两名跳得好的幼儿站在中间表演，其他幼儿跟做。

(2) 请幼儿创编动作。

①分别请不同的幼儿用动作表现一种动物的减肥方式。

启发：刚刚小朋友表现得都很好，也吸引了小黄鸭其他的伙伴来参加到我们的减肥队伍中，想一想，小黄鸭的小伙伴有哪些呢？(教师可以学做一种动物进行提示) 你们想学哪些小动物减肥呢？

②请幼儿跟着音乐用动作表现不同的减肥方式。

鼓励表现：现在森林动物减肥大赛就要开始了，看看哪个小动物的减肥方式最好！(播放 CD)

(3) 小结：小动物们，你们减肥成功了吗？那我宣布，在这次减肥大赛中，小动

物们全部获胜，我们是不是要祝贺一下自己呢？(鼓掌)

(此环节关注幼儿的自主创造，原创再现，而不是以结果导向的形式呈现。原创的呈现是具有鲜明的个性化色彩的，也是幼儿自己的思想感情淋漓尽致呈现的载体。由于幼儿创造的已有经验已经具备，这里主要考虑如何帮助幼儿把已有经验进行恰当转化。)

5. 结束活动

总结：小朋友们今天表现得非常好，帮助小黄鸭减肥了，小黄鸭也非常感谢小朋友，但是它有一个小心愿，你们看（出示幼儿音乐册）这只可爱的小黄鸭缺少什么呀？(眼睛）那请你们帮助它画上眼睛，再把小黄鸭的图片剪下来做成头饰，和爸爸妈妈一起运动运动，锻炼我们的身体，好吗？那我们现在和小黄鸭一起走出教室吧！

思考与练习

1. 请你写出幼儿园韵律活动的几种基本类型，并举例说明。
2. 请你说说韵律活动应从哪几个方面选材。
3. 请你举例说明幼儿园韵律活动的几种类型。
4. 请设计一份幼儿园韵律活动的教学方案。

第四章　节奏乐活动设计与指导

本章摘要

本章着眼于介绍幼儿园节奏乐活动的设计思路与指导策略，在分析幼儿园节奏乐活动基本内容、类型、选材及基本要求等的基础上，对幼儿在节奏乐活动中所需掌握的基本知识技能进行了详尽的阐述，并结合案例详细介绍了幼儿园节奏乐活动的基本环节、程序变式及具体的指导策略，旨在引导学生对幼儿园节奏乐活动的组织实施有一个较为系统而全面的认识。

学习目标

1. 明确节奏乐活动的含义和价值，理解节奏乐活动中幼儿所需掌握的基本知识技能。
2. 了解幼儿园节奏乐活动的内容、类型、要求及节奏游戏的创编方法。
3. 初步掌握幼儿园节奏乐活动的设计思路与指导要点。

第一节　节奏乐活动概述

儿童对于节奏的把握直接影响到其音乐能力的发展，因此对 3~6 岁儿童进行节奏感的培养是十分必要的。在幼儿园节奏乐活动中，音块、打击乐器、自制乐器都是最基础的音乐材料，是学前儿童进行体验操作的工具，是作为听觉训练中视觉方面的辅助材料，让儿童在游戏活动中能随手取之，自由摆弄、敲击，掌握其性能、音色等，在探索尝试中知道用不同的方法敲击能产生不同的声音，在玩弄中掌握操作乐器材料的方法，寻找千变万化的声音奥秘，在敲击、想象、讲述、表演活动中，促使儿童有兴趣表现自己感受和理解的音乐。教师允许儿童有不同的感受，让他们从中自主解决问题和在实验中学习。儿童大部分实践都是自己活动或在非正式小组中活动，这些交往和活动对发展幼儿自我价值感及学习的积极情感非常有益。

在幼儿园节奏乐活动中，教师应极力主张始终让儿童主动奏乐，而不是被动听乐。如教师创造机会让儿童人人能摆弄打击乐器为熟悉的乐曲伴奏，让儿童边歌唱边演奏，而不是沉闷地一味坐着伴奏；如教师允许不同发展水平的儿童均能快乐参与奏乐活动，能力强的儿童能敲奏歌曲的旋律，能力中等的儿童敲奏节奏，能力弱的儿童敲奏拍率，使之感受到自己很棒；引导儿童即兴创造性地奏乐，而不是呆板、机械地奏乐，如教师让幼儿在理解感知乐曲的基础上奏乐，还可以运用乐器创编自己生活中的感受和体验，真正体现音乐本身就是快乐的源泉。

幼儿园节奏乐活动的总目标是使幼儿对打击乐器感兴趣，发展其对音乐的感受能力；满足其想敲奏打击乐器的欲求，并能一边欣赏音乐一边敲奏乐器，发展其用打击乐器表现音乐的能力；丰富一定的音乐语汇（能运用不同节奏型及音色的各种处理等）；促进儿童全面素质的提高，包括合作能力、自控能力、自信、成功感等。具体的指导目标包括能愉快轻松地摆弄乐器；认识打击乐器并记住名称及使用方法；学习敲奏各种打击乐器，并使其发出好听的声音；能按自己的意愿运用乐器为歌曲或乐器伴奏；能快乐地参加集体演奏活动；学习注意指挥者，并能服从其信号进行合奏；能大胆轮流做指挥；能既分担又轮流使用乐器；能用各种乐器配合乐曲或歌曲即兴伴奏；养成爱惜乐器的良好习惯等。

一、节奏乐活动的基本知识与技能

节奏乐活动是以发展幼儿节奏感为主的一种活动类型，节奏感是指对音乐材料中的节奏和节拍的感知和表现，利用各类材料，诸如歌曲、舞曲、器乐曲等对学前儿童进行节奏感的培养。① 学前儿童教育机构中的乐器演奏活动主要指打击乐器的演奏，因为打击乐器是以身体大肌肉动作为主，符合学前儿童生理发育的阶段性特点。所以，打击乐器是学前儿童最易掌握的乐器之一，学前儿童通过对打击乐器的操作，可以自然、简便地来展示、表现音乐。学前儿童打击乐器演奏能力既是儿童节奏能力的表现，也是学前儿童音乐感知、理解及创造音乐能力的具体体现。

（一）各年龄段学前儿童打击乐器演奏能力的发展

1. 0~3 岁儿童打击乐器演奏能力的发展

对于 3 岁之前的儿童来说，肢体发声动作和乐器都是他们以身体创造声音的一种自然而有趣的方式。这一年龄段的婴幼儿已经表现出对节奏感很强的声音的极大兴趣。这种兴趣源自于对发出有声响玩具的好奇和探究，他们渴望弄响它们，并以此获得满足。随着年龄的增长，学前儿童尝试、探索声音的范围不断扩大，主动性更强烈，表现在会自发地去敲击能发出声响的物品，例如锅、碗、盖、瓶等，以此来探索声音的长短、高

① 华夏. 学前儿童音乐教育与活动设计. 北京：北京大学出版社，2010：75.

低、轻响、音色等。这正是学前儿童进行正规打击乐演奏活动的“序曲”。

2. 3~4 岁儿童打击乐器演奏能力的发展

3 岁以后的儿童，特别是进入幼儿园接触了一些特制的打击乐器，例如串铃、响板、铃鼓等，使他们对打击乐器演奏的兴趣得到较大的满足。在教师的引导下，他们一般能学会较简单的演奏技能，例如，双手各持一个串铃，前后摇晃；一手将响板托于掌心，另一手自上而下轻拍响板；一手持铃鼓，用另一手轻拍鼓面。但是，由于他们的小肌肉尚未完全发育，对乐器的操作技能、探究能力受到一定的影响。

对于 3~4 岁的儿童来说，在演奏过程中使奏出的音响与音乐相协调一致是有一定困难的。因为儿童获得的演奏经验是有限的、零碎的，而且其随乐意识较差，所以部分儿童只是沉醉于摆弄打击乐器而游离于对音乐本身的感受之外，抛弃了演奏最基本的核心目标。这也就很难用较为准确的节奏和适宜的音色来表现音乐了。

打击乐器演奏活动更多地体现为一种集体教学活动形式，且对活动中各个声部之间的协调合作要求甚高。对于 3~4 岁儿童来说，他们的动作发展、自控能力较差，因而要体会集体节奏乐活动中各声部之间的相互协调配合有一定困难。但是，让学前儿童通过同一种乐器的演奏，初步体会到与他人同时开始、同时结束的基本合作要求还是切实可行的。

虽然这一年龄段儿童的演奏技能及对音乐的感受能力都尚不完善，他们早早地表现出奏乐活动中初步的创造性表现，例如，在听到“大象和蚊子”的音乐时，学前儿童会建议用铃鼓的音色表现大象，用小铃的音色表现蚊子，以不同的力度来演奏和体验、表达大象和蚊子。这种联想、想象和创造性表达，能让儿童体会到主动参与音乐的极大满足和愉悦。

可以说 3~4 岁的学前儿童一般处于感觉阶段，容易被各种打击乐器发出的声音及音色所吸引，例如轻轻摇晃的沙球及敲击后发出声音的三角铁，他们尝试着敲打各种乐器，发出各种声音，但这些声音都是杂乱无章的。

3. 4~5 岁儿童打击乐器演奏能力的发展

4~5 岁儿童在打击乐器的操作和演奏技能方面的发展较小班儿童有了较大的进步。他们不仅能模仿成人、教师的演奏方法，并且开始尝试探索同一种乐器的不同演奏方法，还能掌握演奏技巧稍高的一类打击乐器，例如，铃鼓的晃、摇，沙球的震、击等。在使用打击乐器进行演奏的过程中，他们对于打击乐器的力度、速度和音色的调整和控制能力也有所提高。

随着听觉分辨能力的进一步分化和精细化发展，4~5 岁儿童随着音乐演奏的意识能力也有了很大的进步。大多数 4~5 岁的儿童能够基本合拍地随着 2/4 拍、4/4 拍、3/4 拍子的音乐进行演奏。

随着学前儿童参与打击乐活动的经验不断积累，他们能够在教师的提醒和引导下，用打击乐器简单地演奏出一些基本的节奏型，甚至创造性地表达音乐，例如，教师让儿童选择、设计一个四拍子的节奏型，中班儿童就能够用打击乐器演奏出如下节奏片断：

‖××××‖、‖×　0　×　0‖、‖××××××‖、‖×—××‖、‖××　×　××　×‖等。

可以说，4~5 岁儿童逐渐从感觉阶段进入操作阶段，对声音的控制能力有所提高，他们逐渐掌握了一定的技巧，可以正确地控制较大节拍。但当他们用鼓槌打击乐器时，常表现出两手来回机械式地敲打乐器，而非演奏乐器。

4. 5~6 岁儿童打击乐器演奏能力的发展

5~6 岁儿童掌握和使用的打击乐器种类更多，演奏能力也更强了，他们已经能演奏使用小肌肉操作的打击乐器，例如三角铁及用手腕带动的乐器双响筒等。对于同一种打击乐器，其演奏方法也更丰富、细化，例如用捏奏法演奏响板等。在演奏过程中，他们也更注意调整自己的演奏方式和用力方法，有意识地控制适当的音量和音色。

此年龄段的学前儿童不但能注意演奏的音量，还能更多地关注到演奏活动的“背景”——音乐，能始终与音乐的节奏、节拍相一致，同时对音乐节奏的表现能力更强。除了 2/4 拍、4/4 拍、3/4 拍的音乐之外，这个年龄段的儿童还能够比较准确地演奏有附点节奏和切分节奏的乐曲及结构相对复杂的乐曲，且努力使自己的演奏与音乐的速度、力度等表现手段相一致。

5~6 岁儿童在打击乐演奏活动中的协调合作能力也得到了很好的发展。他们能够在较多声部的合奏过程中主动地调节好自己声部与其他声部间在节奏、音色、速度、力度上的合作要求，不仅能准确地演奏自己的声部，而且也能主动地关注整体效果。再者，他们对指挥的暗示理解也比较明确，甚至能学会看指挥的即兴变化来调整自己的演奏，还能与同伴以体态表情进行情感交流。在创新方面，他们表现得更为主动和积极，不仅能积极地参与为乐器选配合适节奏型的配器方案讨论，而且还能更自发地探索音乐、探索打击乐器的制作，以及大胆地尝试参与即兴指挥等。

可以说，这个年龄段的儿童属于个体表现阶段，他们会利用乐器的音色和强弱来表现音乐，并随着音乐做出各种动作。

（二）教师需掌握的节奏乐知识技能

1. 指挥技能

学前儿童在幼儿园的打击乐器演奏活动中，可以了解和掌握与打击乐器相关的知识技能、与配器相关的知识技能、与“指挥”和“看指挥”相关的知识技能等。“指挥法”是打击乐整体教学法中一种核心性的教学方法。不但教师可以通过指挥动作来帮助幼儿掌握音乐作品的整体音响结构，而且幼儿也可以通过轮流看别人指挥和自己指挥的练习活动不断深入地把握音乐作品的整体音响结构。教学前儿童学习看指挥时应注意以下一些问题：

（1）应该学会在声部转换之前提前将自己的头部和目光转向下一个将要演奏的声部。在组织建立声部时，尽量使用手势和眼神，减少语言指示，即使必须使用语言，也应经常注意辅以相关的体态。

（2）教师本身的指挥动作必须清晰准确，具有热情；注重培养幼儿养成看指挥的良好习惯。

（3）教师可从用身体动作指挥或打击乐器演奏模仿动作指挥及语言提示逐步过渡到用手势指挥和眼神的提示。

（4）教师指挥时应注意在声部转换之前提前将自己头部和目光转向下一个将要演奏的声部。

（5）对于大班幼儿，教师要注意培养他们迅速正确地对教师的指挥手势做出反应和即兴看指挥演奏乐器的能力。

教学前儿童学习指挥一般可以兼用“示范模仿”和“引导创造”两种方法。“示范模仿”的方法在幼儿接触新的指挥课题时是必不可少的。因此教师在教给幼儿看指挥的技能知识后，要专门抽出一定的练习时间让幼儿轮流进行指挥练习。在一般幼儿已基本掌握某一特定的指挥方式之后，教师就可以开始引导幼儿进行带有探索创造性的指挥练习，如变化节奏型指挥，改变乐句、乐节和节奏之间或之中的音色变化结构指挥等。在引导幼儿进行创造性指挥练习时必须注重“反馈机制”，即让全班幼儿都清楚某种指挥意图后再让小指挥按某种意图进行指挥。对于能力弱的幼儿尚需教师在指挥过程中用语言、动作甚至手把手的方式来帮助他们取得成功。

2. 运用“总谱法”帮助儿童理解音乐的节奏

“总谱法”是打击乐整体教学法中的一种主要的教学方法，它是通过使用儿童可以接受的“变通总谱”来帮助儿童掌握音乐作品整体音响结构的方法。

“变通总谱”是针对通用标准总谱（即简谱和五线谱）来讲的。由于标准总谱的认知过程比较复杂，幼儿在学的过程中认知负担比较重，因此体会不到乐曲的音乐趣味。因此，我们设计了一些易被幼儿直观把握音乐总体结构的乐谱，主要有“动作总谱”、“图形总谱”和“语音总谱”三大类。

“动作总谱”主要是通过身体动作表现节奏、音色、速度、力度变化及配器的总体布局，它包含身体节奏动作、模仿动作及舞蹈动作等。“图形总谱”主要是通过图形来表现节奏、音色、速度、力度变化及配器的总体布局。“语音总谱”主要是通过嗓音来表现节奏、音色、速度、力度变化及配器的总体布局。需要说明的是，以上总谱主要是给教师看的，幼儿只需学会随旋律做动作、看图和朗诵即可。

3. 创作技能

“创作法”是打击乐整体教学法中一种重要的教学法，它是通过引导幼儿参加制定音乐作品的配器方案和参加编制“变通总谱”的过程来帮助幼儿掌握作品的音响结构。在“创作法”的教学过程中，幼儿的创造性表现的能力必须建立在以下基础之上：一定的演奏技能；一定的节奏语汇；对各种乐器音色的一定了解；运用乐器演奏进行想象；联想和表达音乐的能力；一定的运用乐器进行表达的经验。

二、节奏乐活动的类型与要求

节奏乐活动是识谱教学的最佳实践活动，培养学前儿童识谱能力的节奏乐活动主要是用打击乐器根据歌曲设计的伴奏图形谱为歌曲伴奏。教师往往通过先用声音（人声、乐器声、动物的叫声等）念节奏谱，再用身体动作（如拍手、拍腿、跺脚等）演奏节奏谱，然后配上打击乐器为歌曲伴奏这种由浅入深、循序渐进的练习进行活动的开展。节奏乐活动使学前儿童认识和表现各种节奏符号的能力不断提高的同时也培养了他们对打击乐器的兴趣和爱好。

（一）声势节奏活动的类型与要求

所谓声势，是指用身体作为乐器，通过身体动作发出声响的一种手段。它是人类宣泄、表现、交流情感最原始、最直接的方式，产生于语言、音乐之前，且至今仍被人们运用着。“声势”这个词来源于奥尔夫的《学校儿童音乐教材》5卷本中采用的“古典声势”。声势包括拍手、捻指、拍腿、跺脚等基本形式。

声势不等同于律动，律动强调的是动作，缺乏对声音的关注，而声势是从音乐这一角度考虑的。声音是极为关键的，可以说，声势只是借助动作而发出声音，以达到训练节奏的目的；声势也不等同于节奏训练，它是建立在节奏训练的基础上的，节奏训练目的较为单调，仅仅只是停留在训练儿童的节奏感，训练形式单一、枯燥，容易让儿童产生枯燥乏味感，而运用声势，则无需借助抽象的音乐概念、复杂的逻辑思维、高难度的技能技巧，更无须任何的乐器，每个学前儿童都能轻松自然地使用，没有任何负担，可以无限地激发他们对音乐的兴趣。而且声势节奏活动对于培养学前儿童的节奏感、听辨能力、反应能力、记忆能力以及创造性能力等，都是一种非常有效的途径，而且还是一种不受环境、条件、实践限制的，极其简单易行又行之有效的方法；同时，声势节奏活动还为接下来的打击乐活动奠定了坚实的基础，确保打击乐活动实施的有效性。

1. 声势节奏准备练习

教师可采用以动作示意节奏训练起止的方法取代用嘴巴发口令，比如手掌向上表示开始，向下或双手背后表示停止。有时候，教师也会用击掌或是用眼睛、身体示意儿童跟着拍。这种方式要求儿童从一开始就建立起一种良好的反应习惯，儿童的两眼注视着教师的动作，这才是最重要的准备。

教师与儿童共同开始拍掌，开始一拍一下，不间隔地拍，慢慢有规律地隔两拍、隔三拍拍一下，由教师带领做，让儿童开始适应“看指挥”。全体一起拍掌，没有重音的延续。如果发现越拍越快，教师还可以用休止符（如双手向外翻打拍子），把儿童的拍率找回来；然后可以慢慢加进音量、速度变化等。教师也可在此用钢琴即兴演奏，用音乐的音量和速度变化带领儿童拍掌。

经过这样的准备，儿童开始集中注意力，专注领会教师的意图，对“开始”、“变化”、“结束”等的声势指示已能明白并立即执行，反应开始建立，真正的活动才能开始。

2. 声势节奏问答练习

声势节奏问答是指儿童不看谱进行节奏模仿，通过动作和声响的模仿进行节奏训练，比如教师或儿童拍一个节奏型，其他儿童模仿，这种练习最容易把握节奏型的感觉和训练听觉的听辨与记忆能力。

一般从四拍子开始，儿童开始容易接受的首先是一拍，注意一拍的休止符在实际的演奏与倾听中是很自然的，一点儿也不难，带有一拍休止符的节奏型不但可以克服节奏中的呆板，丰富节奏感，也可以起到调节儿童心理的作用；然后是半拍，慢慢也可以加进来，但八分休止符却不可以同步加入，因为难度较大。

可以选择一些学前儿童熟悉的歌曲或乐曲的节奏，当儿童有一种似曾相识的感觉，学习难度降低了，参与热情也就高了。节奏问答可以逐渐增加难度和发挥创造性，当节奏模仿有了一定基础后，再请儿童来当“教师”，跟大家“问答”，即兴创作一个节奏型让大家模仿，一个个轮流下去，要求儿童尽量创作新的节奏型。

当然，节奏模仿练习也要适可而止，细水长流，每次练习几分钟，如果儿童兴趣减弱或精神不集中，就要停止。

3. 声势节奏接龙练习

利用声势进行接龙游戏是非常有趣而有效的方法。首先可以“接尾”，即教师拍四拍，儿童重复后两拍，再即兴拍两拍，教师继续拍下去，再换一个儿童接拍，并即兴拍两拍。可以轮流传下去。这种方法不仅训练了儿童的反应能力、听辨能力、听觉记忆能力，也培养了即兴创作能力，但这种练习需要有一定的节奏练习基础，适用于大班；其次还可以“接头”，即教师拍四拍，要求儿童重复头两拍，然后改编后两拍，教师则一直四拍一组拍下去，每组换一个人接头，不能轮流传下去，每次开头必须是新的。由于头两拍后还有两拍，等于干扰了一下，看儿童能否记住头两拍的节奏；当然在此基础上，可以发展到更复杂的节奏型，甚至完全即兴接龙，可以两人一组，互相轮流接龙。

4. 声势节奏多声部及和声练习

在拍手、拍腿、跺脚的声势训练基础上，进行多声部及和声的节奏练习，儿童掌握起来并不困难。比如将儿童分成三组，每组以一种声势和节奏型进行练习，然后将三组合起来为儿歌式歌曲伴奏，便成了三个声部的节奏音乐，同时拍手、拍腿、跺脚三组为歌曲伴奏。

（二）打击乐器的种类与使用要求

幼儿园的乐器演奏活动主要指打击乐器的演奏。在幼儿园的打击乐演奏活动中可供幼儿使用的很多，它们的来源有：专用的幼儿打击乐器、成人的小型打击乐器以及幼儿在成人的帮助下自制的打击乐器。3~6岁阶段的幼儿，由于受生理发展的局限，他们使用打击乐器主要以身体的大肌肉动作为主，因此，在选择打击乐器时应考虑便于幼儿操作，让幼儿能自然、简便地展示、表现音乐。目前，幼儿园常用的打击乐器可根据乐器的材质分为以下几类：

1. 木质乐器

木质乐器是采用木头为材质加工而成的打击乐器。它的特点是：发音清脆、响亮、短促、有力，无固定音高，无延续音。(马成《幼儿园打击乐活动》)

(1) 圆舞板（响板）。

圆舞板由皮筋将两片贝壳状的硬木固定住，通过两片木块的撞击引起振动并发音，其音色清脆圆润。

圆舞板演奏的方法有两种：一种是用手指的大拇指和中指轻轻捏住圆舞板中间的凹槽（双手各持一个），捏击合拢时发音；另一种方法是将圆舞板放于左手手心，用右手掌拍击发音（这种方法适用于年龄较小的幼儿）。

(2) 木鱼。

木鱼是由木头刻制而成，形状似鱼，中间镂空且顶部有发音孔的一种乐器。木鱼的演奏是通过一根木质的敲击棒敲击木鱼的顶部发音，其音色接近圆舞板而清脆、响亮。木鱼有大小不等的形状，幼儿打击乐中常选用中、小型的木鱼。

幼儿在使用木鱼演奏时，左手持木鱼下端，右手持木槌，敲击开口旁边的木棱之处发音，击后应迅速离开敲击点。

(3) 双响筒。

双响筒是用硬木加工而成的一段中间装有把柄的有节木筒，可通过一根木质的敲击棒敲击木筒发音的一种乐器。一段中间有节的木筒，下端装有握柄，靠敲击引起的振动发音。其声音与木鱼很相似——干脆、清亮，几乎无延续音。与木鱼不同的是，双响筒被节分开的两头各自可发出高低不同的音，这两个音大约相差五度。当一下一下地连续敲击时，可发出类似马蹄踏地的声音。演奏时一般是左手持柄，右手持棒，敲棒的敲击点一般是节到边缘的中点。有的双响筒还在筒身上面刻有沟槽，称为“加沟双响筒”，其发音和演奏方法与普通的双响筒相同。

幼儿在演奏时，左手持双响筒的木柄，右手持木棒，敲击筒身发音，击后应迅速离开敲击点。

(4) 蛙鸣筒。

蛙鸣筒是一节中间镂空且有发音孔的毛竹或木头制成的，外部表面刻有一道道楞子，且一段有可握持的短把柄的筒状乐器，其音色类似于青蛙的鸣叫声，并因此得名“蛙鸣筒”。

蛙鸣筒演奏的方法有两种：一种是幼儿一手持握蛙鸣筒的握柄，另一手持敲击棒刮奏；另一种方法是幼儿一手持握蛙鸣筒的握柄，另一手持敲击棒敲击筒身。

2. 金属乐器

(1) 三角铁。

三角铁是一根弯成等边三角形的钢条，用绳子悬挂一端，通过一根金属敲击棒敲击发音的一种乐器。幼儿使用的三角铁是成人打击乐器演变而来的，其音色清晰、悦耳。

幼儿演奏的方法有两种：一种是幼儿左手提起三角铁的提绳，用右手持住敲击棒，敲击三角铁的底边发音，敲击动作要轻巧、富有弹性；另一种是幼儿左手提起三角铁的提绳，用右手持住敲击棒，快速敲击三角铁的左右两边，或转圈连续敲击三角铁的三个等边，会产生激烈而特殊的音响效果。

（2）碰铃。

碰铃通常是由一对相同的小铃组成，用一根绳子或可握的木柄将两个小铃固定，通过相互撞击引起振动而发音。碰铃的音色清脆、柔和且高而轻，在打击乐器演奏中属高音乐器。

碰铃既可以表现音乐的强拍，也可以表现弱拍。幼儿在演奏时，用双手捏住穿过碰铃（顶端）的绳子或木柄，对撞发音，击后迅速离开撞击点。如果要停止碰铃的延续音，可将碰铃快速地放在腿上或胸前。

（3）小镲。

小镲又称为小钹、小水镲。它是由黄铜制成的圆形薄片，中部隆起，中央有孔，以镲巾或绳子系起，两片为一幅。对击发音，其声响有力、激动人心。

小镲的演奏方法有撞击、震击、磨击、闷击四种。

撞击：幼儿两手分别持住镲巾与镲的连接处，使两片镲斜对于胸前，两手合力撞击而发音。

震击：幼儿两手分别持住镲巾与镲的连接处，使两片镲斜对于胸前，两手合力撞击，撞击后立即将镲稍微离开，但要使镲片的一部分相贴，发出持续的震动音。

磨击：幼儿两手分别持住镲巾与镲的连接处，使两片镲斜合住于胸前，两手合力画圆，磨击发音，声音特色鲜明。

闷击：幼儿两手分别持住镲巾与镲的连接处，使两片镲斜合住于胸前，依据节奏两手使镲片像蚌壳一样做开合的动作，合时发音，音量不大，但是充满神秘的气氛。

（4）钹。

一对用铜合金制成的圆盘，中央微凸，靠撞击或摩擦发音。其声音响亮，延续音长，在强奏时音色比较粗糙、刺耳。一般奏法是双手各持一面，相互撞击，或者以边缘相互摩擦，也可将其中一面悬挂在支架上，用锤敲击。敲击时用力的方法、程度不同，发出的声音就不同。如果不需要过长的延续音，可在敲击后将钹面捂在身体上，或用手将其边缘捏住。

（5）锣。

锣是由铜合金制成的圆盘状的一种乐器，并配有锣槌。锣有大小之分，演奏时，大锣由绳子固定在可抓握的木柄上或固定在特制的架子上，而小锣一般手持即可，通过锣槌敲击锣面引起振动而发音。大锣的音色低沉，共鸣强烈，有较长的延长音，小锣声音尖锐明亮。如果要停止锣的延长音，用手按住锣面即可。

3. 散响乐器

散响乐器是幼儿打击乐中经常使用的小型打击乐器，其发音点比较分散，无固定音高。散响乐器因其音量较小，所以适合于多人共同演奏。

(1) 串铃。

串铃又称手铃，是用金属穿成的马蹄形或半圆形、棒状的若干个小铃，固定于各种形状的手柄上而成。靠敲击、摇晃或抖动引起的振动发音，音量不大，音响效果类似铃鼓。

(2) 沙锤（沙球）。

用椰壳或塑料制成的空心球体，内装细小粒状物，腔体全封闭，下端装有握柄，靠摇晃或抖动发音。其声音轻柔，有微弱毛糙感。演奏时一般是双手各持一个沙球，用臂带动手腕上下震动。可左右手依次震动，也可双手同时震动。

沙锤可以双手齐奏，也可以双手交替演奏，其音色轻柔而干脆。

4. 鼓类乐器

鼓类乐器是通过敲击蒙在乐器上的皮革张面而发声的乐器。幼儿园常用的鼓类乐器为大鼓和小鼓。

(1) 大鼓。

有皮革蒙在筒状的共鸣箱上，靠用鼓槌敲击引起的振动发音，其声音比较低，用力击打时能产生很强烈的音响。轻轻击打时又能发出柔和绵长的音响。敲击鼓面的中心位置时，声音浓、厚且延续音较长。敲击鼓面的边缘部位时，声音稍脆、薄，且延续音较短；敲击鼓的边框（共鸣箱），还能获得更脆、更硬、更短的声音。演奏时一般用右手持槌敲击。

大鼓的音色低沉、音量较大，如果演奏时轻轻击打，也会产生柔和而绵长的音响；敲击鼓面中心，将会产生浓厚的音响且有较长的延续尾音；敲击鼓面的边缘部位，则音色脆硬单薄且延续音较短。演奏大鼓时，手臂要放松、手腕有力而富有弹性。

(2) 小鼓。

小鼓的声音结实而有弹性，演奏时两手握槌掌心向下，以拇指、食指、中指捏住鼓槌三分之一处，无名指和小指自然弯回收拢，槌头击点靠近鼓心，使两槌夹角呈 90 度。

(3) 铃鼓。

用皮革蒙在带有可活动的金属小钹的木制圆框上，靠用手敲击或摇晃引起的振动发音，其声音很特殊，既具有鼓的声音，又具有铃的声音。铃鼓可以有多种演奏法，不同的演奏法可使之发出不同的声音。如击奏鼓心时发音较柔和；击奏鼓边时发音较明朗；用手击鼓面时，鼓的声音比较明显；用鼓身撞击身体（如肩、肘、膝等）部位时，铃的声音比较明显；猛烈地摇动时，所发出的音响容易让人感到激动；轻柔地摇动时，所发出的音响会让人感到安宁。

5. 自制乐器

依据幼儿的年龄特点，幼儿园在开展节奏乐活动时，还会引导幼儿利用生活中各种材料，利旧利废自制一些打击乐器。可以用来制作打击乐器的材料很多，例如水杯、饭碗、易拉罐、纸箱、纸筒等。

三、节奏乐活动内容的选择

（一）声势的基本动作选择

1. 拍手

两肩与两臂放松，双手在胸腰前拍手，一手平放，另一手拍打。开始时尝试让儿童以右手手指指尖击左手掌根，同时注意音色和音量的特点，然后边拍边向前移动至掌心，此时声音像有共鸣似的，音量较大，再向前音量就会变小，通过这种练习让儿童了解拍手会因部位的不同而产生音量和音色的变化。练习时一般采用左手不动，右手拇指外的四指击拍左手掌心，音量大小也由右手控制。当然，不能采用两手对拍，因为对拍会影响速度，也容易造成两臂紧张。

拍手还可以包括拍掌背、手背对手背、指尖对指尖等，教师可鼓励幼儿探索创编出更多种类的拍手动作。

拍手的声音一般清脆明亮，在声势节奏活动中，易拍鲜明的、较强、较复杂的节奏声部。

2. 跺脚

跺脚的姿势有站和坐之分，一般是脚掌跺地，左右脚均可，并鼓励儿童能使用左右两只脚。特殊的跺脚方法是脚跟或前脚掌着地，用脚画弧线、圆线等。站姿是从脚跟部开始做动作，左右脚轮流做类似原地踏步的动作，注意不要过分用力跺脚根，以免振动过大而伤脑。跺脚也有音量和音色的变化，感觉越细微越好；坐姿是坐在小椅子上，大腿一半要在椅子外悬空，椅子的高度以小腿与大腿成直角为宜，跺脚时脚掌略微提起。

由于跺脚发出的声音比较低沉，在声势节奏活动中，比较适宜拍重音的声部，跺脚的节奏也不宜过于密集和复杂。

3. 拍腿

儿童双手自然至于大腿膝盖处，双臂自然放松，双手拍打；也可以单手拍打。由于动作自然，所以是比较容易完成的动作，快速做时比拍手更容易，也不容易紧张。拍腿可以拍打出更丰富的节奏花样，并且本身可做二声部练习，这就使它成为了儿童打击乐的最佳准备练习方法。这种方法除了有利于节奏感的培养之外，对左右手的协调、放松也是很好的预备练习。

拍腿的声音不够鲜明，在声势节奏活动中，不适宜单独在重拍使用，会使节拍重音不突出。训练八分音符、十六分音符节奏时比其他声势更具优势。

4. 捻指

由拇指与中指相捻发出的响声，许多人尤其是儿童很难做到，也可以用弹舌发声辅助捻指动作发声，捻指可用不同的姿势、高度做，它在声势节奏活动中极少单独训练，多结合其他声势进行练习。

捻指音量最小，但声音较高，有时可以发出尖锐明亮的响声，一般不宜用于重拍及复杂而快的节奏中。

除以上四种基本的声势形式之外，还有更多的声势形式，比如可以从头、脸到全身各个部位的拍打获得丰富的节奏和音色变化，其实，人类从头到脚都可以充当“人体乐器”，人体的各个部位都能运用，包括夹臂、双臂摩擦身体、脚的各部踩在地板上发出的各种音色和节奏，其丰富的艺术表现力真是极大的享受。

对于学前儿童来说，从拍打肚皮、胸脯到拍打髋部两侧所发出的不同节奏和音色都会令他们乐此不疲，学习兴趣更浓，而身体的技能也能得到更大的锻炼。

（二）节奏乐乐曲或歌曲的选择

有表现力的伴奏音乐本身就能够感染儿童，激发儿童与音乐相互共鸣的愿望，使他们在不知不觉中将心中体验到的情感倾注到自己的演奏之中。因此，教师不但应注意选择具有良好情绪感染力的录音音乐伴奏，而且在自己哼唱或者弹琴伴奏时都应随时注意音响表达的情绪感染力，以便给儿童的演奏提供富于表现力的良好榜样。

（三）打击乐器的选择与编配

1. 打击乐器的选择

为学前儿童选择打击乐器时，应注意以下几点：首先，乐器的音色要好。例如，皮质鼓面的铃鼓要比塑料或铁质的音色好。其次，乐器的大小要适中，便于学前儿童演奏。考虑到学前儿童的年龄和生理发育，还应注意乐器的大小和重量。例如，铃鼓一般直径在 12~15 厘米为宜；沙球不宜选用大号；三角铁钢条的直径最好在 0. 5 厘米左右等。最后还要注意，乐器的演奏方法要适合学前儿童的不同发展水平。不同年龄段的学前儿童，其动作发展水平存在着一定的差异，因而在乐器的选择和演奏方法上应有所区别。例如，2~4 岁学前儿童演奏铃鼓时可用手掌打击鼓面，4~6 岁的学前儿童演奏铃鼓时可用敲奏、摇奏等不同方法；2~5 岁学前儿童演奏响板时易用手掌击手心的方法敲击响板，5~6 岁的学前儿童则可以运用捏奏的演奏方法；再如双响筒和三角铁的演奏需要能均匀地用力并且做到手眼协调，对于运用能力和小肌肉发育上不完全的 2~4 岁学前儿童来说存在一定的困难，而 5~6 岁的学前儿童则相对可以胜任。

2. 打击乐器的编配

在学前儿童的音乐学习中，“配器”主要是指教师引导、组织儿童用集体讨论的方式，选择适当的节奏型以及合适的乐器，为儿童所熟悉的歌曲或乐曲设计伴奏的一种活动形式。与此有关的知识技能主要有：按音色分类；儿童打击乐器演奏按表现需要选择比较合适的节奏型、乐器以及演奏方法；用简单的图形、语音、动作符号记录设计好的配器方案等。

（1）配器设计的原则。

第一，打击乐器的编配要适合儿童的实际能力。一方面是适合儿童使用乐器的能力，配器方案中选用的乐器种类和演奏方法应是特定年龄阶段儿童能够接受的，即从以大肌肉（手臂）动作为主、手眼协调要求较低的动作，逐步过渡到部分利用腕、指动作，手眼协调要求较高的动作；另一方面是要适合儿童对变化做出反应的能力，配器方案中的节奏变化和音色变化，其频率和复杂程度应是特定年龄阶段儿童能够接受的，总体上应该是简单和多重复的。如，在为3~4岁儿童选择的配器方案中，一般宜在乐段之间变化音色；在为4~5岁儿童选择配器方案中，不仅可以考虑在乐段之间、乐句之间甚至可以在乐句之中变化节奏。

第二，有一定的艺术性。即情绪、风格与原音乐作品相贴近，有一定的个性与趣味性，能够通过重复，强调作品的整体统一性，也能够通过适宜的变化使作品内容更加丰富：①配器产生的音响效果能够与音乐原来的情绪、风格、结构相一致；②配器产生的音响效果既要富于趣味性、新颖性，又要具有整体统一的美感。

（2）配器的步骤。

第一，熟悉原音乐作品。对音乐作品进行反复哼唱、弹奏、倾听和感知体验。

第二，揣摩、分析。即揣摩、分析音乐作品的情绪、风格和趣味，注意抓住主要矛盾，对非主要细节作“省略”处理或“模糊”处理；分析音乐作品的节奏特点和结构特点，感知作品结构中部分与整体的关系及重复与变化的关系。

第三，安排节奏型和音乐作品的布局。既可以通过节奏和音色的改变“变化”，又可以通过节奏和音色的重复强调“统一”。对于小年龄班的幼儿，比较简单的作品，可多采用“相辅相成”的处理方式。即作品的节奏密，配器的节奏也密；作品的节奏疏，配器的节奏也疏。对于年龄较大的班级的幼儿，比较复杂的作品，偶尔也可以采用“相反相成”的处理方式，即作品的节奏密，配器的节奏反而疏；作品的节奏疏，配器的节奏反而密，甚至可以巧妙地使用演奏与休止交替处理的方式。

第四，试奏曲调和调整等。

第五，记谱和转换成幼儿可以使用的变通乐谱。

四、节奏游戏的创编

（一）运用特别选择的音乐材料的节奏游戏

为使学前儿童亲身体验感受各种不同节奏，提高自身的节奏感，教师可以有针对性地选择一些音乐材料，以帮助他们感受某种特定的节奏。例如，音乐材料《小猫走小猫跑》，可以帮助儿童感受节奏的疏与密；音乐材料《跑跳步与踏步》，可以帮助儿童感受附点节奏的跳跃和二分音符节奏的平稳。

小猫走小猫跑

汪爱丽　曲

1=C　4/4

5 3 5 3 | 5 5 3 - | 5. 6 5 3 | 2 3 1 - |

喵喵喵喵　喵喵喵　我的小猫　慢慢走。

5 3 5 3 5 5 3 | 5. 6 5 3 | 5 3 2 3 1 ‖

喵喵喵喵　喵喵喵我的小猫　快呀快快跑。

（二）改变熟悉的音乐材料的节奏游戏

通过改变学前儿童已经十分熟悉的某些歌曲的节奏或节拍，与原来的歌曲作品节奏进行对比，加强儿童分辨节奏的能力训练。例如：

两只老虎

1=C　2/4

1 2 3 1 | 1 2 3 1 | 3 4 5 | 3 4 5 | 5 6 5 4

两只老虎，两只老虎，跑得快，跑得快。一只没有

3 1 | 5 6 5 4 3 1 | 2 5 1 | 2 5 1 ‖

耳朵一只没有尾巴，真奇　怪，真奇　怪。

改变原歌曲的节拍，将2/4拍换成3/4拍，例如：

1=C　3/4

1 - 2 | 3 - 1 | 1 - 2 | 3 - 1 | 3 - 4 | 5 - - | 3 - 4 | 5 - - |

5. 6 5 4 | 3 - 1 | 5. 6 5 4 | 3 - 1 | 2 - 5 | 1 - - | 2 - 5 | 1 - - ‖

改变原歌曲的节拍，将均匀的节奏换成附点节奏。例如：

1=C　2/4

1. 2 3. 1 | 1. 2 3. 1 | 3. 4 5 | 3. 4 5 | 5 6 5 4

3. 1 | 5 6 5 4 3. 1 | 2. 5 1 | 2. 5 1 ‖

（三）设计复合节奏游戏

学前儿童在对复合节奏有了一定的经验积累，从无旋律的节奏复合—相同旋律的节奏复合—在指挥提示下进行简单旋律的合唱，层层递进地对复合节奏形式有了初步的感知和体验。

在复合节奏游戏中，首先是儿童的注意力和集体意识得到发展。学前儿童在合唱中既需要与集体协调合作，与大家的旋律节奏以及速度保持一致，又需要进行自我控制，集中注意表现自己参加的那一组节奏。其次，儿童的倾听能力得到发展。在演唱时复合节奏部分虽然表现的是不同节奏，但仍需要儿童听同伴的歌声，以保持声音的和谐以及速度上的一致。再次，儿童的节奏感得到增强，在分组合作中，儿童需要相对固定地表现自己声部的节奏，不被对方带过去，这需要以往积累的节奏方面经验的支持。因此，整个过程是主动积极建构的过程，儿童在探索、自我调整中得到发展。

真是一对好朋友

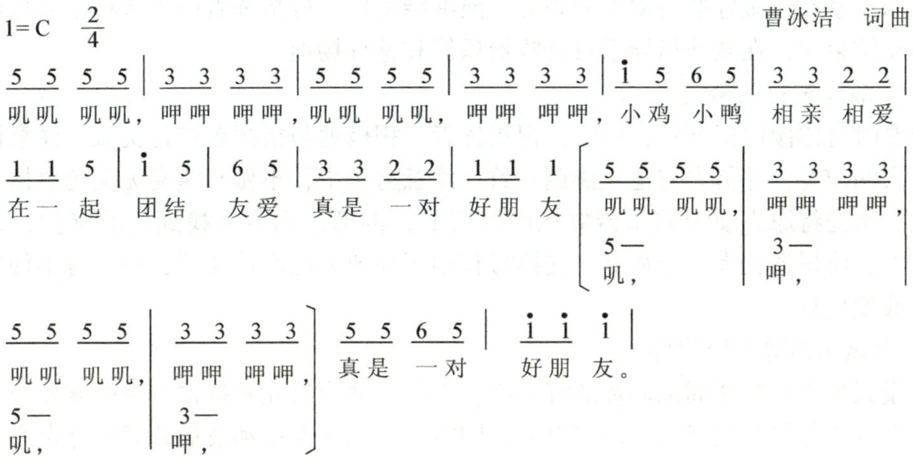

（四）设计自由节奏训练游戏

节奏感的训练不是强迫孩子接受对他们的天性缺乏任何意义的节奏模式，而应该是出于他们自发的、自由的节奏。如：《小火车的游戏》，这个游戏可以让很多孩子来参与，各自担任不同的角色。孩子们用不同的方式组成火车，手放在前面一个人的肩上，一个接一个地往前走。一个小孩扮演站长，发出开车的信号，一些孩子组成隧道，一个孩子用彩纸作为红绿灯，示意停车或行进，老师或学生用手或用打击乐打节奏。速度可以随情景变化，启动时由慢而快，临近车站时又由快而慢。教室的四个角表示不同的车站，铁轨画在地上，可以设计很多的弯道和岔道，使火车的行程更有趣。孩子们在游戏中可以补充一些特殊的音响，比如火车的隆隆声、呼啸声，也可以用铃模仿放下栏杆的音响效果等。这个游戏可以提高孩子对节奏和音响效果的敏感程度，通过身体运动对显著的音乐特征或特定的音乐发展变化做出反应。

第二节　节奏乐活动设计思路与指导要点

一、节奏乐活动的设计思路

（一）基本环节

1. 建立打击乐活动过渡环节的常规

（1）打击乐活动开始和结束的常规。

听到音乐的信号后整齐地将乐器从座椅下面取出或放回。乐器拿出后，凡不演奏时须将乐器放在大腿上，不发出声音，眼睛也不看乐器。开始演奏前，按指挥者的手势整齐地将乐器拿起，做好准备演奏的姿势。演奏结束后，按指挥者的手势将乐器放回大腿上。活动结束后，在教师指导下自己收拾乐器和整理场地。

（2）活动进行的常规。

演奏时身体倾向指挥者，眼睛注视指挥者，积极地与指挥者进行交流。注意倾听音乐和他人的演奏，并努力与他人协调一致。注意力集中，不做与演奏无关的事情。交换乐器时，须先将原先使用的乐器放在座椅面上，再迅速无声地找到新的座位，拿起乐器，坐下，将乐器在大腿上放好。交换过程中不与他人的座椅相撞，坐下时不使座椅发出声音或发生移动。

2. 探索乐器等发声物体

儿童天生具有探索周围环境的好奇心。因此，适当给儿童提供自由探索发声物体的机会，有利于保持和发展儿童的好奇心，同时也有利于保持和发展儿童的好奇心，同时也有利于拓展和提升他们对声音的各种经验。教师可以做一下尝试。

（1）探索同一物体的不同发声方式。

在探索同一物体的不同发声方式时，教师可以按照这样几个步骤进行：第一，鼓励儿童努力采用尽可能多的不同方式去使物体发出声音。第二，通过分享经验的活动，鼓励儿童采用各种喜欢的方式来展示、描述自己的发现。第三，在儿童展示、描述发现的过程中如果发生某种困难，如：不能再现自己刚做过的探索；光会做，不会用语言描述等，教师应该给予具体的帮助。第四，教师给予的语言帮助，可以引导儿童学习使用客观描述的方法，如：铃鼓响，弹边上的声音脆，摇它的时候会有些小镲片发出的声音；也可以引导儿童学习使用类比描述的方法，如敲中间的声音像打雷，弹边上的声音像小鸡吃米，摇它的时候像下雨，轻轻摇像下小雨，使劲摇像下大雨……

（2）探索不同的物体。

探索不同的物体包括探索乐器、探索周围环境中各种物体，以及引导鼓励儿童收集各种乐器和乐器的资料，并研究怎样制作自己的乐器等。

（3）探索乐器的使用。

教师可以通过以下途径引导儿童探索乐器的使用：首先，可将前面探索的相关经验及时应用到日常的节奏朗诵、歌唱、律动表演、舞蹈或带有节律性质的体育游戏中去；其次，引导儿童尝试用一种乐器或集中乐器独立或合作即兴地“描述简单的场景”或“讲述简单的故事”；最后，教师可以提供各种包含乐器表演的综合性艺术表演活动影像资料，如很多思路广阔、富有创意的作品，以开阔儿童关于乐器使用的眼界，然后再鼓励儿童做创意尝试。

3. 鼓励幼儿探索乐曲或歌曲中的各种节奏型

乐器演奏活动是一种艺术表现活动，艺术除了要表达一定的思想内容以外，还需要表现人们对艺术形式美的种种认识。在这方面教师可以进行以下尝试：

（1）探索节奏型。

音乐艺术中的节奏型就好像视觉艺术中的图案，简洁可辨的结构单元的严格重复或变化重复，能够形成一个独立作品的良好的整体感或统一感。在儿童具备了最基本的稳定拍子的感觉后，教师就可以组织儿童做两种游戏来探索节奏创编：第一，节奏型即兴“创编—模仿”游戏（一人即兴奏出一个节奏短句，另一个或其他人完全地模仿），或做节奏型“即兴对话”游戏（一人即兴奏出一个节奏短句，另一人即兴奏出另一个节奏短句，就像相互交谈一样）；第二，鼓励儿童创编出最简单的节奏，并将这一节奏作为能够稳定持续的、不断重复的节奏型，为自己朗诵的儿歌、演唱的歌曲或由教师弹奏、播放出的音乐伴奏。

（2）探索乐句和乐段中的节奏型。

乐句和乐段是音乐中比较大的结构单位，随着儿童相关经验的不断增长，教师可以引导儿童探索乐句和乐段中的节奏型，具体方法如：通过仔细体验现成打击乐作品的演奏学习，逐步积累节奏型和音色的重复变化与乐句乐段的组织结构相互匹配的感性经验；逐渐通过引导儿童为结构比较清晰的歌曲或乐器配器的活动，关注乐句、乐段组织结构的规律，体验节奏型和音色的重复变化怎样与乐句、乐段的组织结构相互匹配；通过观察儿童自主自发的乐器演奏活动和教师提供的即兴乐器演奏活动，随时了解儿童在结构感方面发展的情况，并以儿童的实际发展为基础，向他们提供能够帮助他们“更上一层楼”的教学设计活动。

4. 结合生活经验，鼓励自由表达

乐器演奏活动除了要表现人们对艺术形式美的种种认识以外，还需要表达一定的思想内容，而且对于儿童来说，这种表达与他们的生活经验更接近，表达起来限制会更小，自由度会更大。在这方面教师具体可以做如下尝试：

（1）提供情节简单的故事，可以直接通过教师的讲述，也可以通过图片、图书或某种实物操作、影像资料播放，鼓励儿童将之转化为由乐器演奏出的“音响故事”。

（2）鼓励儿童为图片、图书、某种实物操作、影像资料播放、哑剧表演等加配乐器演奏音响，而成为某种新创作的“配乐故事”。

（3）从一位儿童独自的单一意象的简单诉说开始，逐步发展成多位儿童合作的多意象的复杂诉说。

5. 运用肢体动作表现音乐的节奏

（1）自由节奏。即让学前儿童自由地用自己感到舒服的节奏伴随着音乐做简单的身体动作，例如跺脚、拍腿等。对那些动作完全与音乐节奏不协调的儿童，教师可以做一些暗示，例如，握着他们的手晃动，提示、引导儿童正确地感受节奏。

（2）均匀节奏。即让学前儿童用简单的身体动作按照一拍一下、一拍两下或两拍一下的要求击拍，例如，用拍手、跺脚或打击乐器等来均匀地表现音乐的均匀节奏。请看曲谱1：

小 星 星

1=C 2/4

1 1 | 5 5 | 6 6 | 5 — | 4 4 | 3 3 | 2 2 | 1 — | 5 5 | 4 4 | 3 3 | 2 — |

一 闪 一 闪 亮 晶 晶， 满 天 都 是 小 星 星 挂 在 天 上 放 光 明

× ×

× — × — × — × — × — × — × — × — × — × — × — × —

5 5 | 4 4 | 3 3 | 2 — | 1 1 | 5 5 | 6 6 | 5 — | 4 4 | 3 3 | 2 2 | 1 — ‖

好 像 许 多 小 眼 睛 一 闪 一 闪 亮 晶 晶 满 天 都 是 小 星 星

× ×

× — × — × — × — × — × — × — × — × — × — × — × —

（3）旋律节奏。即让学前儿童根据音乐片段的旋律节奏，用简单的身体动作或打击乐器来表现，如用拍手来表现音乐的旋律节奏。请看曲谱2：

新 年 好

1=D 3/4

1 1 1 5 | 3 3 3 1 | 1 3 5 5 | 4 3 2 — | 2 3

新 年 好 呀，新 年 好 呀，祝 贺 大 家 新 年 好， 我 们

4 4 | 3 2 3 1 | 1 3 2 5 | 7 2 1 — ‖

唱 歌，我 们 跳 舞，祝 贺 大 家 新 年 好。

（4）伴奏节奏。即让学前儿童以简单的身体动作或打击乐器等，用一种有规律的固定节奏，如拍手来表现音乐的伴奏节奏。请看曲谱3：

儿歌：大雨小雨

1=D 2/4

3 2 2 | 1 — | 3 2 2 | 1 — | 3 — | 2 — |

下 大 雨 啦， 下 大 雨 啦， 哗 啦

下 小 雨 啦， 下 小 雨 啦， 滴 滴 答 答，

× × × × ×

3 — | 2 — | 3 2 2 | 1 — ‖

哗 啦， 下 大 雨 啦。

滴 滴 答 答，下 小 雨 啦。

× × × × ×

（5）节奏动作表演。即引导学前儿童用肢体动作组合来表现音乐本身的节奏或配合打击乐器等，同时带有表演性地反映出歌词的内容。请看曲谱4：

小 鸟 飞

1=D 4/4

5. 6 5 4 3 4 5 | 2 3 4 3 4 5 | 5. 6 5 4

飞 呀 飞 呀 小 鸟 飞，小 鸟 飞 到 处 飞，飞 呀 飞 呀

3 4 5 | 2 5 3 1 1

小 鸟 飞，嘿 真 快 乐！

6. 利用节奏图谱帮助幼儿理解节奏型

（1）看节奏图谱做动作。即让学前儿童根据图谱卡片所显示的节奏为熟悉的音乐配上简单的节奏动作。例如，引导幼儿拍出节奏 | ×××× |：

利用基本节奏型 | ×××× | 为歌曲配伴奏，启发儿童自由地摆放和组合图形卡片，以得到不同的节奏型，如下图所示：

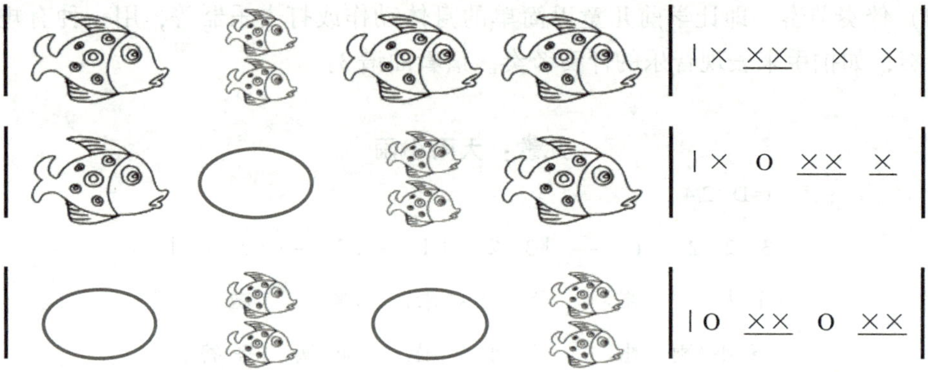

（2）随音乐画节奏。即教师和学前儿童一起边唱歌，边用绘画的形式将音乐的节奏画在黑板或画纸上。鼓励儿童自己边唱边画，还可以启发儿童自由地选择熟悉的旋律，画出节奏。例如：

郊　游

1=C 2/4

5 5 | 5 3 5 | 5 3 1 3 | 2 1 5̣ | 6̣ 1 6̣ | 5̣ 1 3 | 5 1 2 3 2 | 1 — ‖

走走 走走 走，我们 小手 拉小 手，走走 走走 走，一起 去郊 游。

0 0 0 0 0 0 0 0 0 0 0

7. 尝试组合小型乐队

“乐队”的概念天生就是合作性的。其实，当“小舞台”或“音乐区”给小班儿童提供了自主学习的机会以后，儿童就获得了自己发现“乐队”概念的可能。而且，当他们在那些地方自发地探索各种合作的可能性，自然地面对各种合作不协调的困难时，“小型乐队探索活动”也就自然地展开了。需要教师尝试的是：

（1）经常注意观察儿童们在合作过程中会发生哪些矛盾？他们会尝试哪些解决矛盾的策略？如果他们放弃了对矛盾的解决，又是因为什么？他们可能需要什么样的帮助？

（2）在经过认真思考后，教师可以在区角活动的现场自然介入儿童解决问题的尝试，帮助儿童反思他们的经验或教训；也可以将公共性的问题纳入新的集体教育活动设计方案。其中与乐器合作演奏有关的矛盾经常是：分工问题，谁的创意应该被集体采纳的问题，集体统一行动中的领导和服从问题等。

8. 根据音乐，鼓励幼儿参与创编

对于原设计比较单纯的乐曲，可以让儿童有更多创造性表达机会的打击乐作品，在组织节奏乐活动时，教师只需先鼓励儿童用简单的身体动作表现出集中简单的节奏，如××××，×××××或××××××，然后再帮助儿童将这些节奏一一填入乐曲，尝试随乐演奏即可。注意：每次尝试演奏时，始终只采用一种节奏。普通班级全曲不变化音色；基础好一点的班级可在乐句之间变化音色；基础更好的班级也可尝试在前半句用一种音色，在后半句换一种音色。

（二）程序变式

节奏乐活动的活动程序是为了实现节奏乐活动的目标而对活动内容的具体展开和教育方式、方法的具体运用，它是整个节奏乐活动设计的核心和关键。程序上主要有先整体后分部程序和累加程序两种基本程序。

1. 先整体后分部程序

该程序主要适应各声部间相互依存性较强的作品。方法上是示范、模仿、练习与有引导的创造性表现相结合，目的主要是在参与演奏打击乐作品的活动过程中促进儿童全面发展。

先整体后分部程序是整体教学法最典型的程序，这种程序适用于各声部之间形成交错进行关系，整体音响上较为单纯的作品。一般有以下几个步骤：

（1）导入，产生兴趣。

（2）欣赏或进行简单的身势节奏活动，初步感知主旋律的情绪、风格和基本拍子。

（3）模仿学习“变通总谱”或在教师指导下参与创作“变通总谱”的具体内容（小班最好先从模仿开始），进一步把握作品整体音响的横向（乐句与段落之间的）结构和纵向（声部与声部之间、配器与旋律之间的）结构。

（4）在熟练掌握总谱的基础上，进行分声部的徒手练习。练习时所有声部同时进行，重点注意相互倾听、相互配合，以便创造出心目中已经初步建立的整体音响效果。在这一步骤中应该开始学习看教师如何指挥。教师指挥时所做的动作最初应该与儿童所做的动作完全相同。待熟练后，教师可改用击拍法，但仍然要把要求儿童演奏的节奏型打出来。

（5）个别儿童学习指挥，集体练习。教师可鼓励有潜力的儿童根据自己的情况部分地改变原定的练习方案。

（6）在教师的指挥下进入实际的多声部乐器合奏练习。

（7）个别儿童练习指挥，集体练习合奏。教师可鼓励担任指挥的儿童根据自己的情况适当改变原定的配器方案。但是，在这一步骤中，由于已经进入多声部的合奏练习，为了减轻大部分儿童的注意、记忆负担，保持甚至增强演奏的热情，教师必须要在开始演奏之前让全体儿童对将要发生的改变做好思想准备，并注意引导儿童认真倾听、比较整体音响的情趣发生了什么样的变化。

（8）改进的练习。根据需要将特色乐器逐步加到乐队中去。每次发生变化后，教师都应引导儿童倾听、比较并鼓励能力强的儿童对这些变化加以描述。

2. 累加程序

这种程序适用于各声部都有一定的独立性，或至少有一个声部与其他声部之间没有交错进行关系，整体音响较为复杂的作品。一般包括以下几个步骤：

（1）导入，激发兴趣。

（2）模仿学习或创作一个比较有特色、比较复杂和较有独立性的声部，这个声部相当于一件打击乐器或一个打击乐器组“独唱”的声部，并通过这一程序进一步把握作品的横向结构。

（3）在熟练掌握该声部的基础上，将其他具有伴奏性质的声部用先整体后分部程序学习掌握，最后，再将伴奏声部“累加”到独奏声部中去。在这个步骤中，最初需要有个别儿童来指挥已经熟悉的独奏声部，教师同时指挥尚不熟悉的伴奏声部。然后再把两个声部分别交给两位儿童指挥。最后，由一位儿童单独指挥伴奏声部，让独奏声部的儿童完全独立地听音乐演奏。

（4）以后各步骤可参考第一种程序的相应环节。

实际上，在一般的实际教学中，这两种程序经常是混合使用的。

还需指出的是，对于年龄小、经验少、音乐能力较弱或是最初接触打击乐演奏活动的儿童来说，模仿学习仍然是常用的一种学习方法。但是，创造性学习也必须从一开始就进入，只是在要求的制定、方法的设计、程序的安排等方面要特别谨慎，要以大多数儿童都能够胜任并能够愉快、积极地参与为设定难度的标准。

二、节奏乐活动的指导要点

（一）进行科学合理的空间安排

科学合理的空间安排是打击乐活动有效进行的重要保证，合理的空间安排能够保证活动的秩序，以及声部音色混响效果等，这些都是活动整体审美效果所必需的。

打击乐活动在队形规划上，可以安排成“单马蹄形”或“双马蹄形”；也可以安排成长“品字形”；还可以安排成6行的“满天星”队形；小班一般会安排成“半圆形”。

常规的打击乐活动应该有碎响音色组（如铃鼓）、圆润音色组（如碰铃）、脆响音色组（如响板），以及混响音色组（如大鼓）等。其他非常规乐器，使用时按常规乐器的音色性质分组。同音色组的乐器在空间安排上应该集中在一起，可用分段切割的方法来安排不同的音色组，应该根据配器和指挥以及儿童的反应能力水平等区别对待。

一般情况下，教师的站位应该是在全体儿童都能轻松看见的地方。小班儿童年龄小，需要教师靠近时，可采用“半圆形”或“单马蹄形”，教师应特别注意不要总是只面对某一方向的儿童；中大班儿童人数略多，在采用“双马蹄形”又需要教师靠近时，可将两侧儿童的坐椅转成斜对教师，或转成三面都向内侧，以便教师更好地与儿童进行体态和目光的交流，避免“马蹄形”外口处儿童扭过头来观察教师的指挥。

（二）形成打击乐器演奏的常规

由于打击乐器本身的新奇性和乐器可以发出响声等特性，打击乐器活动最难以保证的就是保持良好秩序的活动，因此，为打击乐器演奏活动建立必要的常规也就显得特别重要。集体打击乐器演奏活动的常规一般有以下几点：

1. 打击乐器活动开始和结束的常规

学前儿童打击乐器的取放应听音乐的信号而进行；乐器取出后，不演奏时须将打击乐器放在腿上，不发出声音，眼睛也不看打击乐器；开始演奏前，按指挥者的手势整齐地将乐器拿起，做好准备演奏的姿势。演奏结束后，按指挥者的手势将乐器放回腿上；活动结束后，自己收拾乐器和整理场地。

2. 打击乐器活动进行的常规

学前儿童在演奏时身体要倾向指挥者，眼睛注视指挥者，积极地与指挥者交流；演奏时注意倾听音乐和他人的演奏；演奏时注意力集中，不做与演奏无关的事情；交换乐器时，须先将原来使用的乐器放在座椅上，再迅速无声地找到新的座位，拿起新乐器，坐下后马上把新乐器放在腿上，做好演奏准备。交换过程中不与他人或场内的座椅相互碰撞。

（三）选择适宜的节奏练习速度

选择适宜的节奏练习速度也是确保节奏乐活动有效开展的一个重要方面。一般情况下，教师应该首先用自己哼唱的曲调来跟随儿童的速度，即教师用眼睛看着儿童，调整自己的哼唱速度直至儿童的动作显示出比较自如的状态为止；待儿童的演奏逐步熟练后，教师应及时改换成弹琴伴奏，并稍稍加快速度以使儿童对练习产生新的欲望；待儿童相当熟练时，教师还应将伴奏改换成录音播放的乐队的音响，这时速度可能会更快一点，教师应事先向儿童说明，以激发儿童挑战新情境的信心，而且乐队演奏的音响效果比较丰富，可进一步激发他们参与演奏的热情。

（四）激发幼儿自制乐器的兴趣

萨蒂斯·科尔曼的“儿童创造性音乐”教学以培养儿童的自我创造能力为宗旨，通过最基本的音乐体验活动，培养儿童全面地参与音乐活动的能力，扩展其艺术欣赏的深度和广度，以达到音乐对人的培养的最终目的。

科尔曼认为体验是儿童学习音乐第一位重要的。她认为敲打物体探究声音的这种行为是所有儿童最基本的音乐本能和冲动。因此，他十分重视让儿童从制作简单的乐器入门，来体验音乐的发展并自由表达出自己对音乐的感受。儿童周围生活中最熟悉的物品，比如杯子、餐具、奶粉罐等都可以是儿童制作乐器的自然材料。儿童以自己的小手作为工具，通过简单的制作步骤，制作出适合于自身的小乐器，更容易帮助儿童自由地表达自我感受，同时，在制作过程中，从选材到乐器构造，会不断刺激甚至唤醒儿童的探索热情。当儿童完成自己的一件乐器作品时，不仅会带来很大的成就感和满足感，他们更会将这种喜悦之情融进接下去的演奏中，这样“做中学”不仅将乐器制作与音乐技能、声学原理以及手工艺术相结合，也会不断渗透不同民族乐器的发展史以及世界地理和自然资源的学习。

（五）充分利用即兴表演进行节奏感的训练

每一位儿童都具有与生俱来的身体协调配合动作，用儿童身体的自然感受来培养儿童的节奏感，是发展幼儿音乐能力的最佳自然起始点。一味地在成人地带动下模仿表现音乐的节奏，往往会局限、误导儿童对音乐本身的感受和表现，致使儿童肌肉僵硬、内心紧张，甚至阻碍他们音乐能力的发展。

因此，应让儿童即兴表演，启发儿童用自己的肢体和自己制作的乐器，用最简单的节奏和最基本的动作形式来适应与感知、反映与表现音乐，并从中初步体验到创作的快乐。起初采用最简单的以节奏性的体验来感觉运动的训练，从中能使儿童得到最明确的节奏感受；继而再加入一些原始性的初级舞蹈以及结合日常生活进行的节奏训练。

（六）重视多种感官的体验与创作

现代幼儿教育专家张雪门指出教师要给儿童更多的自己体验、自我展示和自由创作的机会。不应追求形式上的成绩，反对勉强儿童机械地模仿。他指出，教学中应首先引发儿童对音乐做出反应的内部需要，激起儿童学习音乐的主动性；不仅要安排聆听音乐作品的机会，也要安排倾听自然和生活中声音的各种机会，以培养儿童听觉的敏感性；在欣赏和辨认音乐性质的活动中，可以向儿童提供两种以上的不同视觉形象使之与音乐相对照。

（七）创造愉快、轻松的演奏氛围

愉快、轻松、舒适的演奏氛围是保证节奏乐活动有效展开的另一个重要条件，教师在组织指导演奏练习时还应该注意以下几点：

首先教师自身要保持愉快、轻松的状态，要做到这一点，教师必须对活动的材料、程序以及可能发生的突发性问题的处理策略做到“成竹在胸”；当儿童在学习过程中出现注意力不集中或过度兴奋时，教师不要指责，而应设法激励或安抚；教师应注意用目光扫视法，将自己的愉快心情不断地传递给全体儿童，并注意用目光的短暂停顿与有特殊需要的儿童进行特殊的“对话”。使用目光可以在不中断指挥、演奏的过程中给儿童各种支持，这种指导方式在完整的演奏练习中显得尤为重要。

（八）引导儿童倾听声部指尖的相互关系，培养相互倾听、相互配合、协调一致的良好习惯

要做到心情、动作、乐器、音响的表达相一致，需要熟练地掌握演奏乐器的有关技巧。为此，教师应仔细研究怎样才能做到心手一致，研究克服儿童技能掌握障碍的各种有效策略。技能教学的效益提高了，儿童才能更快地在新的学习中进入“表现”的状态。另外，教师应该引导儿童注意倾听、配合其他声部，注意倾听整体音响效果，持之以恒地发展儿童相互关注、相互配合的良好习惯。

第三节　节奏乐活动案例分析

声势节奏活动案例

节奏乐活动：声音不吵架（小班）

活动目标：

1. 愿意愉快大胆地用肢体和声音进行演奏。
2. 熟悉歌曲旋律，掌握 | ×× × | 和 | ×××× × | 的节奏。
3. 能初步掌握分角色演奏。

活动准备：

1. 知识经验准备：已经会唱歌曲《声音不吵架》。
2. 物质材料准备：课件或图片，节奏型图谱，粘贴式声势节奏图谱。
3. 环境创设准备：幼儿座椅摆成马蹄形。

活动过程：

1. 动物叫声比赛，启发幼儿学习并掌握各种小动物的叫声。

(1) 教师播放鸭子课件或出示鸭子的图片，学习鸭子的叫声。

启发：第一个上台表演的是小鸭子，我们来听听它是怎么唱的？(嘎嘎嘎)

(2) 同上方式学习小鸡、小猫、青蛙的叫声。

(此环节以图片导入的方式，帮助幼儿巩固复习四种小动物的叫声，为活动的主题做了很好的铺垫和充分的准备。)

2. 全体幼儿复习演唱歌曲《声音不吵架》。

(该活动的知识经验准备是幼儿已经会唱歌曲《声音不吵架》，此环节能帮助幼儿对歌曲的旋律和节奏更加熟悉地掌握。)

3. 讨论，学习唱歌、演奏的正确方法，辨别音色优劣。

(1) 请四名幼儿分别扮演小鸭、小鸡、小猫和青蛙，大家同时开始唱。

讨论：咦！这次他们唱得好听吗？为什么？(像吵架)

(2) 小结：大家一起唱声音像吵架，一个一个轮流地唱才能听得清，平时唱歌和说话也是这样，一个一个轮流来，才能听得清。

(该环节采用让幼儿亲身体验，自己学会辨别音色优劣的方法，而改变以往单一的教师提出要求的方式，十分尊重幼儿的尝试需要，让幼儿自己发现问题和解决问题，其印象会更加深刻。)

4. 学习节奏型 | ×× × | 和 | ×××× × |，请幼儿根据节奏谱的不同节奏学习小动物的不同叫法。

5. 完整合作表演歌曲，幼儿尝试用亲吻和弹舌动作表现出不同的节奏型。

(1) 师幼共同表演：教师唱前两句，幼儿用亲吻表现出| ×× ×| （鸭、猫的叫声）；用弹舌表现出| ×××× ×| （鸡、青蛙的叫声）；最后两句师幼合唱。

(2) 分组分句共同表演。

(亲吻和弹舌这两种声势动作，是幼儿十分喜欢的动作，用幼儿喜闻乐见的动作表现节奏，幼儿会产生极大的学习兴趣，另外教师与幼儿共同参与表演，也营造了和谐、平等的师幼互动氛围。)

6. 鼓励幼儿尝试用其他身体动作表现这两种节奏，自制声势节奏图谱。

(1) 幼儿讨论用身体动作演奏不同的两种节奏，教师协助粘贴图谱。

(2) 分配角色，尝试合作演奏歌曲。

(自制图谱环节，在幼儿对歌曲旋律和节奏熟练掌握的基础上，增加了幼儿的新鲜感和挑战欲望，让幼儿体验自己做主的成就感。)

7. 欣赏《摇篮曲》，小动物各自回家休息，结束活动。

声音不吵架

1=C 2/4

5 5 | 6 3 5 | × × × | × × × |

小 鸭 呷 呷 叫，呷 呷 呷 呷 呷 呷；

5 5 | 6 3 5 | × × × × × | × × × × × |

小 鸡 叽 叽 叫，叽 叽 叽 叽 叫 叽 叽 叽 叽 叫；

5 5 | 6 3 5 | × × × | × × × |

小 猫 喵 喵 叫，喵 喵 喵 喵 喵 喵；

5 5 | 6 3 5 | × × × × × | × × × × × |

青 蛙 呱 呱 叫，呱 呱 呱 呱 叫 呱 呱 呱 呱 叫；

1 1 | 1 3 5 | 6 5 3 1 | 2 — |

大 家 一 起 唱，声音 像 吵 架；

2 3 5 | 6 3 5 | 2 5 3 2 | 1 — ‖

一 个 一 个 唱 才 能 听 得 清

已配器打击乐活动案例

打击乐演奏活动：送我一枝玫瑰花（大班）

活动目标：

1. 感受新疆民乐欢快、热情的风格。

2. 能根据乐曲的性质，看图表现动作谱，初步学习配器的方法并尝试演奏。

3. 喜欢参与打击乐活动，体验和同伴共同演奏的快乐。

活动准备：

1. 知识经验准备：已欣赏过音乐，学习过新疆舞蹈。

2. 物质材料准备：乐器（铃鼓、碰铃、圆舞板、沙锤、大鼓），图谱，音乐《送我一枝玫瑰花》。

3. 环境创设准备：幼儿坐成马蹄形，乐器置放于幼儿小板凳下。

活动过程：

1. 导入，引起兴趣。

（1）幼儿和老师一同跳着新疆舞蹈入场。（在马蹄形的中间场地跳舞）

（2）教师带领幼儿边跳舞边进行指导。

教师："你的样子真漂亮！"

"你的样子真神气！"

"来，围着我跳试一试！"……

（跳完后）教师：和你们一起跳新疆舞真是太开心了！新疆是一个很美的地方，有甜甜的哈密瓜和葡萄，刚才小朋友们真的跳出了新疆甜甜的、美美的感觉。现在请小朋友找一个座位坐下来。

（此环节教师已采取新疆舞蹈入场的形式，向幼儿介绍新疆的特产，为幼儿营造了新疆音乐的氛围。）

2. 欣赏音乐，感受音乐的风格、结构。

（1）幼儿在座位上坐好后，教师播放音乐，幼儿欣赏。

提出欣赏要求：上次老师请小朋友欣赏了一首新疆的音乐《送我一枝玫瑰花》，现在我再请大家欣赏一次，小朋友们听完后告诉大家你听音乐时想到了什么？好像看到了什么呢？

（播放音乐）幼儿专注地倾听音乐。

（2）引发讨论：谁来说一说你听音乐时想到了什么？好像看到了什么呢？

（3）启发思考：音乐里有不一样的地方吗？

教师：你说的是这一段吗？（老师播放 B 段音乐）

（此环节让幼儿欣赏了音乐，再次感受音乐的 ABA 段式结构。）

3. 播放音乐，幼儿用动作表现。

鼓励动作：中间这一段的音乐听上去更优美，现在我们完整地听一遍音乐，大家可以根据音乐的变化做拍手和抖手的动作。

教师播放音乐，并带领幼儿用拍手表演 A 段，抖手表演 B 段。

(此环节让幼儿用动作表现音乐的变化。)

4. 出示动作谱，教师和幼儿一起熟悉动作谱上的符号。

(1) 出示动作谱：刚才大家随音乐表现得非常棒，现在我这里有一张神奇的图，可以帮助我们更好地随音乐表现。

(2) 介绍动作谱：这个小手代表什么意思？(拍手)
这个符号是做什么动作呢？(拍肩) ……

(3) 老师来唱谱，大家试着看图来做动作。

(此环节让幼儿初步熟悉动作谱。)

5. 学习新疆音乐的节奏难点部分 (×·× ××)。

学习难点：大家做得真不错，你们记得吗？上次我们在学习新疆舞和欣赏新疆音乐的时候，小朋友们发现这个节奏很有新疆的音乐特点 (×·× ××)，那我们怎样才能拍出这种新疆的感觉呢？

(和幼儿一起小结) 第一拍要重一点长一点，第二拍小手像弹簧一样轻轻地弹一下，最后两个小手再轻轻地拍一拍。我们一起来试一试！

鼓励创作：小朋友们，还有什么动作能够表现这节奏呢？ (手腿腿腿、手头头头……)

除了用动作表现，还可以用小嘴巴发出这个节奏的声音，谁来试一试？ (扑吡吡吡、哗啦啦啦、咚啪啪啪、噼里啪啦、齐呛跄跄……)

你们知道吗？新疆的小朋友在拍这句节奏型的时候他们的样子是很可爱、很俏皮的，谁来用俏皮的样子拍着试一试？(请一名幼儿表现)

我们一起来学一学！真棒，现在你们更像新疆的小朋友了！

(此环节重点突破新疆音乐的难点部分，用动作、语音等方式巩固学习。)

6. 幼儿看着图谱完整地随音乐表现动作。

教师：现在我们随着音乐看着图做动作吧，注意表现出音乐的变化哦！

7. 尝试着选择乐器为音乐伴奏。

(1) 复习乐器朋友。

介绍乐器：今天我还想请你们像新疆小朋友一样拿着乐器随音乐演奏，你们看，我为你们准备了不同的乐器，看看它们是谁呀？

教师出示四种乐器，幼儿说出乐器的名称。

(2) 感受乐器的音色。

(介绍完后) 我们以前也学习过配器，那我想来考考你们了，碰铃的声音听起来是什么样的感觉？(是轻巧的，最清脆的，能表现出很活泼的感觉。)

响板呢？(很干脆，能表现很可爱的感觉。)

沙锤呢？(是有磁性的声音，也可以表现出连贯活泼的感觉。)

那铃鼓呢？(咚咚咚的声音听起来很热闹，摇起来很流畅、很连贯的感觉。)

8. 出示乐器谱，请幼儿为歌曲演奏。

(1) 启发：这段听起来很有新疆特色的音乐用什么乐器来表现呢？(铃鼓)

你们觉得图中拍手的地方用什么乐器比较合适呢？(铃鼓)

那拍腿的地方呢？(碰铃)

(B段) 那接下来这个听起来流畅的音乐呢？我们还是用铃鼓（沙锤）都来试试，比一比！

最后这一句怎样用乐器表现出热闹的感觉呢？(幼儿：一起演奏)

(此环节初步尝试配器)

(2) 教师唱谱，幼儿徒手演奏。

鼓励演奏：现在老师来哼唱乐曲，大家看一看自己小房子（板凳下）里的乐器，我们试着来徒手演奏。

(3) 指挥多声部乐器演奏。

提出要求：小朋友们演奏得很不错，有些小朋友的眼睛一直看着老师的指挥。现在我们的小乐器要和音乐一起演奏了！小乐器准备了！

小结：真好听！现在小朋友们不仅能够跟着音乐的节奏来演奏了，有的小朋友演奏的时候表情和样子还很像新疆小朋友呢，你们看（找一个很像新疆小朋友的孩子表演一下）我们一起来学一学他的样子。

(此环节尝试全体配合演奏乐器)

9. 收拾整理乐器，结束活动

总结：下一次我们还可以请出新的乐器朋友（大鼓）让它和我们一起演奏，而且小朋友还可以交换乐器演奏哦！现在我们把小乐器送回家吧！(幼儿共同收拾乐器)

(此环节培养幼儿取放乐器的习惯)

未配器打击乐活动案例

音乐活动：小乐器捉迷藏（中班）

设计意图：

当孩子们喜欢边玩边哼小调时；当孩子们不断重复敲击侧耳倾听敲击时；当孩子们一听到节奏明快、活泼的音乐就手舞足蹈、摇头晃脑起来，脸上的表情就丰富起来，我们知道孩子们是喜欢音乐的，对音乐是好奇的。中班上学期的操作体验材料中为孩子们配备了小乐器，色彩鲜艳、造型有趣的铃鼓和小沙锤一下子就吸引了孩子们，孩子们都迫不及待地玩弄着这个新鲜的玩意，在敲敲打打中体验着快乐。为了满足孩子们的好奇心和求知欲，我们设计了和小乐器捉迷藏的活动，让孩子们在“听”“辨”“玩”、“奏”等有趣环节中不断获得新的音乐经验，也使孩子们对打击乐器的音色有进一步的了解和兴趣，为打击乐活动奠定基础。

活动目标：

1. 乐意尝试用小乐器进行游戏和演奏活动。

2. 通过感知对比，尝试听辨四种乐器的声音，并在游戏和演奏活动中正确运用。

3. 能看懂图谱，迅速分辨不同乐器的声音，并运用所听出的乐器进行演奏。

活动准备：

1. 知识经验准备。

(1) 认识铃鼓、沙锤、响板、碰铃四种乐器，能说出它们的名称。

(2) 熟悉乐曲《郊游》。

2. 物质材料准备。

(1) 铃鼓、沙锤、响板、碰铃四种乐器若干。

(2) 音乐播放器、帷幕、四种乐器图样标记。

(3) 乐曲《玩具兵进行曲》，乐曲《郊游》演奏图谱。

3. 环境创设准备：地面用彩色粘贴布置成田字格状，分别贴上标记。

活动过程：

1. 听辨游戏导入，复习乐器名称。

(1) 以与藏在帘子后面的小乐曲做游戏的形式激发幼儿听辨的兴趣。

(2) 教师分别敲击乐器，幼儿进行听辨，并说出乐器的名称。

2. 听辨乐器声音，与小乐器做游戏。

(1) 请幼儿自由选择一种自己喜欢的乐器，与小乐器交朋友。

(2) 教师在幕后敲击某种乐器，请幼儿辨别，判断后站在贴有它标记的家中。

(3) 听辨过程中让幼儿自由交换手中的乐器，感受每种乐器的音色和表现形式。

★先后敲击某一种乐器。

★同时敲击某两种乐器。

★同时敲击某三种乐器（根据幼儿接受情况而定）。

（此环节借助想象情节帮助幼儿理解音色，师幼共同做游戏，细心观察幼儿在活动中的表情、感觉等，建立了一种和谐的师幼关系，让幼儿在和谐的气氛中，各种机能均能得到发展。）

3. 在音乐背景下，听辨乐器并随着音乐旋律敲击乐器。

(1) 听音乐《玩具兵进行曲》，教师先后敲击不同乐器，幼儿听到哪种乐器的声音就演奏相同的乐器。

(2) 不停变换敲击乐器的种类，逐步加大听辨的难度。

★在音乐的伴奏下，教师同时敲击两种不同的乐器。

★在音乐的伴奏下，教师同时敲击两种声音相似的乐器。

★在音乐背景下，轮换敲击和同时敲击乐器。

（此环节注重在乐器合奏中培养幼儿的合作能力。合作能力是在共同完成一件事中所表达出来的行为及心理，合作能力是一个人的综合能力的反映，在幼儿园教学中，有许多可利用的点进行幼儿合作意识与能动的培养。打击乐活动就是一种很好的途径。本活动中，经过多次反复训练，幼儿看着老师的指挥，用自己手中的乐器演奏自己需要演奏的部分音乐，这需要幼儿高度地集中精力，互相合作，共同完成旋律的乐器配奏，共同享受成功的喜悦。同时使得幼儿懂得一个道理，只有共同合作才能做好每一件事。)

4. 看图谱，合奏乐器。

(1) 看图谱，请幼儿根据图谱上的标记为乐曲《郊游》配伴奏。

(2) 进行打击乐表演。

(3) 在演奏打击乐《郊游》中，引导幼儿理解和听指挥进行演奏，注意休止符。

(该活动中灵活地运用了多种通过听觉、视觉、运动觉同步开放的方式以及用各种打击乐器等让幼儿体验和感受乐器的变化，活动设计新颖，环节清晰，层层深入，并且由始至终以游戏贯穿，通过游戏及各种手段，鼓励幼儿把自己的体验表达出来，让幼儿亲自到音乐活动中去获取表达、交流和创造的经验，给幼儿充分体验、充分感受、充分表达、充分表现的机会，在活动中幼儿的兴趣被极大地调动了起来。)

活动延伸：

1. 继续接触有关符号、节奏、音符的游戏活动。
2. 投放多种打击乐器，鼓励幼儿利用各种乐器进行演奏活动。

(武汉常青阳光幼儿园　毛瑞萍)

思考与练习

1. 请任选一首歌曲，分析其节奏型，写出配器方案。
2. 请设计一幅身势节奏图谱。
3. 请设计一幅配器式打击乐节奏图谱。
4. 请设计一份打击乐活动教学方案。

第五章　音乐欣赏活动指导

本章摘要

本章着眼于介绍幼儿园音乐欣赏活动的设计思路与指导策略，在分析幼儿园音乐欣赏活动基本内容、类型、选材及基本要求等的基础上，对幼儿在音乐欣赏活动中所需掌握的基本知识技能进行了详尽的阐述，并结合案例详细介绍了幼儿园音乐欣赏活动的基本环节、程序变式及具体的指导策略，旨在引导学生对幼儿园音乐欣赏活动的组织实施有一个较为系统而全面的认识。

学习目标

1. 明确音乐欣赏活动的含义和价值，理解音乐欣赏活动中幼儿所需掌握的基本知识技能。
2. 了解幼儿园音乐欣赏活动的内容、类型、要求及欣赏游戏的创编方法。
3. 初步掌握幼儿园音乐欣赏活动的设计思路与指导要点。

第一节　音乐欣赏活动概述

学前儿童从小喜欢欣赏音乐，教师应鼓励他们通过听觉通道静静地倾听、认真地回味与思考，尝试在欣赏的过程中想象音乐作品所表现的音乐形象，同时，鼓励他们运用听、想、讲、画、跳等多重感官通道，表达自己的独特见解，在欣赏的基础上运用语言、笔和肢体动作将音乐自由地表现出来，从而真正感受和理解音乐。

幼儿园音乐欣赏活动可以有效地将学前儿童的发展视作一个整体发展的过程，使其在音乐欣赏活动中将音乐经验与其他文学经验、绘画经验结合起来，使这些经验相互影响，使音乐欣赏活动促进学前儿童的创造性思维、社会性情感、自信心、自我认知能力、独立性、自我调控能力、合作交往意识及能力等各方面能力的均衡发展。

学前儿童在幼儿园音乐欣赏活动中，萌发审美情趣，乐意参与欣赏活动并感受到愉快的情绪；能听辨出各种不同性质的音乐，发展感受、理解音乐的能力；通过自己对音乐作品的理解和想象，创造性地运用各种形式对音乐加以充分表现，提升感受美、表现美和创造美的能力，树立对音乐的探索和参与意识，继而提升全面素质。

一、音乐欣赏活动的基本知识与技能

音乐欣赏活动可以说是一种视听审美的过程，学前儿童通过各种感官通路感知音乐符号及形象，产生审美判断，引起情感共鸣。这种美感具有直觉性和个体差异性。因此对于教育引导者来说，就需要接纳各种感性表现，与此同时还要提炼音乐知识，帮助学前儿童积累音乐学习的经验，促进学前儿童审美心理结构的建立。

音乐欣赏是幼儿园音乐教学内容中一个重要的组成部分，同时在歌唱、音乐游戏、舞蹈、律动等音乐教学过程中，都包含欣赏的因素。心理学感知觉研究指出：音乐感知活动不仅是一种听觉感知活动，更是一种多感知通道协同工作的感知活动。并且从音乐心理学的角度分析，不同的群体、同一群体的不同个体在不同环境条件下，对同一音乐所做的情感回应和行为反应都是不一样的。但从音乐教育教学的角度来讲，音乐欣赏应该是建立在一定的音乐知识获得的基础上的。因此，在音乐欣赏活动的组织设计过程中，我们不仅要满足学前儿童对音乐审美的感性需求，还需要关注学前儿童结果性经验的获得，让学前儿童在听音乐的过程中感受音乐表现的形式、音乐作品的结构以及音乐作品的内涵意境等。

（一）音乐作品的结构分析

说起音乐结构，许多教师可能会想到段式，一般也会走向固定的乐段分析的模式。其实，音乐的结构有着从表层的“外结构”到深层的“内结构”六个不同层次。从不同层面观察，其结果自然亦不同。正如从同一层面的各个不同角度观察也能得出迥然不同的结果一样。这六个层面依次为：情节结构，组织结构，音响结构，过程结构，思维结构，心理结构。但在幼儿园我们通常会从情节结构和曲式模式两种方式来进行音乐结构分析。

（1）情节结构。这种音乐作品是运用可用语言表述的情节过程作为其音乐结构的基础。音乐的过程成为“说故事”的过程。在中国，最出名的是小提琴协奏曲《梁山伯与祝英台》，这首乐曲将戏曲舞台上的“明媚春光—三载同窗—萌生爱情—十八相送—员外逼婚—英台抗婚—文彩抢婚—楼台幽会—愤而跳坟—双双化蝶”完整地安进了器乐协奏曲的框架，乐曲的结构与情节的发展相符。

（2）曲式模式。所谓曲式，就是从乐曲的整体结构来看，可能划分的各种层次上的基本部分。根据音乐作品主题结构重复变化规则的不同，曲式的整体结构可以分为如“AB”制的“二部曲式”、“ABA”制的“三部曲式”、“ABACA”制的“回旋曲式”，以及“主题—连接—副题—小结尾”和“呈示—展开—再现”为特征的“奏鸣曲式”。

当然，“奏鸣曲式”也是一种特定的“ABA”制结构。

（二）音乐作品的风格分析

音乐风格指的是各种音乐要素——旋律、节奏、音色、力度、和声、肢体、曲式等富有个性的结合方式。每一个音乐作品都有其独特的音乐风格，它们是各个作曲家运用同样的音乐语言形成的个性化的表现方式。不同的历史时期、不同的民族背景产生了不同的音乐风格。例如，发人深省并且长期流行的古典音乐；欧洲音乐史上另一个时代的注重情感和内容的表达、打破古典主义音乐时期形式的束缚的浪漫主义音乐；曲式结构简单，多为歌谣体的乡村音乐；节奏特色明显，以英美传统音乐为基础，混合了布鲁斯、拉格泰姆及其他音乐类型的爵士乐等。

（三）音乐的节拍分析

音乐节拍是指强拍和弱拍的组合规律，具体是指在乐谱中每一小节的音符总长度，常见的有2/4拍、3/4拍、4/4拍、6/8拍，每小节的长度是固定的。一首乐曲的节拍是作曲时就固定的，不会改变。

（1）2/4拍。2/4拍是4分音符为一拍，每小节2拍，可以有2个4分音符：强、弱。2/4拍的特点是节奏强弱交替，快速时多表现欢快的场面。

（2）3/4拍。3/4拍是4分音符为一拍，每小节3拍，可以有3个4分音符：强、弱、弱。3/4拍多数是圆舞曲形式。

（3）4/4拍。4/4拍是4分音符为一拍，每小节4拍，可以有4个4分音符：强、弱、次强、弱。4/4拍是2/4拍的复合而把第二个重拍淡化，从而使歌曲更富有抒情性。

（4）6/8拍。6/8拍是8分音符为一拍，每小节6拍，可以有6个8分音符：强、弱、弱；次强、弱、弱。在实际记谱中，有的拍子也用记号来标记，如4/4拍用C来标记，2/4拍用CC来标记等。

（5）单拍子和复拍子。每小节只有一个强拍的称为“单拍子”。所有的二拍子和三拍子都属于这一类，如2/2（强—弱）、2/4（强—弱）、3/4（强—弱—弱）、3/8（强—弱—弱）等。如果一小节中包含两个以上同种类的单拍子，出现两个以上的重音，就称为“复合拍子”或“复拍子”。这时，小节线后面的那一拍当然是重音，仍然叫作强拍，第二个重音位置在力度上稍弱一些，称为“次强拍”。最常见的复拍子是4/4（2/4+2/4），其节奏感觉是强—弱—次强—弱；余者如6/8（3/8+3/8）是强—弱—弱—次强—弱—弱，6/4（3/4+3/4）亦为强—弱—弱—次强—弱—弱。复拍子中还有九拍子和十二拍子。值得注意的是，除了四拍子（如4/4）之外，复拍子的重音位置都是以三拍子为基础的，即每隔两个弱拍出现一个强拍。

（6）节拍手势图示。在幼儿园，我们音乐节拍的学习往往会伴随着动作手势，通过手势来强化学前儿童节拍把握的准确性。如下图所示：

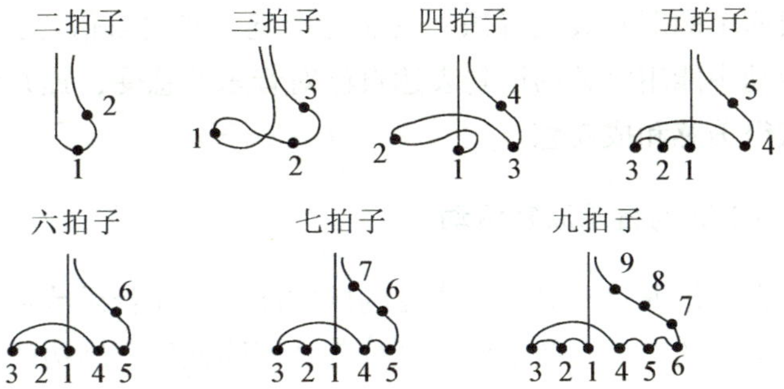

二、音乐欣赏活动的类型与要求

音乐欣赏活动能使学前儿童接触更多优秀的音乐作品，开阔他们的眼界，丰富他们的音乐经验，提升他们的审美能力。幼儿园的音乐欣赏活动主要有乐曲欣赏活动、舞台剧目欣赏活动、戏曲欣赏活动和民间表演欣赏活动。在幼儿园阶段，我们希望学前儿童能喜欢参与音乐欣赏活动，体验并享受音乐欣赏过程中的快乐，能初步理解音乐作品中基本的表现手段，并能初步学习运用语言、美术、韵律动作等各种艺术表现手段来表达自己对音乐作品的想象和情感体验。

3~6 岁学前儿童在每一个不同的年龄阶段所表现出来的音乐能力的发展是惊人的。从音乐心理学的角度来分析，3~4 岁幼儿能感知旋律轮廓；4~5 岁幼儿能辨识音高、音区，能重复简单的节奏；5~6 岁幼儿能理解、分辨响亮之声与柔和之声，并能从一些简单的旋律或节奏模式中辨认出相同的部分。从音乐教育学的角度来看，教师要引导 3~4 岁幼儿乐于参与集体的音乐欣赏活动，学习听辨和区分周围生活中各种音色、力度、速度等较明显的声音变化，能产生一定的外部动作反应。4~5 岁幼儿喜欢倾听周围生活中的各种声音，并能用嗓音和动作表现等方式进行创造性的表达，能初步辨别进行曲、舞曲、摇篮曲等不同风格音乐的基本性质，初步学习运用不同的艺术表演形式（如文学、美术、韵律动作等）来表达对音乐的感受和理解；5~6 岁的幼儿喜欢积极尝试用自己的体态、嗓音和动作表达参与音乐欣赏活动，在丰富和加深对进行曲、舞曲、摇篮曲等不同风格、性质乐曲理解的基础上，能够形成正确的音乐表象和区分，能用多种方式（如文学、美术、韵律动作等）创造性地表达自己对音乐作品的感觉和理解。

（一）注重兴趣培养的音乐欣赏活动

活动目标重点在于培养幼儿对音乐作品的欣赏兴趣，在音乐欣赏活动的过程中注重幼儿爱听、爱想、爱动、爱说能力的提高，能初步区分不同性质的音乐并想象简单的音乐形象。

所谓“爱听”，是幼儿有兴趣地乐于倾听声响、音响、歌曲和乐曲等，关注幼儿的注意力和听辨能力；所谓“爱想”，是幼儿对欣赏的音乐作品内容进行简单的思维、想象过程，关注幼儿的记忆力、思维能力和想象力；所谓“爱动”，是幼儿在音乐欣赏过程中用肢体动作或简单的图画表现音乐，发展运动觉，树立自信心；所谓“爱说”，是幼儿在音乐欣赏活动中能用完整的语句表达自己对音乐的感受，提升创造性思维和口语表达能力，初步获得美感和成就感。

（二）注重能力培养的音乐欣赏活动

活动目标重点在于培养幼儿对音乐作品的欣赏能力，在音乐欣赏活动中培养幼儿会听、会想、会动、会说的能力，使他们能区分各种不同性质、结构的音乐，并能运用多种形式对音乐形象加以充分的表现。

所谓“会听”，是幼儿乐意参加音乐欣赏活动，有良好的倾听习惯，能集中注意力，具备一定的听辨能力，能安安静静地倾听音乐作品；所谓“会想”，是激发幼儿的想象力和创造性思维，会根据欣赏的各种音乐作品进行思维的拓展性想象，并有自己对音乐作品的独特见解；所谓“会动”，是鼓励幼儿大胆自信地表现出自己的感受，会根据不同的音乐形象，用肢体动作、图画、打击乐等多种表现形式把想象的内容表达出来，发展其操作能力、运动感觉及合作能力；所谓“会说”，是幼儿会根据不同性质的乐曲，创造性地运用完整、连贯的语句等表达出自己的感受，发展其口语表达能力。

三、音乐欣赏活动内容的选择

心理学家运用生态文化模式去研究皮亚杰的儿童认知发展理论，发现文化背景不同会影响其认知发展速度、能力发展与操作水平的程度。音乐作为一种文化现象，不了解孕育这种音乐的社会和文化背景，就难以真正掌握其本质的特点；不了解不同文化音乐传统的行为、心理特征，就无法进行该音乐传统的音乐教育活动。尤其在音乐欣赏活动中，任何一个音乐作品的选择都是一种文化的传承。因此我们在选材时应考虑以下几点：

（一）音乐作品对幼儿的可感性、可接纳性

对于幼儿来说，音乐作品外在的表现方式往往比其内在的含义更具有吸引力。因此，音乐作品在形式上特点是否鲜明突出、结构是否规整、长度是否适宜、可参与性是否强等都作为重要的条件。

（二）关注音乐作品内容的丰富性、多元性

音乐作品是文化的体现，也是幼儿感受经典、积累经验的重要手段。因此在进行题材选择时，还要关注世界经典音乐及我国丰富多样的民族民间音乐素材的传统作品的综合选择。

（三）关注音乐作品本身的艺术性、审美性

艺术来源于生活，幼儿的艺术视角一定离不开生活经验的迁移和升华。艺术审美与

本体感知的交汇才能真正提升幼儿的审美情趣。

四、音乐欣赏游戏的创编

游戏是幼儿的基本活动形式。在幼儿园音乐欣赏活动中，我们也可以通过游戏的方式来培养幼儿的听力、感受能力、审美能力和表达能力。

例如一个通过游戏进行幼儿内心听觉和感受力训练的练习。老师选择一首幼儿已经熟悉的乐曲，说明游戏的规则：在乐曲播放过程中，老师给出一个信号，如用红色卡片和绿色卡片。出现红色卡片时，幼儿停止任何声音和动作，内心跟随音乐打节奏；出现绿色卡片时，幼儿用动作进行节拍表现。在这个游戏过程中需要幼儿有均匀的节拍感、稳定的速度和音高保持等多种内心感觉。

例如一个绘画形式的音乐欣赏游戏的创编。在管弦乐曲《野蜂飞舞》中，教师用线条来记录野蜂振翅疾飞的情景，老师引导幼儿边欣赏边用线条绘画记录第一个乐段，为幼儿做了一定的经验铺垫，后面如何呈现？教师引导幼儿在认真聆听后面乐曲内容情节发展后再用自己觉得合适的方法进行呈现。在这个过程中，声音的高低、强弱，旋律情节中表达的轻快、急促、跳跃、兴奋等一定是建立在幼儿充分感知理解后的表达表现，可以是动作的挥舞，可以是声音的表现，也可以和老师一样用线条来记录。在这个游戏中我们强调的就是感受和表达能力的培养。

但在音乐欣赏游戏活动中，笔者认为它更像是一个手段性游戏，而不是本体性游戏，只是借助游戏这种手段帮助幼儿积累更多的音乐经验，因此，在音乐欣赏游戏的引导中，我们一定要关注形式方法中蕴涵一定的音乐知识技能，两者有机地结合，才能体现游戏的趣味性和音乐欣赏学习的艺术性。如在中班音乐欣赏作品《小鸡出壳》中，幼儿模仿跟随鸡妈妈散步游戏的小鸡，在听到音乐中的跳音时要双脚跳起，再自由行走。对于参与中的幼儿来讲，它是一个情境游戏。但对于老师来讲，本次活动的音乐知识是跳音的感知学习，幼儿积累了感性经验，而学习的方法就隐含在游戏当中。①

第二节　音乐欣赏活动设计思路与指导要点

一、音乐欣赏活动的设计思路

音乐欣赏教学活动就是教育者提供一个符合幼儿审美情趣、对幼儿发展有促进作用的音乐作品，用合适的方法介绍给幼儿，引导幼儿与之“对话”的过程。而教师在设

---

① 李晋瑗. 幼儿音乐教育. 北京：北京师范大学出版社，1998：137-138.

计活动过程时，就要考虑特定的音乐为特定的幼儿提供了哪些合适的参与机会，在诸多感知通道中，除了现在幼儿园常用的听觉通道外，如何激发幼儿辅助通道即运动觉、视觉、语言知觉、运动觉与视觉的结合、运动觉与语言知觉的结合等来感知音乐、表现音乐。

（一）基本环节

音乐欣赏活动实施时必要的基本环节有积累经验—听辨曲式—旋律感应—多种表现—音乐游戏。例如中国民间乐曲《喜洋洋》是中国民族管弦乐曲，由我国民乐大师刘明源先生于1958年创作。乐曲采用两首山西民歌《卖膏药》和《碾糕面》为素材，情绪上欢快跳跃，抒情如歌。A主题取材于山西民歌《卖膏药》，乐曲在热闹的气氛中开始，然后以两个笛子声部的重迭、顿音和加花的手法，轻快活泼，并增加了热情洋溢的气氛。B主题根据另一首山西民歌《碾糕面》改编，保持了原曲舒展的特点，将上下两句发展成起承转合的四句；加上笛子、二胡与板胡以各种技巧润饰旋律，木鱼则以规整的节奏衬托曲调，喜悦的歌声犹闻在耳。

1. 积累经验

在音乐欣赏活动的开场，创设环境给予幼儿各种欣赏音乐的经验是很有必要的，可以欣赏优美的歌声、各种音像制品中适合幼儿的音乐，通过图画、录像、谈话更好地欣赏音乐，或者请幼儿愉快地参与演奏等多种方式积累幼儿欣赏的经验。

2. 听辨曲式

欣赏的前提是认真倾听，因此在导入主题后的第一个环节应该是创设良好的音乐环境让幼儿仔细倾听，专注地进入音乐作品内容当中，初步了解音乐作品的主题情节、节奏旋律，这个时候幼儿对于音乐的理解是表面层次的初步感受。

3. 旋律感应

具体音乐作品的分析了解需要从“旋律感应”中进一步去深入品析，这个环节中对于音乐作品的结构、风格特点、节奏类型、主题情感等需要教师引导幼儿通过各种感官通道多元地进行感知体验，在这之前的环节都是幼儿走进音乐的过程，教师引导幼儿对于音乐作品本身进行感知和理解。例如大班音乐欣赏“喜洋洋”活动过程中的旋律感应环节，首先播放A段音乐并做动作：拿着菜刀做剁馅、擀皮的动作，注意提醒幼儿要跟着节奏做，体现音乐的欢快跳跃；接着播放B段音乐并做动作：B段的1~2小节，把馅放入饺子皮中，第3小节封好口，第4小节放入盘中。这一系列的动作刚好表现一个乐句。包了多少饺子就有多少乐句。饺子包好后，注意提醒幼儿该乐段一共有多少句。表现时要注意动作要稍缓慢，和A段要有对比。

4. 多种表现

与音乐欣赏活动内在的倾听—感受—表达的流程对应，第四个环节就是多种表现——幼儿内化感受后的输出过程了，将体验音乐作品后的情感通过自己的面部表情、肢体动作或其他合适的方式表达出来，这就是幼儿与音乐作品“对话”后的化学反应物的呈现。音乐欣赏活动是一个审美心理建构的过程，从走近音乐作品到走进音乐作品，再走出音乐作品表达体验感受是一个完整的心灵体验过程。例如大班音乐欣赏“喜洋洋”活动的多种表现环节，教师带领幼儿分析音乐的特点，AB 段有什么不同，教师总结；之后完整欣赏音乐：教师带领幼儿完整地跟随音乐表演，教师可提示。A 段第一句，擀皮，第二句，剁馅；B 段一个乐句，包完一只饺子。

5. 音乐游戏

把幼儿体验的感性经验升华成理性经验，需要通过最后一个环节——音乐游戏，把音乐知识信息总结蕴涵在游戏形式中，让幼儿整合地进行体验，享受音乐带来的乐趣。例如大班音乐欣赏“喜洋洋”活动中的游戏环节请幼儿分组分段配合来表演，先分出两大组进行比赛。小组中可让一组幼儿表演 A 段，一组幼儿表演 B 段。提示幼儿注意和音乐衔接及配合。

喜　洋　洋

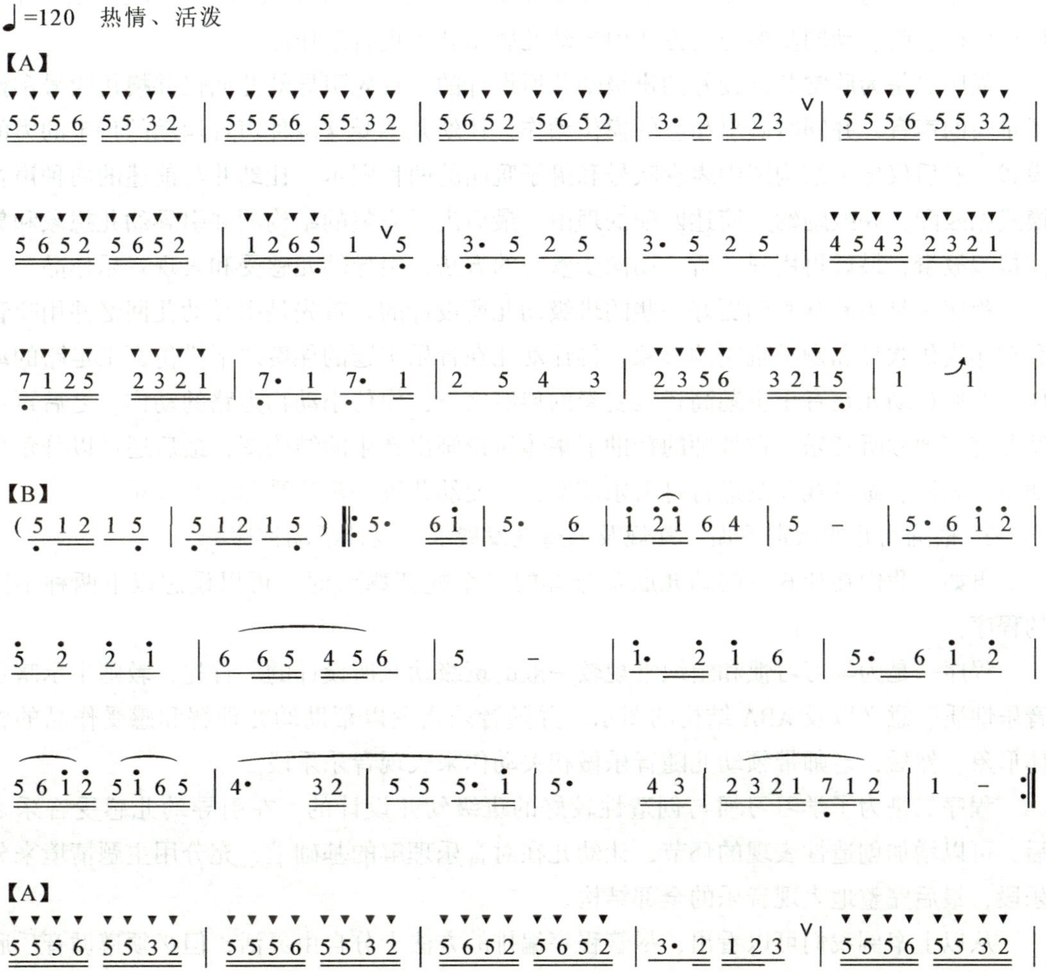

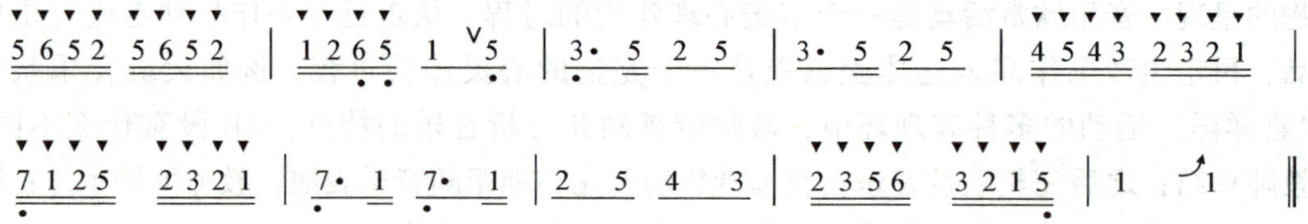

（二）程序变式

幼儿音乐欣赏活动的程序设计不必追求一般能够普遍照搬的模式，在设计过程中，一定要重点考虑幼儿的年龄、能力和作品的难度。

1. 根据幼儿的欣赏水平确定活动程序

例如，我们在让5~6岁幼儿欣赏圣·桑的《狮王进行曲》时，就可以针对幼儿不同的欣赏发展水平设计以下三种不同的程序：

程序一是为欣赏基础较一般的班级幼儿所设计的。首先讲故事，然后出示结构图，最后用视、听、动同步参与的方法引导幼儿感受和表现音乐作品。

程序二是为欣赏基础较好的班级幼儿所设计的。首先引导幼儿回忆并模仿吹号和狮子吼叫的声音，并同时做出相应的模仿动作，让幼儿感受这两种声音运动的特定的力的模式，然后仅出示结构图中表现吹号和狮子吼叫的两种图示，让幼儿与前述的两种声音模式相匹配，并鼓励幼儿简述匹配的理由，最后出示完整的结构图并引导幼儿想象和集体拟编故事，最后再用视、听、动同步参与的方法，引导幼儿感受和表现音乐作品。

程序三是为欣赏基础更好一些的班级幼儿所设计的。首先是引导幼儿回忆并用嗓音和动作模仿吹号和狮子吼叫的形象，再让幼儿在音乐主题的伴奏之下模仿狮王走路的动作，然后让幼儿在音乐主题高音区变奏的伴奏之下，模仿小动物走路的动作，之后再让幼儿完整地倾听音乐，在教师的帮助下集体讨论画出音乐的结构图，最后还可以分角色随音乐表演、做游戏以及进行打击乐演奏，以便幼儿进一步感受和享受音乐。

2. 根据幼儿的欣赏习惯、常规及创造性发展水平设计活动程序

再如，我们在让6岁的幼儿欣赏聂耳的《金蛇狂舞》时，可以设想以下两种不同的程序：

程序一是为学习习惯和组织常规较一般的班级幼儿所设计的。首先，教师出示暗示音乐性质、意义以及ABA结构的图示，并随音乐指图以帮助幼儿理解和感受作品的整体形象。然后，老师带领幼儿随音乐做相关动作来表现音乐乐段。

程序二是为了学习习惯与创造性较好的班级幼儿设计的。在引导幼儿感受音乐之后，可以增加创造性表现的环节，让幼儿在对音乐理解的基础上，充分用主题情境来分乐段，最后完整地表现音乐的全部结构。

从以上案例我们可以看出，尽管程序编排的方法十分自由灵活，但必须遵循音乐欣赏活动的一个基本原则。即每一个环节，每听一次音乐，都必须让幼儿对音乐作品的感

知理解逐步深入基础之上，才能逐步深入程序，从而逐步提高幼儿的参与要求。与此同时，关注幼儿的不同水平，及关注幼儿不同感受与表现需求的满足。①

二、音乐欣赏活动的指导要点

在音乐欣赏活动的指导过程中，很多老师都认为欣赏只是一种以聆听为主要学习的活动，主要通过聆听来帮助幼儿感受、理解音乐。但是，6 岁以前的幼儿的音乐经验很少，他们认识事物、积累经验主要还需要用外部可见的行动参与。因此音乐欣赏活动应该设法调动幼儿的各种感官，提供各种可以利用的活动材料和活动方式，引导幼儿积极地投入到聆听、感觉和享受音乐的过程中去，达到发展欣赏能力、培养欣赏兴趣的目的。

（一）教学过程中的策略建议

1. 鼓励幼儿在听音乐时，按照他们自己的感受、理解、想象做身体动作

教学中要把音乐欣赏作为一种创造性活动来理解，引导幼儿从聆听中引发自己的感受，并且把它们表现出来。在引导过程中我们不一定要求幼儿都能跟着音乐做合拍的动作，但是对于幼儿用随意的身体动作表达音乐带给他们的欢乐和体验的表现状态，我们要鼓励，这是很宝贵的创造性经验的基础。但同时也要注意不能影响自己和他人聆听音乐。

2. 结合歌唱、伴奏参与活动

在幼儿音乐欣赏活动中，我们会发现，有歌词的音乐作品比单纯的旋律容易使幼儿理解和接受。因此，在欣赏一些音乐作品时，例如幼儿熟悉的主题旋律《狮王进行曲》，如果配合歌唱的形式参与欣赏，或者不同的音乐段落设计不同的节奏型，用打击乐器配合固定节奏型进行伴奏，参与欣赏等，都能使幼儿快速走进作品，帮助幼儿理解音乐内容本身。

3. 用图画、符号描绘出对音乐的想象

记录听到了什么，音乐有什么特点，鼓励幼儿用自己喜欢的色彩、线条、图形、符号等表达他们对音乐的感受，有助于幼儿发挥想象，调动多种感官参与欣赏音乐。在听觉、视觉不同感官和艺术形式之间建立联系，也是一种即兴创造活动。

4. 配合音乐做即兴的、带有简单情节的喜剧表演

每一个音乐作品都是一个或完整或片段的故事。音乐欣赏的核心策略就是帮助幼儿通过了解这个“故事”本身，去获得一些音乐感受与音乐经验。因此，幼儿听了一段音乐之后，我们还可以启发、鼓励幼儿发挥想象，编个故事表演出来，这也是一种具有创造性的参与形式。

---

① 许卓娅. 幼儿园音乐教育活动丛书——欣赏活动. 南京：南京师范大学出版社，2011：6.

5. 采用适宜的欣赏指导方法

主要包括以下几种方法：听辨辨析法，注重启发幼儿运用耳朵亲自听辨音乐作品，辨析其速度、力度、音色及曲式结构等，在已有的音乐积累中寻找作品的音乐形象；统感参与法，引发幼儿在运用多种感官参与欣赏的过程中（听觉欣赏、视觉“图谱、图片感受”、运动觉“动作表现”、言语觉“语言表述”），通过听听、看看、想想、动动亲自获得音乐的体验；综合创作法，运用文学、音乐、美术、体育、动作等多学科整合的手段，激励幼儿充分表达自己对音乐的感受。

6. 鼓励幼儿参与创编

鼓励幼儿在已有音乐经验的基础上，创造性地运用语言、动作、图画等多种形式，充分表现自己对音乐作品的感受和理解。

（二）关注音乐欣赏活动中的核心能力的培养

1. 音乐感受能力的培养

音乐感受能力是一种独特的心理活动。它关系着一个人从审美情感的角度和理性的角度去理解感受音乐的程度。我们强调要重视音乐感受能力，主要因为它是深入体验音乐，感受领悟和理解音乐内容的一种特殊能力，它是接受音乐教育不可缺少的一种能力。幼儿在欣赏音乐过程中是注意倾听音乐，并且有鲜明的情绪反应，还是听而不闻、无动于衷，这是判断幼儿音乐感受能力高低的一个重要标准。

（1）听觉注意力。

音乐是听觉艺术，音乐的声音是在时间过程中流动的，如果不注意倾听，就无法深入感受音乐的内涵与美。幼儿的无意注意占主导，有意注意在逐渐形成和发展。在幼儿园音乐欣赏活动中，老师首先需要吸引幼儿安静地倾听，为幼儿创设一个能够注意倾听音乐的良好环境和乐于倾听音乐的心情，并运用相关道具引起与音乐形象相关的联想和想象，为幼儿感受音乐内容，体验其情感作向导，把幼儿的注意力吸引到音乐作品的意境之中，使他们能真正听进去，这样才能发展幼儿的听觉注意力。例如在欣赏钢琴曲《啄木鸟》时，老师要告诉小朋友，这首乐曲描写的是一种鸟，提醒小朋友认真听这是什么鸟，小朋友从乐曲愉快的情绪、鲜明的节奏特点上联想到啄木鸟啄虫的形象，就能很快辨别和理解乐曲的内涵意境了。

（2）音乐感受力。

幼儿在受到音乐艺术的感染时，往往动之以情，喜形于色，或随着音乐的节奏而动，或用语言表达自己的感受。这就是音乐感受力培养的前提，即对幼儿内心感受的激发。在这个过程中，我们要关注两个要素：一个是鼓励幼儿把自己的想法说出来，从中去了解他们是怎样理解和感受音乐作品的内容情感的，在他们的头脑中有什么样的表象，产生了什么样的联想和想象，有什么样的情感体验等；另一个就是关注幼儿表达方式引导的多元化，可以用语言描述，也可以用动作或绘画的方式等。例如在小班幼儿欣赏钢琴曲《洋娃娃的梦》时，老师问幼儿听出娃娃在干什么，他们说：“开始娃娃在睡觉，小鸟叫，娃娃醒了，后来就跳舞了。”当老师要求他们听着音乐和洋娃娃一起做动作时，幼儿在做动作的过程中真挚地表达情感，与主题情境匹配，就说明他们听懂了这首乐曲。

2. 音乐审美能力的培养

音乐审美能力是一个人所具有的与进行音乐审美活动相关的主观条件和心理能力。音乐欣赏中的音乐审美能力就是对音乐的旋律、节奏、音色、和声等形成音乐艺术表现的诸因素在听觉感官上的辨认识别和感受能力。这些能力的产生、形成和发展与个人的生理、心理素质有关，是一个人在生活中和音乐欣赏审美活动中长期受到教育和训练的结果。在音乐审美能力的培养过程中要关注以下三个要素：

（1）音乐的情绪类型。

音乐作品的旋律有不同的表现状态，表现出不同的情绪类型，有的安静柔和，有的欢快活泼，有的优美悠扬，有的热情奔放，有的雄壮有力，有的轻盈矫健，有的诙谐风趣，有的庄严肃穆，在幼儿音乐欣赏中，启发幼儿通过听觉去感受、去辨别音乐作品的不同情绪类型是审美能力培养的重要要素之一。

（2）音乐的风格特点。

音乐作品的艺术风格作为一种表现形态有如人的风度一样，它是从音乐作品的整体上呈现出来的有代表性的特点，它是艺术作品个性的表现。那么如何去辨别风格特点呢？用“艺术风格特点”这样的词句幼儿是难以理解的。在音乐欣赏过程中，幼儿形成的是感性经验，很难直接获得理性经验的积累。因此我们应该从丰富幼儿的听觉实践入手，例如提供两种风格差异较大的乐曲引导幼儿从听觉上去感受、去辨别音乐作品给人带来的不同感觉，即通过比较鉴别感受音乐的风格特点。

（3）音乐作品的表现手法和音乐内容的关系。

欣赏者是否能领略作品的艺术趣味、获得艺术享受，受制于多方面的因素。如欣赏者个人的艺术修养、生活实践、听觉能力、欣赏水平等。音乐欣赏教学中，在培养幼儿了解音乐内容、感受作品的基本情绪的基础上，必须进一步启发引导幼儿感知艺术表现手法与音乐内容的关系，通过联系音乐内容和音乐表现手法来发展他们的音乐感受能力和审美能力。例如大班音乐欣赏作品《摇篮曲》。教师如果引导幼儿说出乐曲中阿姨的声音很柔和，不能用明亮的声音唱摇篮曲，这就表明幼儿对《摇篮曲》的艺术表现手法有了初步的认识了，只要进一步启发，他们不仅能分辨歌声的明暗、强弱快慢，而且能把歌唱者的艺术表现与歌曲的内容情绪联系起来鉴赏演唱。在这个过程中，幼儿不仅有感性体验，还会有初步的理性认识和审美评价。

3. 音乐表达能力的培养

音乐艺术是情感的艺术，因此音乐表现就是音乐感受中的情感表达。它是一个复杂的审美心理过程。它是人们通过面部表情、肢体语言、声像媒体来抒发内心情感的一种能力。幼儿音乐表现能力的培养，是提高幼儿音乐审美能力的重要途径，能够激发幼儿的音乐学习兴趣，培养幼儿音乐学习的自信心，丰富幼儿想象，发展幼儿的创造性思维，丰富情感体验，促进身心和谐发展。它具有实践性、情感性、创造性和综合性的特征。这就决定了教师在音乐欣赏活动的引导过程中：①一定要引导幼儿通过自己的感官来表达自己的音乐理解与情感；②情感体验是审美活动的核心，要借助音乐作品充分激发幼儿的情感体验，并表达出来；③关注并尊重幼儿个性化的理解与表现；④鼓励幼儿运用多种方式（叙述、肢体动作、绘画、表演等）来表达自己的感性认识。①

第三节　音乐欣赏活动案例分析

乐曲欣赏活动案例

音乐欣赏活动：蓝精灵和格格巫（大班）

活动目标：

1. 体验对朋友的爱和对朋友的需要，在集体展示作品的过程中体验和小伙伴一起表演的快乐。

2. 感受乐曲三段式结构及音乐中快乐、紧张、舒缓等不同情绪；感受故事中不同人物的角色变化：快乐的蓝精灵、邪恶的格格巫；学习和表现快乐玩耍的蓝精灵、紧张逃跑的蓝精灵、蹑手蹑脚的格格巫、恶狠狠的格格巫。

3. 能用语言描绘自己感受到的蓝精灵和格格巫，创造性地用身体动作和绘画来表现蓝精灵和格格巫的故事，并与同伴合作展示自己的作品。

活动准备：

1. 知识经验准备：幼儿都看过动画片《蓝精灵》。

2. 物质材料准备：按小组每组准备一张A4白纸、一套彩色水笔或油画棒，音乐《杜伊勒里宫的花园》，图片《蓝精灵和格格巫》。

3. 环境创设准备：幼儿座位摆成马蹄形。

活动过程：

1. 听辨曲式。

（1）教师用双手在腿上展示节奏游戏：走走跑跑（节奏为：×　×　××××　××××）。

（2）请幼儿用手在腿上重复玩这个游戏，并迁移用脚玩这个节奏游戏。

（3）播放音乐，幼儿欣赏，并请幼儿找找音乐可以设计游戏的部分。

（4）播放音乐，请幼儿设计动作为音乐伴奏。

（节奏游戏是为了帮助幼儿理解音乐中的主旋律，因此教师在此环节一定要将此游戏深度渗透给幼儿，以便幼儿可以快速对应乐器旋律。）

2. 旋律感应。

---

① 杨立梅. 幼儿音乐能力培养的策略与方法. 北京：教育科学出版社，2007：150-151.

（1）教师有表情地讲述《蓝精灵和格格巫》的故事，并出示图片，幼儿倾听。

（2）引导幼儿回忆故事中的人物、主要情节和情感发展变化的线索。

（3）教师播放音乐，用蓝精灵和格格巫的图片随音乐操作表演。A段蓝精灵快乐地游戏和四处逃跑；B段蓝精灵悄悄地逃跑和手拉手一起逃跑。

（4）出示图谱，教师和幼儿一起“读”图谱。

（5）播放音乐，幼儿和教师根据图谱一起用手指来表演图谱。

3. 音乐表现。

（1）教师引导幼儿用情绪和动作创造性地表现快乐游戏的蓝精灵、四处逃跑的蓝精灵、躲起来的蓝精灵、蹑手蹑脚的蓝精灵和手拉手逃跑的蓝精灵。

（在设计动作时，当幼儿遇到困难时，教师可以根据情况采取不同的策略。如：教师可用语言启发或动作提示。）

（2）播放音乐，根据音乐变化集体模仿各种情绪的蓝精灵。

（3）分组，教师给每小组发纸张和工具，请幼儿用创造性绘画的方式将蓝精灵五种不同情绪跑动的声音画下来。（注意，画声音线，教师引导幼儿体验各种情绪下声音线条的大小、长短或粗细等特性。）

（此环节中幼儿在设计声音线条时，教师可先做线条示范。）

（4）分组展示。

4. 活动总结。

全体幼儿交流和小结。

作品欣赏：

蓝精灵和格格巫

1=B $\frac{4}{4}$ 穆索尔斯基 曲

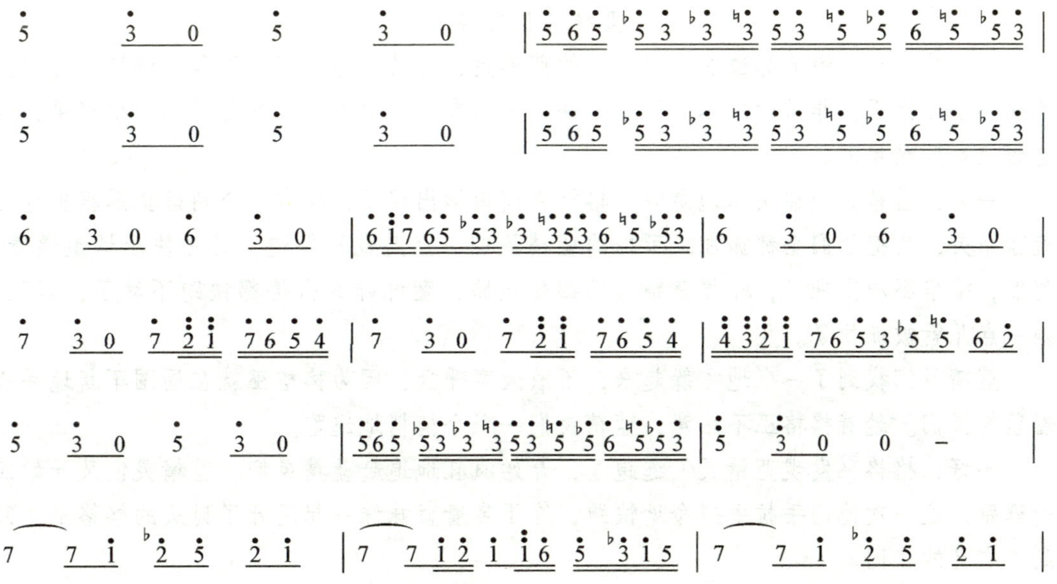

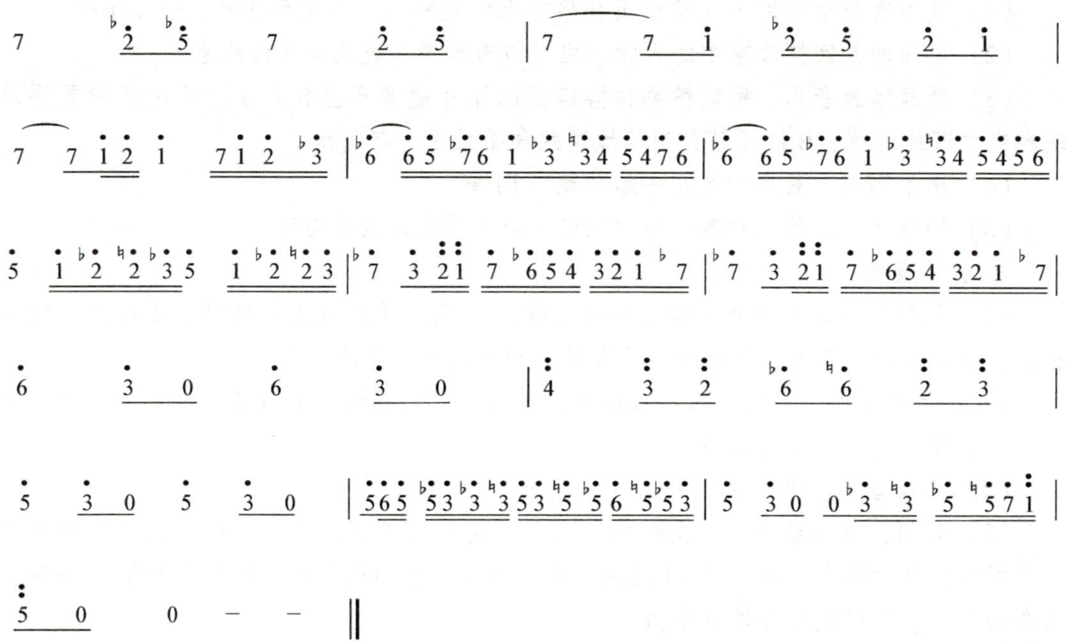

作品分析：

本作品选自俄国著名作曲家穆索尔斯基所作的钢琴套曲《图画展览会》第三曲，描述巴黎一所王宫的花园，孩子们在花园里游戏着，吵闹着。木管乐器调皮地上下飞驰，好像孩子们叽叽喳喳的喊叫，小提琴的对比乐句更使音乐充满了盎然生机。

本曲也是电视剧动画片《蓝精灵》中的旋律。为了帮助孩子更好地欣赏音乐、开展活动，我们为孩子们创设了如下故事。

附故事：

蓝精灵和格格巫

在山的那边、海的那边有一群快乐的蓝精灵，有蓝爸爸、蓝哥哥和蓝妹妹，他们生活在一个庄园里，非常地快乐。可是，快乐中总有一丝危险，那就是可怕的格格巫，他总想抓走蓝精灵们。

一天，蓝精灵们在快乐地游戏，格格巫悄悄地出现了，躲在一个角落里恶狠狠地盯着蓝精灵，想把他们全都抓住。可怜的蓝精灵们一点儿也不知道，还是快乐地追逐着。忽然，格格巫冲出来了，吓得蓝精灵们四处逃跑，蓝妹妹紧张得都快跑不动了，好险，差一点儿就被抓住了。

蓝精灵们找到了一个地方躲起来，不敢大声呼吸，因为格格巫就在周围不断地寻找着蓝精灵们。趁着格格巫不注意，蓝精灵们一个个悄悄地逃跑。

不好，格格巫发现蓝精灵们逃跑了，开始疯狂地追赶蓝精灵们。蓝精灵们又开始四处逃跑，这一次他们手拉手拼命地快跑，终于带着蓝妹妹一起甩开了讨厌的格格巫，回到了自己的庄园。

附图谱说明：

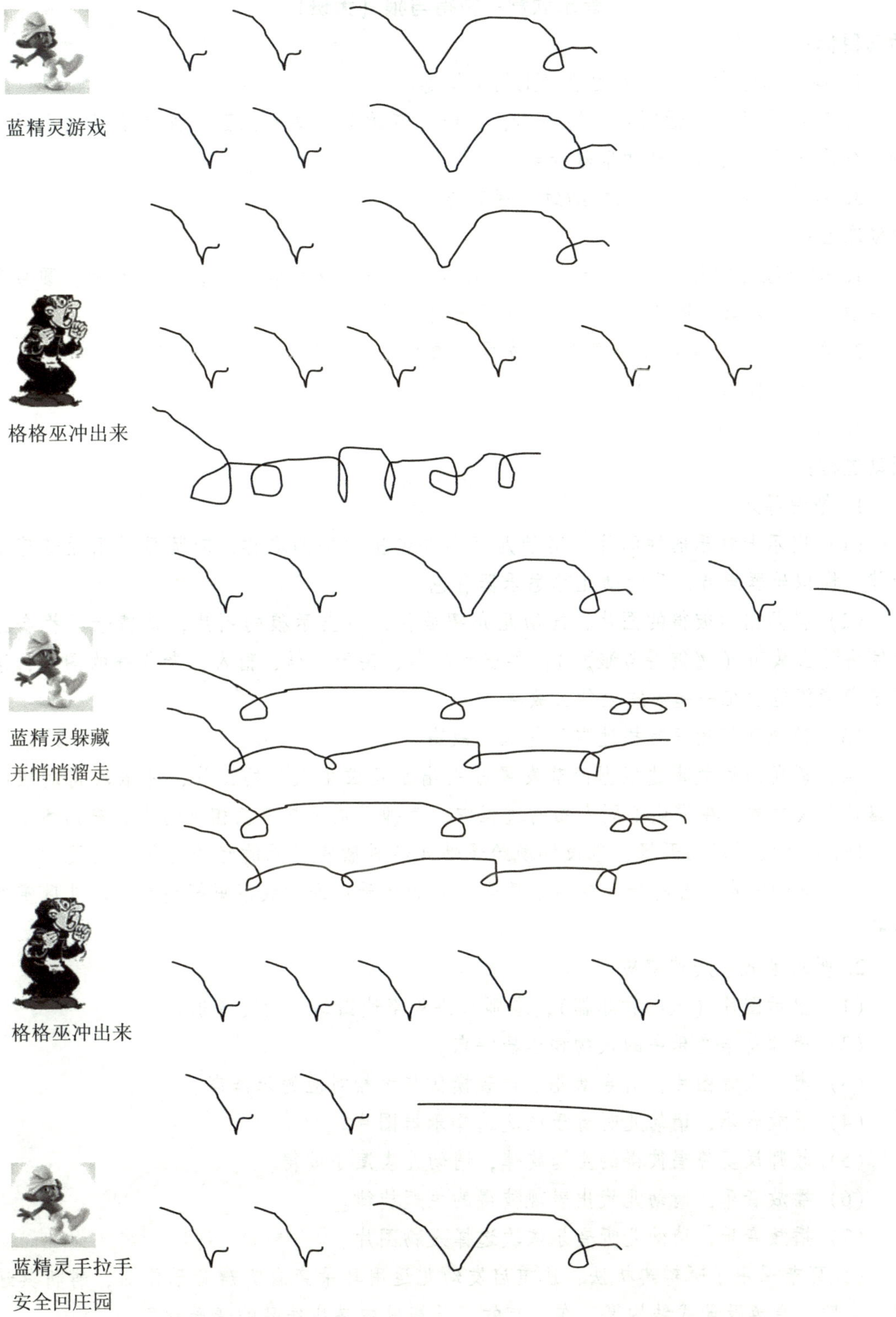

舞台剧目欣赏活动案例

音乐欣赏：彼得与狼（大班）

活动目标：

1. 体验团结和勇敢带来的情绪上的愉悦感。

2. 熟悉和理解童话剧表现的内容，并能将音乐与故事相匹配，能在老师的引导下初步分辨出几种人物形象和乐器音色。

3. 能在音乐欣赏的过程中细致地观察与倾听。

活动准备：

1. 知识经验准备：幼儿已经见过小提琴、长笛、双簧管、单簧管、大管、圆号和定音鼓这几种乐器的图片，听过这几种乐器的音乐。

2. 物质材料准备：音乐剧目《彼得与狼》片段，彼得、爷爷、小鸟、猫、鸭子、狼、猎人及七种乐器的图片。

3. 环境创设准备。

活动过程：

1. 情境导入。

（1）出示七种乐器的图片，请幼儿回顾并说出它们的名称，教师尽量用嗓音哼唱旋律，模拟乐器声音，帮助幼儿熟悉乐器音色。

（2）教师出示彼得的图片，向幼儿介绍彼得，再出示狼的图片，猜猜老师将会给大家讲什么故事（《彼得与狼》）；再出示小鸟、鸭子、猫、猎人、老爷爷的图片，请孩子们猜猜他们在一起会发生什么故事。

（3）请孩子们用语言描述自己想象的故事。

（4）教师边讲故事边根据情节发展分别出示几位主人公的图片，并依次将对应的乐器贴在人物旁。在描述不同人物的过程中，教师尽量用与角色相近的声音来描述。

（音乐欣赏活动的开场，创设环境给予幼儿各种欣赏音乐的经验是很有必要的，可以欣赏优美的歌声、各种音像制品中适合幼儿的音乐；通过故事更好地积累幼儿欣赏的经验。）

2. 听辨曲式、旋律感应。

（1）出示图片（人物和乐器），老师边讲故事边请幼儿欣赏音乐。

（2）教师总结音乐中的人物和乐器特点。

（3）出示人物图片，引导幼儿用声音模仿与之相对应的乐器声。

（4）播放音乐，请幼儿听音乐依次选择乐器图片。

（5）教师反复哼唱彼得的主题旋律，请幼儿表演小彼得。

（6）播放音乐，请幼儿找出表现彼得的主题旋律。

（7）播放音乐，请幼儿听音乐依次选择人物图片。

（此环节采用了听辨辨析法，注重启发幼儿运用耳朵亲自听辨音乐作品，辨析其速度、力度、音色及曲式结构等，在已有的音乐积累中寻找作品的音乐形象。）

3. 音乐表现。

(1) 分配角色，请幼儿进行故事表演。教师用语言和动作提示幼儿进行表演。

(2) 教师配乐讲故事，孩子进行故事表演。

4. 结束活动。

总结音乐特点，结束活动。

作品欣赏：

彼得与狼

谢尔盖·普罗科菲耶夫

彼得主旋律：

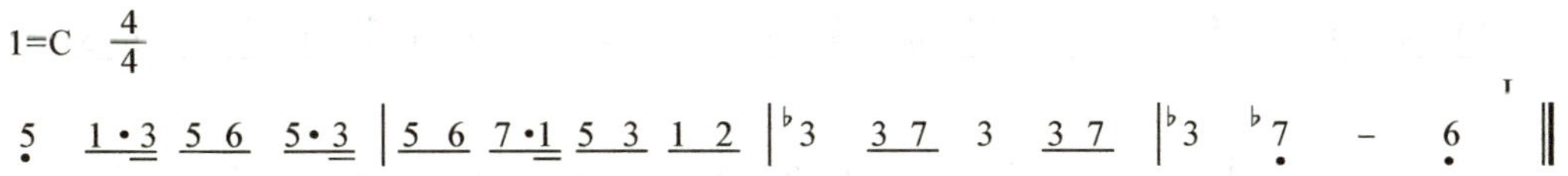

小鸟主旋律：

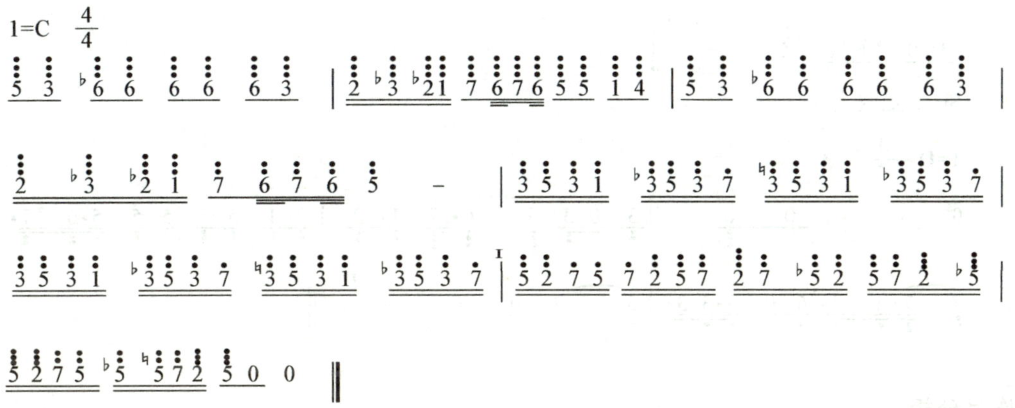

猫主旋律：

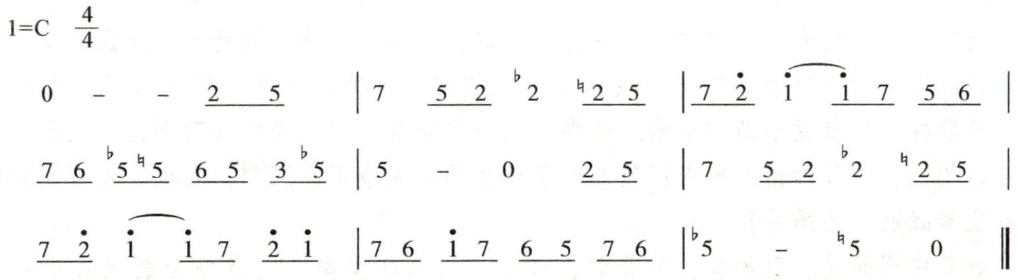

鸭子主旋律：

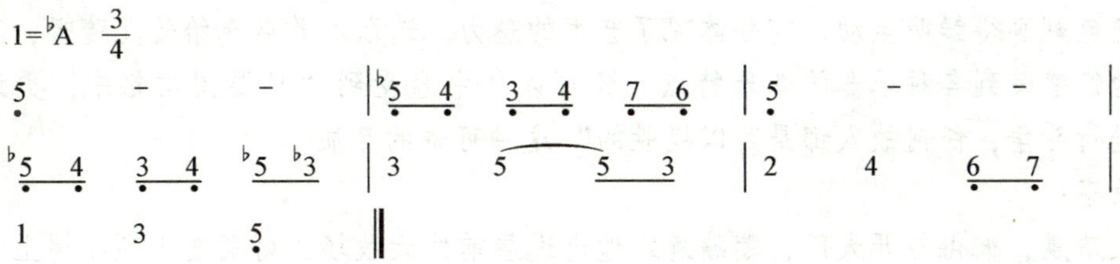

狼主旋律：

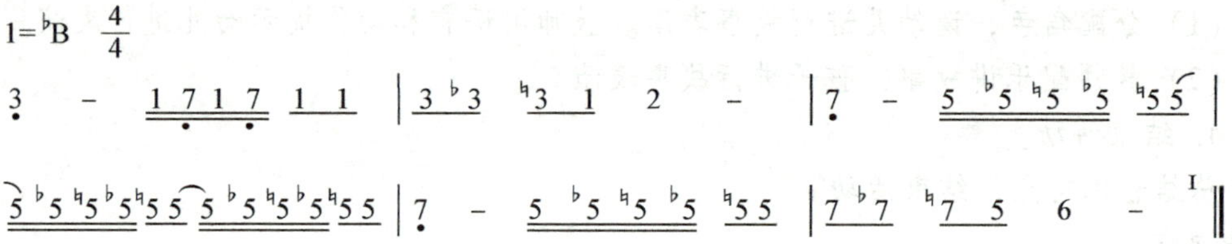

猎人主旋律：

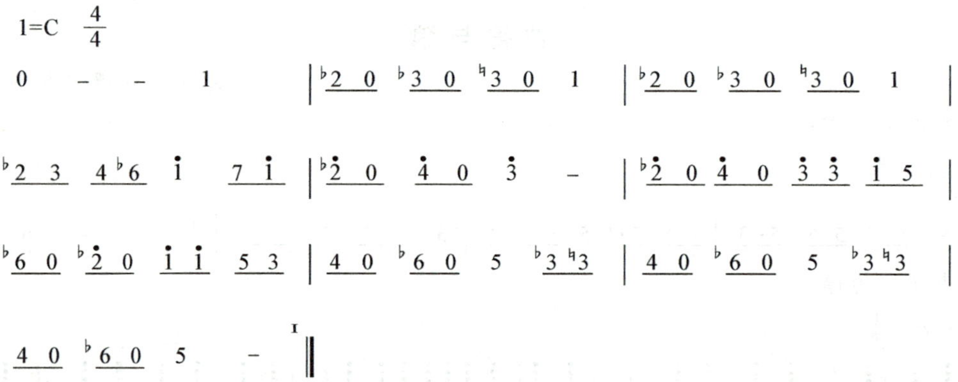

爷爷主旋律：

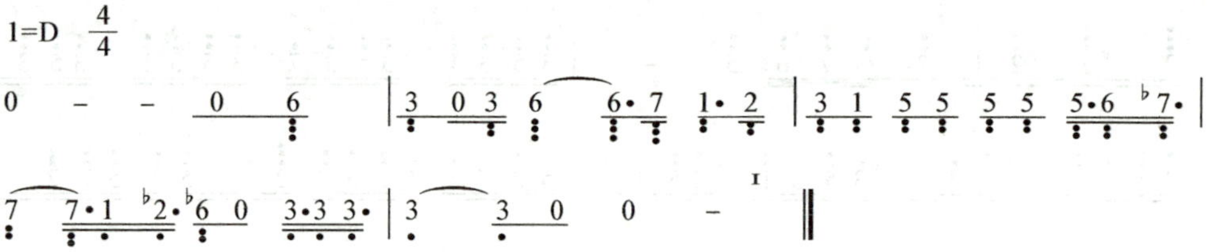

作品分析：

这是前苏联作曲家普罗科菲耶夫为儿童写的一部交响童话。主要讲的是彼得与他的小朋友鸟儿一起玩耍，家中的小鸭在池塘嬉游、与小鸟争吵。猫趁机要捕捉小鸟，被彼得阻拦。爷爷后来吓唬他们说狼要来了，把彼得带回家。不久，狼真来了，吃掉了小鸭，还躲在树后要捉小鸟和小猫。彼得不顾个人安危，在小鸟的帮助下捉住狼尾巴，将它拴在树上，爷爷和猎人赶来把狼抓进了动物园。故事寓意深刻，表现了儿童彼得以勇敢和机智战胜了凶恶的狼。

音乐中用长笛、双簧管、单簧管、大管、弦乐四重奏、定音鼓分别代表小鸟、鸭子、猫、爷爷、少先队员彼得和猎人的射击声，全曲故事情节丰满有趣，不同的乐器将不同的角色刻画得鲜明生动，充分体现了艺术的魅力。选取本首音乐给幼儿聆听，不仅可以使他们感受到各种乐器的音乐特点，还可以从中感受到“只要团结起来，勇敢而机智地进行斗争，任何敌人都是可以战胜的”这种可贵的品质。

附故事：

一天清晨，彼得打开大门，蹦蹦跳跳地走进屋前的大牧场，好朋友小鸟在树上叽叽喳喳地欢叫。由于彼得忘了关门，小鸭子摇摇摆摆地走过来，看到彼得未关门高兴极了，想乘机进到牧场中的池塘里游个痛快。小鸟看见了鸭子，就飞到它旁边的草地上，鄙夷鸭子是不会飞的鸟。鸭子不甘示弱，讽刺小鸟不会游水，于是它们俩吵得不可开交，惹得说不过小鸟的鸭子嘎嘎地乱叫。

忽然，从草地里敏捷轻巧地蹿出一只猫，想乘机抓住正在吵嘴的小鸟，于是彼得偷偷地溜到小鸟身旁。彼得大声告诉小鸟："当心!"小鸟急忙飞上树梢。鸭子也很生气，对猫发着脾气，仍然待在池塘里。猫围着树不停地打转，正在动着坏脑筋。这时老爷爷来了，他对彼得自作主张来到牧草地很生气：要是大灰狼突然从树林里钻出来怎么办？可彼得却毫不在意，因为他不怕大灰狼，气得老爷爷将他反锁在房间里。

果然不一会儿，从树林里钻出一只大灰狼，猫一眼看到，赶快跳到一枝树桠上。鸭子吓得嘎嘎地叫，从池塘爬出拼命地逃啊逃。不过，它跑得再快，又怎能比上大灰狼呢？鸭子终于被抓住，并且被一口吞了下去。大灰狼继续在周围打转，用贪婪的眼睛盯着居高临下不怕它的小鸟和欺软怕硬正吓得发抖的猫。

被反锁在房间里的彼得看见了这一切，但他一点儿也不害怕，他在屋里找到了一根结实的绳子，爬到了高高的石墙上。因为，在狼打转的那棵树上有一根树枝正好伸到石墙上。彼得抓住树枝，轻巧地移到树上，轻声告诉小鸟在狼的头上打转。小鸟机智而勇敢地在狼头上飞来飞去，把狼气得乱蹦乱跳地狂扑，可它拿聪明的小鸟没办法。彼得乘机做好了绳套，小心翼翼地放到树下，一下子就把狼尾巴给套住了。大灰狼发疯般地挣扎，可是越挣扎绳子就越套得紧。这时，几个猎人循着狼的足迹从树林里一边追出一边开着枪。在树上的彼得赶忙告知："不要开枪了，小鸟和我已经逮住了狼，帮忙把它送到动物园去吧!"

一支凯旋的队伍多神气!彼得走在前面，后面是押送大灰狼的猎人，老爷爷和猫走在最后，小鸟在大伙头上旋舞。它快活地叫着："快来看我们逮住什么了!"

如果仔细听，还能听到鸭子在大灰狼肚子里发出的嘎嘎声，因为狼吞得太急，鸭子还活在大灰狼的肚子里呢。

活动建议：

1. 乐器与主旋律说明。

(1) 表示彼得的主题音乐。

乐队以弦乐奏出明快、进行性的音乐，生动地表达了活泼、勇敢的小朋友彼得的机智形象。

(2) 表示小鸟的主题音乐。

长笛以高音区的明亮音色，吹出快速、频繁、旋转般的旋律。使妈妈和宝宝犹如看见小鸟在天空中愉快地飞翔，叽叽喳喳地唱着歌。

(3) 表示鸭子的主题音乐。

与唢呐相似的双簧管的音色和鸭子的叫声很像，扁扁的。因此，在中音区吹出的带变化音的徐缓主题旋律具有悲歌性，表达鸭子后来被大灰狼吞掉的悲惨命运。由于鸭子是善良可爱的，所以吹奏出的鸭子主题音乐也是优美动听的。

(4) 表示猫的主题音乐。

猫在这部交响童话里是个调皮捣蛋的角色，因此，表达它的音乐是用单簧管吹出的轻快活泼的跳跃性音调，显示出小猫的诙谐和活泼的性格。

(5) 表示老爷爷的主题音乐。

由于老爷爷讲话的声音低，并且说起话和走起路来慢吞吞的，又爱唠唠叨叨个没完没了，所以就用音色浑厚的大管徐缓地吹奏出较长的叙事音调，使妈妈和宝宝仿佛看到老爷爷唠叨的样子。

(6) 表示大灰狼的主题音乐。

大灰狼是凶残可恶的，表达它的音乐是用三只圆号吹奏出来的，从音色、音量和音调上，都有一种阴暗的感觉。妈妈和宝宝会感觉到这是反面形象的音乐。

(7) 表示猎人开枪的主题音乐。

定音鼓急速密集的滚奏，表达猎人从树林一边走出，一边开枪。

2. 可请幼儿先观看《彼得与狼》的动画视频，并组织幼儿进行童话剧排演。

戏剧欣赏活动案例

音乐欣赏：都有一颗红亮的心（大班）

活动目标：

1. 萌发对京剧的兴趣，接纳、关注京剧艺术。

2. 尝试模仿视频中的表演，体验京剧中的动作特点，并认识京剧乐队中的基本乐器。

3. 能初步了解京剧《都有一颗红亮的心》的唱腔特点以及了解作品《红灯记》的基本内容。

活动准备：

1. 知识经验准备：幼儿曾经了解过京剧。

2. 物质材料准备：《都有一颗红亮的心》的视频，京剧乐队中乐器的图片。

3. 环境创设准备：活动室周围布置一些《红灯记》的剧照。

活动过程：

1. 视频导入，启发幼儿听辨曲式。

播放《都有一颗红亮的心》的视频，初步欣赏了解京剧。请幼儿比较京剧的唱腔和平时的唱歌活动有什么不同。

(1) 提问：小朋友们，这是一段什么表演？你们以前听过没有？

(2) 引发讨论：剧中姐姐唱的和我们平时唱歌一样吗？(她是细细尖尖的声音) 我们一起来学一学。

2. 旋律感应：观看视频，了解《红灯记》故事内容，感受铁梅的演唱背景以及情绪。

(1) 教师引导幼儿用生活中的语气说念白，对比他们的不同之处。

启发思考：小朋友们，你们听到一开始铁梅说的是什么吗？她说话和我们平时说话一样吗？我们一起来学一学。(教师指导学习念白)

(2) 教师带领幼儿朗读学习唱词并介绍故事内容，让幼儿明白“红亮的心”的真正含义。

提问：她要跟她奶奶说什么呢？

故事内容：故事发生在抗日战争时期，这个唱段是李铁梅在取密电码的交通员离开之后演唱的。她从家里的神秘气氛中感觉到，这些被叫做“表叔”的人和她的爹爹、奶奶一样，都不是一般的人，他们都担负着重大的使命，都是好人，他们都有一颗红亮的心。

(该环节文化的渗透性教学体现出音乐作品是文化的体现，也是幼儿感受经典、积累经验的重要手段。因此在题材选择时，还要关注世界经典音乐及我国丰富多样的民族民间音乐素材的传统作品的综合选择。)

3. 音乐表现：看视频学唱选段。教师用动作和表情带动幼儿学唱。

要求：注意一字多音的唱法。(如：“数”、“不登门”的“不”字、“奥妙”的“奥”字等，可用手画圈的办法解决。)

(此环节中一字多音的唱法对幼儿有一定的难度，教师可借助夸张的手势帮助幼儿理解。注意让幼儿体会选段中铁梅的情绪以及京剧特有的表演方式。)

4. 音乐游戏。

(1) 请幼儿注意听选段中用的乐器，出示图片，认识其中2~3种乐器。

提出要求：刚才我们学习了李铁梅的唱腔，请小朋友们仔细听听看，在这个选段中都用到了什么乐器呢？(锣、镲、京胡等)

(2) 在教师的带领下，随音乐做动作齐唱选段。

作品欣赏：

都有一颗红亮的心

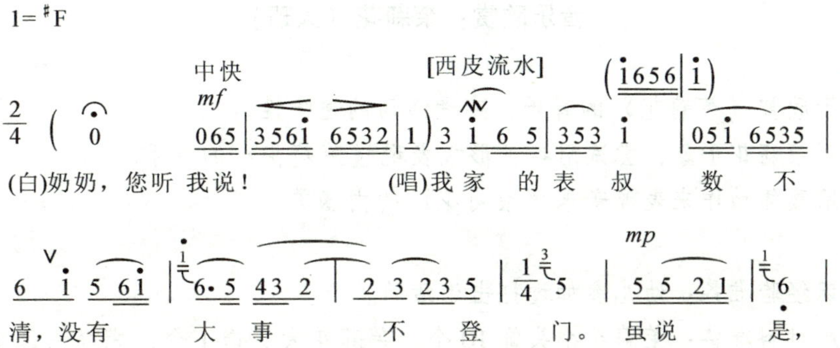

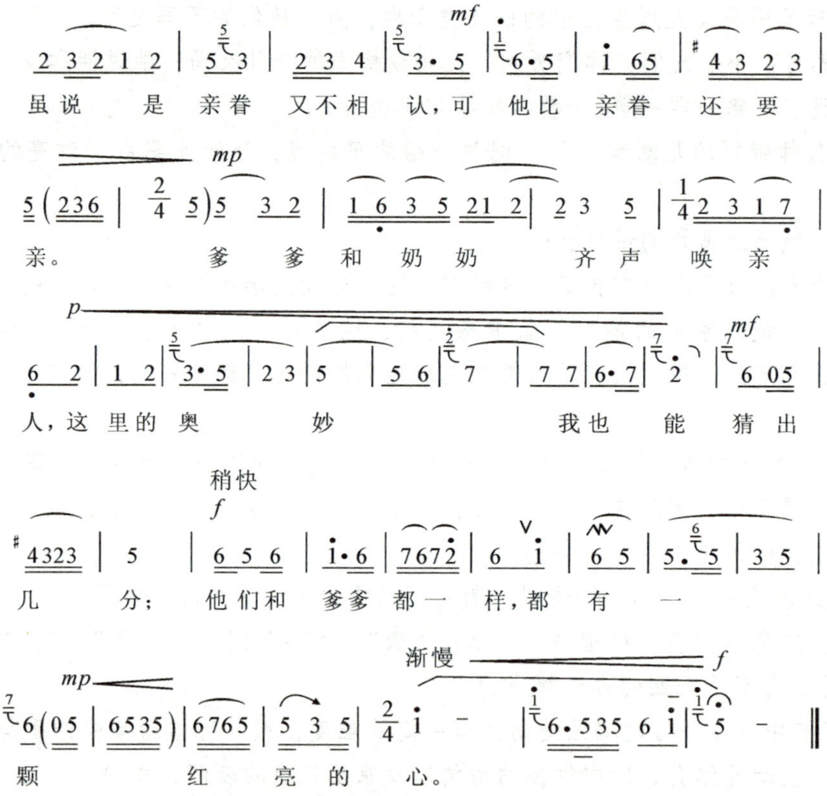

作品分析：

《都有一颗红亮的心》是现代革命京剧、样板戏之一的《红灯记》中的选段，此选段由剧中李玉和之女李铁梅演唱。唱词通俗易懂，开头处的念白让幼儿能更好地去体会京剧的唱腔特色。教师可自身表演，让幼儿近距离欣赏，同时可以让幼儿参与表演，感受京剧中的动作特点。

民间音乐活动案例

音乐欣赏：茉莉花（大班）

活动目标：

1. 乐于欣赏《茉莉花》的音乐，感受活动的趣味性。
2. 了解茉莉花形象，尝试用各种形式表现《茉莉花》的音乐。
3. 能用肢体动作来表现音乐《茉莉花》的内涵美。

活动准备：

1. 知识经验准备：幼儿参加过打击乐活动。
2. 物质材料准备：茉莉花小头饰10个，茉莉花大头饰1个，蝴蝶头饰1个，茉莉花茶1瓶，音乐册1本，纸杯10个，三角铁5个，沙锤3个，大挂图1张。
3. 环境创设准备：让幼儿坐成半圆形。

活动过程：

1. 创设情境，积累经验。

(1) 情境设置：教师用话术制造茉莉花王国的情景，让幼儿有进入茉莉花王国的欲望。

导入：昨天老师去了一趟花朵王国，从那里带来了一朵非常美丽的花朵，你们猜猜它是谁？小朋友说了这么多美丽的花朵，现在我们一起看看它到底是谁呢？

(2) 出示茉莉花图片，介绍花的名称。

介绍名称：你们知道它叫什么名字吗？(茉莉花)

(3) 请幼儿进一步观察，从花瓣及叶子的形状、颜色感知茉莉花的特点。

提出要求：小朋友们仔细观察一下，茉莉花是什么样子的呢？

小结：茉莉花有白色的花瓣，花瓣是半圆形的，一层层的，叶子也是半圆形的，绿色的。

2. 听辨曲式，旋律感应。

让幼儿以模拟开启茉莉花大门的方式，通过指划律动，初步感知《茉莉花》乐曲的旋律特点。

(1) 播放《花仙子》音乐，请幼儿排成纵队以小跳步的形式模拟走向茉莉花王国。

提出要求：小朋友们，你们觉得茉莉花漂亮吗？现在这朵漂亮的茉莉花想邀请小朋友们到它的茉莉花王国游玩，小朋友们，你们想去吗？现在跟着老师的小火车，一起去到茉莉花王国吧。

(2) 通过指划茉莉花，开启茉莉花王国的大门。教师引导幼儿用画茉莉花的方式初步感知旋律。

①介绍画法及规则：小朋友们我们到了，这里就是茉莉花王国的大门，我们去敲一敲门，咚咚咚。咦，怎么打不开呢？哦，原来要进入茉莉花王国，开启这个大门，必须完成一个任务。(出示大头饰) 这个任务就是要把门上这朵茉莉花跟随着好听的音乐画出来，当我们把茉莉花的花瓣和叶子画完以后，大门就会打开了。现在让我们跟着音乐来画这朵茉莉花吧！

(该环节用图画、符号描绘出对音乐的想象。记录听到了什么，音乐有什么特点，鼓励幼儿用自己喜欢的色彩、线条、图形、符号等表达他们对音乐的感受，这有助于幼儿发挥想象，调动多种感官参与欣赏音乐。在听觉、视觉不同感官和艺术形式之间建立联系，也是一种即兴创造活动。)

②播放《茉莉花》音乐，进行指划律动。

第一段音乐，教师示范，请幼儿跟画。间奏的时候，教师提出要求，让幼儿将剩下的部分画完。

提示：小朋友们，当听到开始唱歌词的时候就请你们伸出手指跟着我一起画这朵美丽的茉莉花。

间奏时提出要求请幼儿画叶子和叶脉：我们就要开始画叶子和叶脉了。小朋友们，

我们任务完成了，所以你们看，茉莉花王国的大门也打开了。(出示挂图)

(3) 品尝茉莉花茶，进一步让幼儿了解茉莉花。

①介绍茉莉花茶：小朋友们，瞧！这里就是茉莉花王国，里面都有什么呢？有位花仙子正在为茉莉花浇水呢，这个水可神奇了，不仅能让茉莉花宝宝一夜之间开花，而且只要谁喝上一口，就能变成漂亮的茉莉花仙子，小朋友们，你们想试试吗？

②要求：小朋友们，拿到茉莉仙水先别急着喝，我们先闻一闻，是什么味道？

③要求：好，现在我们尝一尝，茉莉仙水是什么味道？(甜的，香的，涩的……)

④小结：好，现在小朋友们把杯子放回到老师的托盘中，然后闭上眼睛，看看我们能不能变成茉莉仙子。(教师给每位幼儿戴上茉莉花头饰)

提示：小朋友们，睁开眼睛，哇，看我们是不是都变成茉莉仙子了啊？

(4) 引导幼儿尝试用动作模仿茉莉花开放的样子。

①教师引导幼儿用双手作花骨朵状。

提示：你们现在都变成茉莉仙子了，那茉莉花还没开放的时候是什么样子的啊？

②教师引导幼儿将双手慢慢打开举过头顶做花朵逐渐盛开的样子。

提示：你们都是花骨朵，慢慢地茉莉花开了，越来越大，我们可以怎么做呢？

③让幼儿轻轻地有节律地摆动身体。

提示：茉莉花非常的美丽，它随风摆动，茉莉仙子是不是也要随风晃动我们的身子呢？

④教师引导幼儿听间奏。歌词部分开始时，教师给幼儿提示，让幼儿能准确地听音乐做动作。(只做一段)

提示：茉莉仙子们，我们围成圆圈，随着音乐来开花，但是呢有个小小的要求，我们要听到开始唱歌的时候茉莉花才能开放。

(5) 教师扮演蝴蝶仙子，帮幼儿感受乐句。

教师扮演蝴蝶仙子：茉莉仙子们开花的样子太美了，也引来了茉莉花王国的很多朋友，你们看看谁来了呀？茉莉仙子们，你们好，我是蝴蝶仙子，欢迎你们来到茉莉花王国，我非常喜欢各位茉莉仙子，但是我都还不认识你们，我想跟你们做朋友，当我随着音乐走到你面前给你拥抱的时候，你们就开出美丽的花朵来欢迎我，我看谁的花朵开得最大，我就能把谁的样子记得最清楚。我也悄悄地告诉你们，我会在每一句话结束的时候去拥抱你们，你们也要在每一句话结束的时候打开你们的花朵。音乐结束了，蝴蝶仙子非常喜欢你们也都认识了我们可爱的茉莉仙子们，但是蝴蝶仙子还要去照顾其他的花仙子，我们跟它说再见。

(该活动巧妙的游戏中，教师关注形式方法中蕴涵一定的音乐知识技能，两者有机地结合，体现了游戏的趣味性和音乐欣赏学习的艺术性。)

(6) 塑造风精灵角色，请幼儿尝试自由创编。

①教师引导幼儿创编动作。

提示1：蝴蝶仙子飞走了，这时候又来了朋友，我们听听它是谁，呼呼呼。原来是

风精灵来了。现在风精灵吹起大大的风，茉莉仙子们会怎么样啊，呼呼呼。(大声吹)

提示2：哦，原来可以这样啊，我来学学这朵茉莉花的样子。(教师模仿幼儿，也可做旋转，摇晃双手手臂等)

提示3：那现在风精灵吹起小小的风，茉莉仙子们会怎么样呢？呼呼呼。(教师模仿幼儿微微摆动，双手作花苞的样子摆动等予以提示)

②教师播放音乐，幼儿围成圆圈，教师去吹动幼儿，让幼儿站在圆圈中央随音乐自由创编动作。

鼓励创编：茉莉仙子们，风精灵也很喜欢大家，所以他想邀请大家一起来跳舞。那风精灵想和哪个茉莉仙子跳舞的时候，它就会去吹动谁，就请他站在圆圈中央，跳出漂亮的动作，带着其他茉莉仙子一起跳舞。当风精灵想与其他的花仙子们跳舞时，我们就进行交换好吗？让我们一起跟风精灵跳舞吧。

3. 乐器演奏，音乐表现。

(1) 分发乐器，了解乐器的使用方法。并配合音乐进行演奏。

提出要求：好，茉莉仙子，现在我们回到座位上，刚才我们跟风精灵一起跳了好看的舞蹈，他也很喜欢各位花仙子，所以它送给我们两个小礼物，你们看看是什么呢？你们认识它们吗？

展示乐器沙锤和三角铁，告知名称及敲击方法。

介绍乐器：原来是乐器宝宝，我们看看这是哪个乐器宝宝，我们听听它的声音，沙沙沙，是不是像风儿吹动茉莉花的声音？是沙锤宝宝，我们再看这个是什么宝宝，我们听听它的声音，是不是像茉莉仙水滴答的声音？是三角铁宝宝。现在，我们就用这两个乐器宝宝和音乐合奏，感谢风精灵送给我们这些礼物好吗？

教师：那这个沙锤宝宝，它应该怎么样来演奏呢？(老师示范)

那这个三角铁宝宝，它应该怎么样来演奏呢？(老师示范)

教师：当没有音乐的时候我们的乐器宝宝是睡着了的，我们把它们轻轻放在我们的腿上。

分发乐器，让幼儿根据拿到乐器的不同自动分成两组。

提出要求：请拿沙锤的仙子拿起沙锤，跟着老师一起来试试。

沙锤宝宝休息，拿三角铁宝宝的仙子们举起三角铁，我们来试试。

小朋友们真聪明，我们就要开始正式演出了，你们准备好了吗？

(2) 播放《茉莉花》音乐，演奏。

教师：现在我们就用自己手中的乐器宝宝为音乐伴奏吧。第一段就由拿沙锤宝宝的仙子演奏，第二段就由拿三角铁宝宝的仙子演奏，最后我们就一起用手中的乐器宝宝演奏。仙子们注意看老师的指挥。

(3) 播放《花仙子》音乐，幼儿排成火车收放乐器，请幼儿将乐器放回原处。

提出要求：茉莉仙子们演奏得真好听，请仙子们把乐器宝宝送回家，我们要轻轻的。时间到了，茉莉花王国的大门也要关上了，请茉莉仙子们跟着老师一起回到教室吧。

4. 结束活动。

(1) 小结回顾。教师：小朋友们，今天我们去哪玩了呀？(茉莉花王国) 今天我们认识了哪些好朋友啊？(蝴蝶仙子、风精灵、茉莉花) 那小朋友们还记得在茉莉花王国里，我们听到的一首非常好听的乐曲，它的名字也叫做《茉莉花》，它是咱们中国很有名的一首曲子，是一首江南小调的音乐作品，非常的优美，已有400多年的历史啦，不仅中国人喜欢，外国人也喜欢。《茉莉花》是我们中国的音乐，我们要记住它。

(2) 布置任务。教师：小朋友们，你们喜欢这首音乐吗？你们还想去茉莉花王国吗？那茉莉花王国的国王也非常喜欢各位小朋友，所以他给我们一个通行证，你们看看是什么？是一朵没画完的茉莉花，小朋友你们希望茉莉花是什么颜色的呢？好的，那就请你们回家听着音乐为茉莉花涂上漂亮的颜色。这样我们下次还可以一起去茉莉花王国游玩。

(3) 随音乐《茉莉花》走出活动室，结束活动。

总结：小朋友们，今天的音乐课到这里就结束了。跟着音乐慢慢地走出教室吧。

作品欣赏：

茉莉花

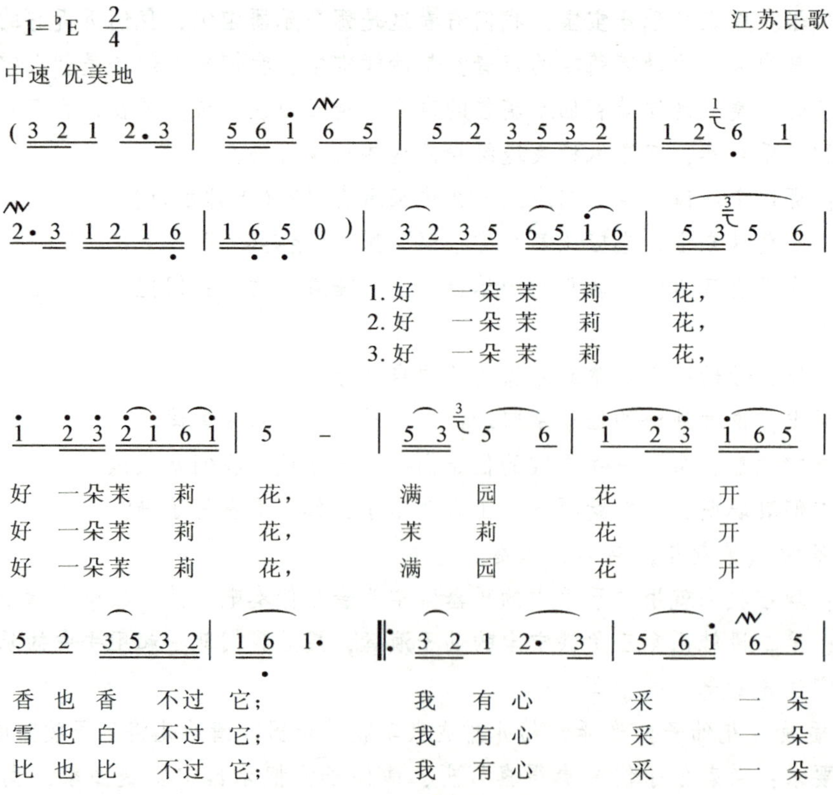

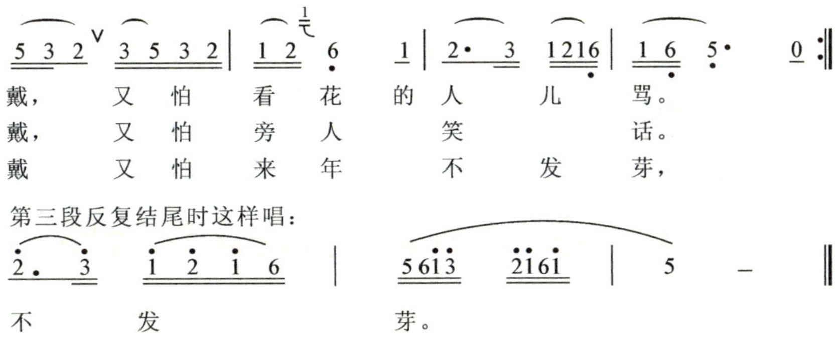

作品分析：

歌曲《茉莉花》对世界音乐文化史也具有一定的影响，著名的意大利歌剧《图兰朵》中也选用中国民歌《茉莉花》为旋律融入，营造出的清新脱俗的效果令人耳目一新。民歌《茉莉花》有不少版本，不但旋律上有所不同，而且歌词上也稍有变化。通过了解乐曲激起了幼儿对民族音乐的热爱。

思考与练习

1. 请你谈谈对幼儿园音乐欣赏活动的理解。
2. 请你举例说明幼儿园音乐欣赏活动的指导策略。
3. 请分析阐述组织幼儿园音乐欣赏活动的基本步骤。
4. 请设计一份大班音乐欣赏活动教学方案。

第六章 绘画活动设计与指导

本章摘要

本章全面介绍了幼儿园绘画活动的设计思路与指导要点，在正确认识幼儿绘画行为以及幼儿绘画发展特点的基础上，了解幼儿园绘画活动的类型与要求，从绘画活动设计流程与指导策略上给予了具体而翔实的讲解，并对每一类型的绘画活动给出了案例与分析，供教师理解与实践借鉴。

学习目标

1. 正确认识幼儿绘画行为，掌握各年龄段幼儿绘画发展的特点，形成正确的绘画教育价值取向。
2. 了解幼儿绘画活动的主要类型和内容选择的原则。
3. 初步掌握幼儿绘画设计的基本流程与指导策略。

第一节 绘画活动概述

一、绘画活动的基本知识与技能

绘画是在一个平面上运用色彩、线条和构图等艺术语言和手段创造出直接可感的艺术形象，用以表达其生活体验与思想情感的艺术行为。

幼儿园绘画活动是教师引导幼儿使用各种工具、材料，运用线条、色彩、形状、构图等艺术形式语言创造出可视的形象，以幼儿体验自由表达和创造的快乐、丰富其审美经验、提高其艺术活动能力为目的的教育活动。包括正规的集体绘画教学活动和非正规的绘画教育活动。

（一）对幼儿绘画行为的正确认识

1. 绘画是幼儿的需要

美术是比语言文字更早被儿童用来表达思想、宣泄情绪，想象和创造自己世界的媒介（朱家雄）。涂涂抹抹是每个儿童都喜欢和经历过的行为，他们常常是不由自主地寻找一切可以涂画的工具和材料，在墙上、地上进行涂鸦。所以绘画是幼儿的“天性”，孩子是天生的画家。孩子拿起画笔就会涂鸦，并对画画表现出强烈而浓厚的兴趣，他们“作品”中的造型、色彩、想象比起绘画大师的作品一点也不逊色。学前儿童的美术作品是具有艺术性的作品。学前儿童的美术作品有其独特的视觉样式和审美效果。成人应对儿童的美术作品给予足够的尊重、认真的解读和真诚的欣赏。

美国美术教育家维克多·罗恩菲德的研究发现，在10岁前，儿童的绘画能力是儿童的潜在能力，与智力、认知能力同步发展。人具备创造视觉语言符号表达形象的潜能，绘画并不是少数“天才”独有的能力，绘画能力随人的认识和知觉发展自然向前发展，不是靠学习绘画技能提高的。毕加索说“每一个儿童都是艺术家”。美学家德廖莫夫说：“并非所有的儿童都会写诗和唱歌，然而所有的儿童都会画画。”绘画是儿童与生俱来的天赋。

2. 绘画是幼儿的一种语言

儿童绘画是儿童用心与世界对话的一种方式，是幼儿的第二种语言。孩子的画和婴儿的哭一样，仅仅是直接表达心情的一种方式而已。他们通过绘画来表达自己的想法，讲述自己的感受和发现，再现他们对周围事物的认识，宣泄自己的各种情感。绘画对成人与幼儿的意义完全不同，幼儿的绘画行为不带有任何功利目的，是幼儿自我表现的需要，是幼儿表达情感的方式，是幼儿成长的需要。

对于儿童来讲，艺术就是一种游戏，没有任何愉悦他人的功利目的，只有儿童从中获得欢乐和愉快的体验时，艺术才能真正成为儿童的需要，并且被儿童所接纳。可见儿童画，特别是幼儿阶段的绘画不是追求技能的表现，而是儿童内心的表达。

3. 绘画是幼儿情感的表达

幼儿美术活动过程自始至终需要情感的参与，画面或造型活动只是一个显现出来的载体，而更多的是情绪体验、情感再现、创造的萌芽、兴趣的延伸。他们运用美术形式，借助符号、线条、色彩、以物代物等方式来诠释自己的内心世界，倾诉快乐，描述离奇、古怪的白日梦和幻想。

儿童绘画没有好坏之分，只看幼儿是否尽展其纯真和无拘无束的感觉，“绘画内容的复杂程度和符号的使用情况是幼儿成长的标志”。正如画家廖冰兄先生所说：“把幼儿教成只会墨守成规的画匠，无论学的技能再多，也只能画出无情的画。而不能画出有情的画。”

具体说来，幼儿绘画过程中，运用自己的眼睛观察生活中、自然中的一切，在观察中去感受美、发现美、创造美，对培养幼儿的审美能力具有启蒙作用；它可以促进幼儿认知能力的发展和提高幼儿的自我表现能力，是培养儿童想象和创造能力不可替代的手段；画画能使幼儿身心愉快，左右脑平衡发展。通过手、眼、脑并用，可以发展幼儿的手部小肌肉群，增强脑对手的活动的控制能力，提高大脑反应的灵活性，促进其智力发展。另外，当幼儿在画他喜爱的人或物时，他体验到了愉快的情绪，从而萌发爱护他们的意识。绘画还以其独特的交流方式让幼儿学会交往、合作、谦让、欣赏他人等良好品质。可见，绘画对于培养幼儿的高尚情操也大有裨益。综上所述，绘画在幼儿健康成长过程中的作用是不可低估的，因而，合理组织教育活动，科学辅导幼儿绘画就显得尤为重要。

（二）对幼儿绘画发展特点的认识

幼儿绘画是通过自己对事物的感受、体验、认知，在自己的心中重构出它的形象，继而用自己的理解去再现出来。身心发育正常的幼儿，从能握笔起就自发地开始“绘画”了。自 20 世纪中叶以来，中外许多心理学家和美学教育家对儿童的绘画发展历程作了深入的调查和研究。幼儿的绘画发展一般经历了涂鸦期（1.5~3.5 岁）、象征期（3.5~5 岁）、图式期（5~7 岁）三个阶段。但幼儿绘画发展的阶段与实际生理年龄不可完全等同起来。笔者结合专家的研究与自身实践中的观察，对学前期幼儿绘画发展的特点按年岁作如下描述：

一岁左右是绘画的起点和诞生。幼儿将笔握在手中，开始手臂的摆动，当他意识到这一动作会产生结果（纸上出现的印迹）开始，涂鸦就产生了。这一时期与其说是绘画，不如说是手运动的轨迹，幼儿是以肩为轴心，带动肩和手臂上下左右运动的结果。绘出的是散乱的不规则的点或是像蚯蚓一样爬的线。这些点或线互相掺杂，没有方向，没有边际，常常画出纸外。在感受到“涂鸦”的快感之后幼儿不断练习，控制力逐渐增强。有研究指出，孩子的爬行能力与绘画能力有关，腰腿力量不够，画出来的线条软弱无力。一岁半以后，手开始做往返运动，轨迹是半圆形弧形的线，看起来是连续的圈。幼儿的动作仍然表现出手和大脑的不协调性。父母应尽量给孩子提供大一些的纸，让孩子自由地涂鸦。

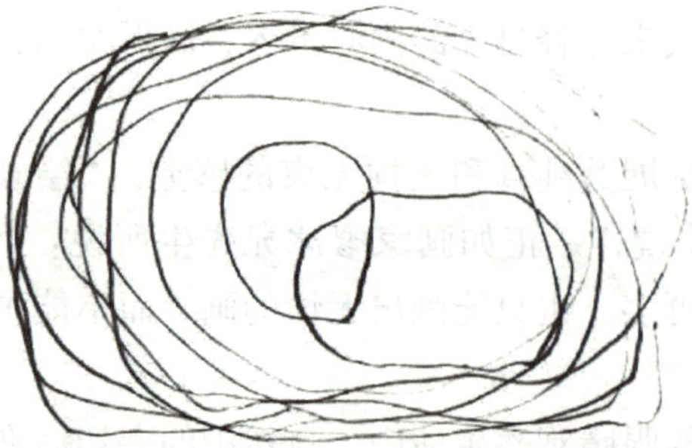

两岁左右，孩子会跑来跑去了，手的功能从肩到肘，再到手腕，最后到指尖。眼睛开始追随手的运动，画有始有终的一根线条。手的控制能力逐渐增强，不再大面积画出纸外。两岁半以后，涂鸦的圆圈能封闭，这是幼儿绘画历程上的一个里程碑。幼儿从不受控制的动作，到手眼协调的重复画圈，再到有控制地画圆，是幼儿生理机能和思维发展的进步。当他偶尔绘出某一形状时，发现与经验中的某一事物比较相似，便开始尝试解释画了什么。越是脑海中对各种事物有丰富印象的孩子，越是有能力把一个圆圈想象成各种各样的东西。但是这一时期幼儿对涂鸦的命名并不确定，会随时改变。一般说来，成人离开幼儿的解释很难解说他们所画的内容。因此，成人不要认为这种涂鸦是破坏行为，要积极提供涂鸦的条件，激发幼儿的涂鸦兴趣，不要出手干预幼儿，更不要教孩子画所谓的形象。可以询问“你画了什么”来了解幼儿，并帮助幼儿逐渐形成有意绘画的意识。

三岁是人类独特绘画表现手法的绘画转化期，进入表征主义时代，被称为绘画本质的飞跃。幼儿能用极其简单的图形和线条表达、象征他们感受的东西，是有目的、有意义绘画的开始。能画出大大小小的圆圈和横、竖的线条，而且是事先想好要画什么然后再画，所以能赋予画同样的意义。这一时期，受幼儿生理机能的限制，幼儿能画出来的形状很少，所以类似的形状往往能代表多个极不相同的事物。美国艺术心理学家鲁道夫·阿恩海姆在他的视知觉理论中，对儿童画有深入的研究，他曾经搜集此一阶段幼儿对自己画中各种圆形的解释达十多种之多，有“一棵长着树叶的树”、“一个戴着头巾的印度人的头部”、“周围长满树的池塘”、“一个长满头发的人头”、“一个光芒四射的太阳”、“一朵花”、“一棵分出树桠的树”、“手指向外伸开的巴掌”、“一个正在跑步的人”、“一个抽象的图案”等。从造型上看，头足人像登场（只有头和足），即用头和四肢直接相连表现人，也称之为“蝌蚪人”（好似在圆圆的脑袋上长了细细尾巴的蝌蚪）。从色彩上看，幼儿开始有色彩的喜好，用鲜艳的颜色表现自己喜欢的东西，反之，用自己认为不好看的颜色来涂不喜欢的事物，但缺乏颜色的协调，涂色也常常不够均匀，不太能控制在线条以内。“泛灵论”是整个幼儿时期的特点，即拟人化的表现手法，所以所有的事物均可以有情感以及和人一样的活动。成人的指导仍然不要让孩子描画“简笔画”似的形象，同时，无论画得好坏，成人都应该首先倾听孩子在绘画中想要表达的东西，理解他们要讲述的内容。孩子的画是“听”了才能够明白的作品。对于孩子来讲，因为有了对画认真倾听和理解的人，他们的绘画活动才完整，才能体验从事艺术活动的喜悦。因此，这一时期成人对待幼儿绘画行为和表现的态度至关重要，应该更多地倾听幼儿的画。

四岁是幼儿能绘出形象的开始，也就是在不听幼儿对作品的解释的情况下，成人也能大概看出幼儿所想表达的东西。在同一作品中，所画的形象增多，但是并不注意事物之间的大小关系，进入排列事物的罗列表达形式时期。各事物之间没有太多关联，基本能围绕想表达的主题。但是，绘画过程中也常常改变自己原先的想法，易受同伴或教师的干扰。常常因为自己想法的改变而使作品前后有很大的区别。如一幼儿在画小动物在草地上游戏的情景时，罗列地画出了许多动物的形象，但随着自己的想象，出现下雨了的情节，该幼儿瞬间将画作涂成漆黑一片。这更加表现出幼儿绘画无功利主义的纯真、干净，同时也启发教师不以结果草率评价幼儿。这一时期幼儿作画凭借印象，印象深的画的大，极具夸张性，比如，四岁的孩子对自己的长头发印象深刻，在这一时期的画中均可见整张纸上凸显的长长的头发。从形态来说，头体二足人像（头、身体和二足）、头体二足二手人像（头、身体、二手和二足）登场。这阶段的儿童还没有形成正确的空间和时间概念，还不能正确地掌握上下、前后、左右和空间，对比例的估计能力更晚，把时间的流逝也在同一画面同时表达出来。让孩子在纸上表现一定深度的画是有困难的，因此画面上就会出现一种没有远近、没有前后、没有大小的任意排列的平面图，而且他们把一切东西都放在一条表示地平线的基底上，他们画画不会遮掩、重叠，就是从不同角度看到的东西也统统排列在画面上，即同存表达。

五岁幼儿能够抓住事物的特征及形象，开始画穿衣服的人。仍然是画自己感兴趣和关心的事物，其中夸张了主要部分，忽视或干脆省去了不重要部分。表现动作时，就主观地移动要做动作的那个部分。屋里的陈设在室外根本看不见，也要透过墙壁画出来，并认为不这样反而是错误的。这是学前期绘画表现的一大特点，即透视画法（即所有物体都是透明的存在）。这种求全、求实的表现法，正是儿童心理的正常反映。这些都说明孩子画的还不是他看见的东西，是他认知的东西。这时让他画写生画，他看一眼对象就凭自己的印象去画了。因为儿童观察事物的方法和成人不同，他们还缺乏理性的分析和比较能力，只能凭感觉、印象画画，对印象深的部分容易夸大。这也是幼儿能够把听到的事情在头脑中形成的印象画成画的原因。他们开始运用基地线，试图用绘画表达事物之间的关系，从一维空间的并列表达方式到系列化的表达方式。这正是儿童画的“黄金时期”。孩子的天真应注意保护，让它充分表现出来。

六岁幼儿随着生活面的扩大，认识和理解力比早年时有所发展，画中能逐步掌握物的基本形状，画面也比以前丰富。这时，他们注意表现出对象的特征、动态和生活环境，能根据自己的感受画出熟悉的人物和生活，由于常常以想象代替观察，孩子画画的内容十分广泛，海阔天空，任意幻想。他们望见星星和月亮像盏灯，就想到月亮上去读书；看见星星爱眨眼，就想和星星打电话。这一时期幼儿坚决地利用基地线建立事物秩序，具有凭借听到的故事在脑海中形成事物的印象的非凡能力。开始做图案游戏，把事物做抽象化表达，对六岁孩子的绘画能力的培养，不可忽视的是图案纹饰的绘画。

综上所述，幼儿是“画所知而非画所见”，即把自己认识到的事实按照自己的感受画出来，而非写生。孩子想要画出来的，就只有孩子能够了解到的事实，即孩子内心的真实。学龄前儿童首先考虑的不是绘画技巧，因为作为目标的绘画对象在孩子的脑海中没有形成深刻印象的话，孩子就不可能画出画来。技巧只是实现目的的手段而已，丰富孩子的生活体验是最好的指导。就像日本的鸟居昭美在《走进孩子的涂鸦世界》一书中所述：有了有趣的事件，才会有想画画的心情，才能够倾注真心去画画。儿童只有在自身丰富的体验想要表达时，才会有真正属于儿童自己的绘画。如果希望孩子画出活生生的、充满感动的、倾注真心的画，就要保证孩子有那样的生活和体验。体验所产生的感受和经验是幼儿绘画的源泉。

二、绘画活动的类型与要求

对幼儿绘画活动的分类各不相同，孔起英在《幼儿园美术教育》中分为命题画、意愿画、装饰画；林琳、朱家雄在《学前儿童美术教育》中分为物体画、情节画、装饰画；笔者认为侧重于有组织的集体绘画教育活动而言，意愿画不占主体，意愿画是由幼儿独立地确定绘画的具体内容、形式和表现方法，在活动区活动和自由活动时间以及家庭中表现更多，所以在这里按照后一种分法具体阐述。

（一）物体画

物体画是以单一的物体为描绘对象，在观察的基础上表现物体的形状、颜色、结构、特征，以培养幼儿造型能力为目的的绘画类型。物体画是绘画活动的起点，对发展幼儿的观察力，提高绘画能力有着重要的意义。

物体画的表现内容极其广泛，如人、动物、事物等，但是各年龄阶段儿童的绘画发展特点不同，要经过分析加以选择后确定。小班幼儿认识能力差、生活经验少，所以要选择幼儿感兴趣、较熟悉、接触过的、轮廓简单的物体来描绘。只要求幼儿表现出物体的基本形态即可。中班幼儿可以在小班幼儿的基础上选择稍微复杂一些的物体来画，比如从单个基本形状向两个或两个以上的基本形状组合的较复杂的物体上过渡。要求幼儿能表现出物体的独有的特征。而大班幼儿已经积累了丰富的认知经验和作画技能，所选择的物体内容也日趋丰富和复杂。并且可以更多地描绘物体的细节，比如人物、动物的不同动态，事物的不同姿态，结构较为复杂的物品等。要求幼儿不仅能画出物体的基本形态和主要特征，也能画出许多细节来丰富画面，表现物体的综合特征。

物体画是以幼儿对物体的观察和辨认能力为基础，也以其为目的的绘画类型，所以详细的观察、深入的感知、多方位立体的认知对幼儿的绘画十分有帮助。正如之前所述，幼儿是画所知而非画所见，深刻的感知和体验是幼儿绘画的源泉。传统的绘画教学以“教师示范，幼儿练习”的教育模式为主，幼儿的绘画就是对教师范画的临摹。幼儿的绘画活动变成机械的模仿，而非心灵的表达，孩子的作品千人一面，大同小异，造成“老师不教，我就不会”的局面，严重禁锢了幼儿的思维。有一些教师把绘画某一事物的简单步骤编成朗朗上口的儿歌，易记易学，幼儿见效快，很受家长的欢迎，这也是众多美术兴趣班惯用的教学方法，甭管是哪里的小朋友画中的树、房子、太阳、云彩、花朵都像一个老师教的，但是这种规范的“简笔画”教学是成人把事物简化成基本形状或把图书资料上的形象直接教给孩子，就像给孩子吃大人已经嚼过的东西，孩子觉得索然无味，长此以往，这种重技能、轻感受的成人式训练对幼儿的观察、创造、想象能力的培养是极为不利的，使儿童画成为了儿童画的“成人画”。所以我们要摒弃传统教法中对幼儿发展不利的因素，让幼儿用自己的眼睛去观察、用自己的心灵去感受、用自己的画笔去描绘。

（二）情节画

情节画是幼儿根据某个主题的需要，把与之相关的物体形象恰当地安排在画面上，是在物体画基础上的进一步提高。情节画要求幼儿将多个形象进行有机的组合，正确地表现各形象之间的相互关系，从而表达一定的主题。

小班幼儿只能简单地表现物体的基本形状，所以小班幼儿不具备画情节画的能力，故而没有要求。中班幼儿的情节画主要是在画面上简单布局，罗列式地画出与主题相关的事物形象，多是重复地画一种物体，添加简单的背景事物，比如画“小兔吃萝卜”，可以画上多只小兔，再添上一些萝卜、小草等。大班幼儿随着生活经验的不断丰富、绘画能力的不断提高，可以根据故事描绘情节，也可以跟随音乐想象情节，更可以根据主题选择情节。

画音乐：给幼儿听有主题的音乐，比如《金蛇狂舞》、《溜冰圆舞曲》、《钟表店》等，让幼儿跟随音乐大胆想象，画出有主题的情节画。

画故事：幼儿有听故事绘画的非凡能力，根据故事中角色的关系来确定画面中各形象之间的关系，展开情节。

画生活：生活中有很多精彩的瞬间，比如过节、郊游、做客等主题，都是很好的生活情节画的题材。日记画也是包含在这一类型中的。

画梦想：孩子好想象，做梦、长大后的我、阿拉丁神灯等一类的主题，便于幼儿组织画面，事物之间的关系没有严格的逻辑要求，是较适合幼儿的主题选择。

相对于物体画的造型而言，情节画更重构图，教师可引导幼儿通过欣赏和分析好的构图方式，教给幼儿多种构图的方法，比如，主体事物画大，其他事物画小；近处的画大，远处的画小等，逐步培养幼儿的空间知觉能力。

（三）装饰画

装饰画是幼儿运用色彩、线条在平面上有一定规律地进行装饰的表现方式。对于形式美的感知，手部动作的准确性，耐心、细致的操作习惯有较好的培养作用。

装饰画也主要在中大班开展。从简单的纹样逐步发展到复杂纹样，从连续、反复的、对称均衡的等稍微简单的形式美原理过渡到较为复杂的节奏与韵律、对比与调和等图案装饰法则，从一两种纹样发展到多种复杂的纹样装饰。

装饰画的引导从欣赏开始，在欣赏的过程中观察、发现图案的不同种类，分析图案装饰的规律，继而举一反三，通过有效的经验迁移再进行创造。比如，通过欣赏不同的手绢、毛巾、袜子上的纹样来尝试设计自己的手绢、毛巾等。许多具有民族特色的纹样装饰是欣赏的最佳选择，同时能让幼儿了解和领略民族文化的特点。

三、绘画活动内容的选择

绘画活动内容的选择是教育目标实现的载体，也是教学目标实现的关键所在。绘画内容的选择既包括绘画表现形式的选择也包括对绘画题材的选择。内容选择的适宜性是绘画活动成功的关键因素。幼儿园绘画活动内容的选择主要考虑以下三个因素：

（一）幼儿园绘画活动的发展目标

活动的目标是活动内容选择的根本，是出发点也是归宿。依据《幼儿园教育指导纲要（试行）》和《3~6岁幼儿学习与发展指南》等文件精神，幼儿园美术教育的目标应定为激发幼儿参与美术活动的兴趣，让幼儿喜欢各种美术活动，同时在感受和体验、创造与表现的过程中提高幼儿的审美能力。所以绘画内容的选择要以幼儿的兴趣为出发点，提供给幼儿用自己喜欢的方式进行表现的机会，鼓励幼儿大胆地想象，运用不同的艺术形式表达自己的感受和体验。

（二）幼儿自身的生活经验和水平

阿恩海姆认为，“儿童所画就是他们所见、所想的”。也就是说幼儿的生活经验是幼儿绘画的源泉。那么，绘画内容的选择必须贴近幼儿的生活经验，是幼儿看过、听过、接触过的，只有那样，幼儿才能表现出有情感的儿童画。另外，不同年龄的发展水平不同，同一年龄的幼儿水平也有差异，所以绘画内容的难易程度要与当下孩子的发展水平相适宜。这一部分的重要性和原因所在在前面的部分已经详细说明，在此不再赘述。

（三）绘画自身的特点和规律

绘画是造型的艺术、色彩的艺术。构成绘画的基本要素，对于幼儿来说，就是点、线、形、色彩、构图等。所以，在选择绘画内容时要将这些基本要素考虑进来，要让幼儿不断积累基本的造型和色彩知识和能力，幼儿心中的感受和体验才能够通过绘画的形式表达出来。

第二节　绘画活动设计思路与指导要点

一、绘画活动的设计思路

（一）基本环节

1. 绘画前的感知与体验

通过丰富的体验让幼儿获得情感的准备、认知的准备、技能的准备。儿童绘画是画所知而非所见，作画是凭着感知和记忆的结果，而不是现实自然状态下观察的结果。幼儿是通过对周围生活反复的感知，进而获得对感兴趣的事物“形”的掌握。儿童不愿对一个毫无兴趣的东西画像，也不能表现一个没有任何认知的东西。打一个简单的比方，幼儿从没有见过猴子，不知猴子是何物，又怎能表现出姿态各异、妙趣横生的群猴图？只有在仔细观察、获得更多认识和了解的基础上去表现，而对于事物的认知我们提倡用自己的体验去感受、去观察、去建构，而不是依葫芦画瓢。正因为幼儿对事物的兴趣点、观察点和表现方式存在差异，才能在绘画中出现个性化的表达。而这种体验的过程要调动各种感官，运用多种途径和方法去完成，孩子的感受和体验越丰富，他表现的事物才会越丰富。要让幼儿在绘画前获得丰富的体验，有以下六种方法可以尝试：

（1）视觉观察法。美术本身就是一门视觉艺术，幼儿通常是通过视觉、触觉达到对事物“形”的感知，并产生对“形”的联想。每个幼儿都具有不同程度的观察力，而是否敏锐则取决于幼儿对观察对象是否感兴趣，在这个过程中，成人的引导和启发就十分重要。我们要做的是教会孩子如何观察。实物、图片、视频的观察能丰富幼儿对事物的表象经验，有利于对绘画主题特征的认知，所以我们把欣赏和观察作为活动的先导。能作为幼儿欣赏和观察的对象有大自然的万事万物（彩虹、蝴蝶、花等）；大师作品、原始艺术，想象力丰富的民间艺术、现代工艺，童趣十足的儿童作品，一切美的事物都可以让幼儿欣赏。要尽可能地提供仔细观察实物的机会，帮助幼儿建构物体的表象。

（2）游戏体验法。游戏是幼儿最适宜的学习方式，游戏体验可以解决绘画中的重难点。我们分析孩子在绘画主题中什么地方是重点（事物的主要特征）、难点（可能成为孩子表现的障碍的地方），设计适当的游戏，让孩子通过更多的感官来体验其中的内在关系。在托班的《太阳公公的糖葫芦》中，为了让孩子掌握糖葫芦是一个一个串在一个棍儿上的特点，老师除了让孩子自己用乒乓球制作一串糖葫芦来体验外，还让孩子们扮演糖葫芦宝宝一个一个串在一个长长的竹竿上的游戏来让孩子掌握这一难点，孩子们在帮助太阳公公串糖葫芦的时候非常认真地完成一个挨一个串在竹签上（在一条直线上手指点画）的任务。又比如大班的《金蛇狂舞》，孩子们通过在音乐声中玩舞龙的游戏来感受龙蜿蜒的形态，在体验后，龙的形态活灵活现地跃然在幼儿的笔下。

（3）模仿表演法。孩子有一百种语言，对事物的感知和表现也会用动作来表达。而幼儿阶段的模仿能力极强，根据孩子的这一特点我们在引导幼儿体验绘画主题的时候也会用到模仿表演的方法，实践证明十分有效。如小班《美丽的焰火》中，让孩子们用肢体动作来表演盛开的焰火，随着老师“嗤—砰”的点火声，孩子们从蹲地抱团到跳起展开双臂，尽量打开五指来表现四射的线条，为了更好地表现焰火线条的四散，小朋友合作表现，有的向上、有的向下、向左、向右尽力展开，由于这种体验的深刻，孩子们都大胆地用有力的放射性的线条生动地表现出了焰火的图案。

（4）音乐想象法。音乐和美术同为艺术，有相通的感觉，在美术中融合音乐就让孩子的想象插上了翅膀，飞得高、飞得远。结合不同的绘画主题，尝试着融入了不同的音乐，有时以音乐为主，在欣赏和理解音乐的基础上画音乐中的故事，大胆表现对音乐的感受，如《金蛇狂舞》、《钟表店》、《溜冰圆舞曲》……有时把音乐作为辅助手段，比如在小班活动《大雨小雨》中将线条的粗细和音乐的轻重联系起来让幼儿感受：大雨下来重重地唱，画粗粗长长的线条；小雨下来轻轻地唱，画细细短短的线条。又比如《彩带跳舞》的活动中，听着不同的旋律，“彩带宝宝”跳着不同的舞蹈——螺旋舞、波浪舞、圆圈舞……不同的线条也随着音乐在孩子们的画纸上舞动着。

（5）故事激发法。语言是最为直接的一种表达方式，优美的语言也能创造出美的意境，给幼儿美的感受，启迪幼儿的思维，让幼儿展开想象的翅膀。幼儿都具有“泛灵性”，用故事、散文、儿歌等创设出绘画的情景，能很好地激发幼儿的创作欲望。比如托小班的孩子在练习点、线等活动时会没有兴趣，但是孩子很喜欢帮助人，运用故事创设的情景能很好地解决这个问题。《小刺猬背果果》是让孩子通过给刺猬添画“刺”来画短线，故事中刺猬宝宝找刺的有趣情节，让孩子急于帮助小刺猬长出刺来，不厌其烦地画。《爱吃食物的毛毛虫》中，毛毛虫吃一点东西就长出一节身体的情节，让孩子们乐呵呵地“长出”一条一条的毛毛虫，孩子在不知不觉中习得了圆的画法。

（6）物象分析法。对物体表象进行分析和重组是美术创作中常用的方法。华人用这种方法创造了“龙”的形象，而现代动画片中的很多人物的造型也是物象分析方法运用的结果。这种方法也能在幼儿绘画中运用，对孩子创造力和想象力的发展有很大的作用。大班活动《想象的动物》，让孩子们在观察一些动物最有特点的地方（羚羊的角、长颈鹿的脖子、孔雀的尾巴等）的基础上，在故事营造的“地球震动过后产生的全新动物世界”的奇异情景中，构思出了想象奇特的“龟狗——龟乌头狗的身体”“羊蝶”“狐狸骆驼”等动物。《彩瓶奇遇记》也是根据对彩瓶的形态的联想和变化，创造出彩瓶上天、下海后的奇特经历。

2. 创作时的表达与表现

有了丰富的体验，孩子心中有物也就能下笔有神了，但是并不是孩子开始作画之后，教师就可以不闻不问了，因为游戏的美术重结果更重过程。在幼儿绘画的过程中依然需要教师的个性指导。这里强调个性就是强调要尊重幼儿的个性表达，慎用榜样范例影响幼儿思维。有很多老师习惯于在幼儿绘画的时候来回巡视，一旦发现比较合自己心意的作品，迫不及待地抓起来让其他的幼儿学习，导致本来很有想法的幼儿都跟随这个老师表扬的作品而去了。这是一个在绘画指导中最不提倡的做法。另外，倡导老师多用建议性的指导语言，启发幼儿思考。如发现孩子的画面不够丰富，可以用角色情景式的语言帮助孩子去扩展、联想，孩子在构图上不够合理的时候可用建议的语言提醒他思考。在孩子画《小蚂蚁的故事》时，老师用“你的小蚂蚁只有一个人好孤独哦，你能帮它找来一些小伙伴吗”给一个画了一只小蚂蚁就无所事事的孩子提建议，一会儿这个孩子画出了一群小蚂蚁，一边画一边还说“小蚂蚁不孤独，有蚂蚁妈妈，还有蚂蚁爸爸、蚂蚁哥哥……”。老师用“你的蚂蚁都在做一个动作哦，能不能试试让它们做不同的事情”给一个把蚂蚁画成一个姿态的孩子提建议，孩子大声地说“能”，同时在画纸上画出了形态各异的蚂蚁……在实验中发现这种建议性的语言对于孩子绘画的指导效果很好。最后要强调的就是要给幼儿充足的绘画时间，让孩子能够把他心中的想法淋漓尽致地表达出来，一个作品可以用几个活动的时间让孩子来完成，不催促孩子，不寥寥收场。

3. 对作品的表达与评议

幼儿画完画之后绘画活动并没有马上结束，创作后的表达和评议也对提高孩子的绘画水平有很重要的作用。应鼓励幼儿用语言表达画中的故事。幼儿在集体前分享、跟同伴互讲、让父母记录孩子的故事等都是很好的表达方式，不仅可以让幼儿对绘画更有兴趣、更有成功感，而且对于孩子的语言表达能力的培养作用不可小觑，有研究证明经历这种培养的孩子在入学之后的看图作文、口头作文的能力比一般的孩子强很多。开始孩子可能只能说只字片语，但是长此以往，循序渐进，孩子的口语表达能力能得到很大的提高。

对于孩子作品的评议，要把握评议的指导作用，不是简单评价谁画得好、画得像，而是在造型、用色、构图等方面给孩子适当的建议。要注重评价的多元化和激励导向。评价既包括对幼儿美术作品的评价，也包括对幼儿美术学习过程的评价；评价的主体和方式既包括教师的指导性评价，也包括幼儿的自我表达与评价，还包括同伴间的互相交流与欣赏。有老师运用“星星榜”的评价方式实现了多元的评价，即孩子们约定不同颜色的星星分别代表自己、同伴、老师和家长，自己可以给自己加星，也能把星星送给同伴，家长和老师都可以送出自己的星星，这样一来，孩子的作品上多了不同颜色的星星，更多了同伴、老师和家人的鼓励。最后别忘给孩子提供作品展示的机会，珍视孩子的作品。

（二）程序变式

上述三个环节是幼儿园绘画活动的基本环节，三个环节不一定机械地在同一课时中完成，应保证幼儿有足够的绘画时间。第一个“感知与体验”的环节也可以和其他领域的活动结合起来进行，比如，绘画活动“小猴吃西瓜”，对小猴的观察和认知可以和科学活动结合，小猴吃西瓜的故事可以和语言活动结合。这样在单位时间的绘画活动，就有足够的时间给幼儿表现。再者，评价环节可以在幼儿作品展出以后，结合生活活动来进行。另外，在幼儿接触新的绘画工具和新的绘画形式的时候，还需要有“探索与发现”这个环节，接下来就这个环节具体阐述。

探索与发现

“这是幼儿对各种工具材料的特性和某些操作方法与技能进行探究和尝试的过程。”① 这一环节一般应以幼儿自主探究基础上的自我发现为主，教师可以给予一定的提示，最后进行必要的总结、提升和推动。探索与发现的前提是要让幼儿有机会接触与使用相关的操作材料，使幼儿发现和了解有关工具材料的特性和一定的操作技法。此时，教师应尽可能避免直接使用“示范”、“讲解”或“演示”等方法，先给幼儿一个自主探究的时间和空间，以保护幼儿探索与发现的积极性。当然，某些比较特殊或复杂的技法靠幼儿自己探索会有一定的困难，教师可以直接采取演示的方法，以帮助幼儿较快地掌握操作方法，使他们可以有重点地从操作过程和作品创作中获得成就感和乐趣，

① 边霞. 幼儿园美术教育活动的组织实施. 幼儿教育，2009（16）.

提高活动效率。比如，幼儿刚接触油画棒时，应让幼儿自由探索油画棒不同的使用方法绘出的不同效果。又比如“油水分离”的绘画表现手法，让幼儿尝试蜡笔或油画棒画过之后再刷水粉的神奇效果，让他们自由探索浅色和深色的不同。

幼儿园通常需要特殊工具的绘画类型，比如印章画、棉签画、手指画、滚画、吹画、拓印画等。多元的工具和材料，以及表现出来的特殊艺术效果，对激发幼儿参与美术活动的兴趣，感受不同的绘画风格大有裨益，幼儿园要尽可能地提供不同的材料和工具，让幼儿进行大胆的尝试。

二、绘画活动的指导要点

（一）多元、整合的美术活动

腾守尧教授说过：“当今教育之迫切的，是从各科的无限分裂走向新的融合，使各学科之间形成一种生态关系。也就是说，从现在起，必须发展一种生态式融合教育。”我们提倡以美术活动为载体的融合式教育，围绕美术活动中的主题，自然地融合其他领域的元素，安排与之相关的科学、语言、艺术、社会、健康领域的幼儿绘画准备活动。比如在画物一类的主题时，先安排一些对这些事物探索和认识的科学活动，让幼儿积累相关的认知经验和情感积累，绘画时能一触即发，自然天成。

（二）充分的感知和体验是幼儿画画的前提和基础

幼儿的艺术表现是与其直接感知的环境有关的，如果没有充分的感知和体验，单凭简单的示范和临摹、一味的技能训练，不能引起幼儿的情感共鸣和表现欲望，幼儿的作品是缺乏感情和创造性的。幼儿只有亲自观察事物，才能对它们有一个较完整、生动、形象的了解。所以，感知和体验是幼儿美术活动的灵魂。如教师准备引导幼儿画狮子，可以事先请家长和幼儿去动物园看看狮子，甚至和“温顺”的狮子合影，然后听老师讲狮子王的故事，欣赏狮子可爱的图片，猜测想象大狮子和小狮子的对话，模仿狮子的姿态。经过这样的感受和体验，幼儿创作出的是表情、姿态各不相同的狮子，讲述的是自己心中不同的故事。儿童只有在自身丰富的体验想要表达时，才会有真正属于儿童自己的绘画。体验所产生的感受和经验是幼儿绘画的源泉。

（三）融美术技能于快乐的体验之中

美术活动的开展是和美的创造技能分不开的。从随意的涂鸦到体验的表达，从表达感受到富有美感的创作，幼儿需要对“美”的表达，也要对“术”的需求，“美”与“术”是相互融合、缺一不可的，然而“术”的给予是教师“教”的艺术所在。李慰宜老师说：“我们教给幼儿的不是技能技巧，而是眼光。”技能的获得是为了更好地运用，技法的给予是为了更美地表达。我们要教给孩子的是“点、线、形、色彩、构图”

等造型元素，至于儿童怎么去运用这些元素，是他们自己的事。而这些美术基本元素的学习也应该融入愉快的体验和游戏中。如“欢乐的曲线”活动中，先让幼儿“走小路”——用肢体感受在不同曲线上流动的感受，再让幼儿在众多的图片中找出隐藏的“曲线宝宝”，继而用彩带自己挥洒出不同的曲线，再记录下“曲线宝宝”的舞蹈。幼儿技能的获得和情感体验融为一体，自然灵活地习得美术技能，并为幼儿的创造打下基础。又如“我爱运动”的活动中，幼儿在愉快的音乐伴奏下自由地选择各种器械进行运动的体验，观看奥运精彩瞬间的视频，表达的欲望已经产生，但苦恼于对运动人物表达的技法，教师恰到好处地运用教学具“卡纸人”，让幼儿在愉快的游戏中将立体视觉到平面艺术成功地迁移，幼儿所创作出的运动场面个个精彩无比，让人叹为观止。

（四）开展具有游戏倾向的美术活动

绘画本身就是孩子的游戏，切莫让绘画活动变成枯燥的练习。教学设计的最高境界莫过于“教育无痕”。好的绘画教学活动就像孩子的游戏，在玩色彩、玩线条的过程中不知不觉地感受美、创造美。比如托班的活动“蚊子死光光”，孩子们在用蚊香（画螺旋线）、拍蚊子（手掌印画）、喷蚊子（感受色彩融合和变化）的游戏中感受色彩和练习线条。又如学画封闭的圆是在给小兔铺石子路中完成的；短线、长线的练习是在“下大雨、下小雨”的游戏中完成的……就是这样一个个具有游戏倾向的美术活动，让孩子喜欢上绘画，积累绘画的经验，运用绘画表达自己的所见、所知、所想。

第三节 绘画活动案例分析

物体画活动案例

物体画活动的教学重点在于引导幼儿认真观察，把握物体的基本特征。在引导幼儿进行观察时，首先可以用简单的基本形状来概括物体的各部分，用形象、简练、明确的语言进行引导。并尝试用多种方式对所观察到的特征进行表达，比如肢体动作、借物表现等。其次可以提供物体的多种动态让幼儿观察，帮助幼儿找到各部位位置关系与不同动态之间的联系。必要时可以通过活动教具来实现。再次可以通过系列主题活动帮助幼儿形成多角度描绘物体的造型能力。最后可以运用不同的工具和表现形式，极大地调动幼儿物体画活动的兴趣。以下提供两个物体画活动的教学过程及简要分析，以帮助老师们掌握和理解这一内容的要点。

例1：美丽的焰火（小班）

活动目标：

1. 感受五彩焰火的美，积极用语言表达。
2. 学习用色彩和简单的点线表现盛开的焰火。

3. 尝试油水分离的绘画方法。

活动准备：

1. 知识经验准备：幼儿有过观看焰火的经验。

2. 物质材料准备：焰火PPT和焰火视频；黑色水粉颜料、油画棒、大排刷、彩色小圆片（建议直径为1cm）。

活动过程：

1. 体验与发现。

（1）视频感知。

教师组织幼儿观看焰火视频：你们看见过放焰火没有？什么时候见过？今天我们一起来观看放焰火的情景吧。

提问：这些漂亮的焰火是什么颜色的？五颜六色的焰火像什么？

[评析] 焰火视频一下子吸引了幼儿的注意，使他们感受焰火的美丽，通过观察与交流初步了解焰火的色彩、形态。

（2）图片观察。

教师组织幼儿一起观看焰火的图片：这些焰火就好像可爱的宝宝，它们除了喜欢穿漂亮的衣服还喜欢在空中跳舞呢！你们想看吗？请你们一定要把自己的发现告诉老师和小朋友哟！

①幼儿自由交流，教师注意倾听并个别引导。

②集体交流：你喜欢哪个焰火宝宝？它在空中跳出了什么样的舞？这些线条都是朝什么方向的？你们能用动作学学吗？你们还有什么别的发现？

③欣赏几张奥运会特别的焰火造型。

小结：焰火宝宝会跳点点舞、直线舞、弧线舞还有波浪线舞，有时候它们还会同时跳几种舞蹈呢，真了不起！

[评析] 拟人化的口吻让焰火有了形象，用跳的什么舞来引导幼儿对焰火形态以及线条的观察，线条有点、有线、有直线、有曲线。

（3）游戏体验。

玩游戏——放焰火。

教师：小朋友想不想当焰火宝宝？下面我们就玩个放焰火的游戏，你们都来当焰火宝宝，我来放，好吗？看看哪个焰火宝宝跳的舞最有趣。

幼儿蹲下，教师做点火状，当听到“嗤—砰”时，幼儿学焰火做动作。鼓励幼儿向不同方向、做出不同的造型。引导幼儿用动作表现焰火的线条是围绕一个中心向四周发散的特点。

[评析] 用肢体的表现进一步分析了焰火表现的难点——线条是围绕中心向四周发散的这一特点，游戏的方式更是激发了幼儿参与的兴趣。

2. 创造与表现。

（1）提出任务：焰火宝宝跳出的舞蹈真美丽，你还见过它们跳过不一样的舞蹈吗？

把它们画下来给大家欣赏吧！

(2) 交代要求：焰火宝宝要朝不同的方向跳舞哦！你的焰火宝宝会跳什么舞蹈呢？

先用油画棒画焰火，然后在老师的帮助下用大排刷为作品刷上黑色的天空。引导幼儿发现刷上黑色的天空后，焰火宝宝的衣服颜色有变化吗？

指导要点：建议作画前教师先请幼儿将彩色圆片分散贴在画纸上，方便幼儿围绕小圆进行绘画，把控焰火的方向。鼓励幼儿大胆作画，用不同的颜色和多样的点、线来作画。关注幼儿握油画棒的姿势。在为作品刷背景的时候，要引导幼儿从一个方向向另一个方向刷，及时给予幼儿鼓励和帮助。

[评析] 彩色圆片的运用化解了幼儿绘画四散线条的难度，油水分离的画法更是让幼儿感受到了绘画的神奇，深深地感受到了美。

3. 评议与表达。

(1) 互相交流：刷上了黑色的天空以后，焰火宝宝的衣服有变化吗？这种现象叫油水分离。和旁边的小朋友说说，你的焰火宝宝穿了哪些颜色的衣服？跳了什么舞蹈？

(2) 集体欣赏：说说同伴的焰火宝宝有哪些颜色？它们跳的什么舞？学学看。

(3) 同伴互评：给你喜欢的焰火宝宝送一颗颗闪闪的红星吧！

[评析] 焰火的闪亮和美丽深受幼儿喜爱。油水分离的作画方式，能很好地将焰火转瞬即逝的美丽呈现出来。而且对于小班幼儿来说，这样的作画技能也是完全可以做到的。在活动中，教师要充分调动幼儿各个感官，让幼儿在看、听、说、玩等多种形式中，感受焰火颜色的丰富、造型的多样。这也是作画的前提。在幼儿绘画过程中，教师要采用多种方法帮助幼儿把控作品的方向和效果，如将小圆片在画前分散贴在画纸上，再进行作画，更便于幼儿创作。刷黑色的背景时，首次可以由教师帮忙进行，引导幼儿观察油水分离的现象。能力强的幼儿可引导其独立进行。

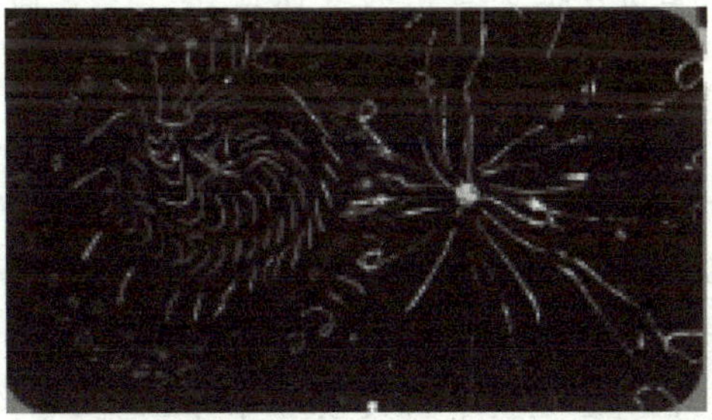

（武汉大学幼儿园一分园　邢美婷）

例 2：运动人（大班）

活动目标：

1. 乐于观察人在运动时的姿态变化。

2. 学画简单的运动人。

3. 大胆表现自己知道的运动项目。

活动准备：

1. 知识经验。

(1) 晨间户外活动，提供各种器械，有意引导孩子观察一下自己的姿态。

(2) 和父母一起看一场自己喜欢的运动比赛。

(3) 知道一些运动项目的名称。

2. 物质准备。

自制PPT《我爱运动》，卡纸人若干，粗勾线笔、排笔、水粉若干。

活动过程：

1. 观察图片上运动人的姿态特点。

教师：他们都在干什么？（游泳、举重、体操、跑步等）你是怎么知道的？（他在做这个动作，和站立不动的人不同）哪些地方不同？（头、身体、四肢）游泳的人为什么看不见身体了？（被水挡住了）

教师：仔细看看他们的头是朝什么方向的？（朝前面，朝侧面）都一样吗？哪两个一样？

[评析] 回顾以往的生活经验——认识各种类型的运动，并初步感知了正面、侧面及倒立的头像所表现出的不同特征。

2. 模仿运动人的动作，感知运动时身体部分的变化。

教师：能学学他们的动作吗？

教师：他们做这些运动时身体是怎样的？边做边说出身体的变化。

教师：头是怎样的？手臂是怎样的？两条腿是怎么做的？中间的身体会怎样？

[评析] 教师遵循“充分的感知和体验是幼儿绘画的前提和灵魂”的教学理念，让幼儿通过细致观察、肢体模仿及描述自己的身体动作三个方面做好绘画前的情感准备、认知准备和技能准备。

3. 摆弄学具卡纸人，进一步发现运动姿态如何表现。

给每个小朋友一个各关节会活动的卡纸人，自己做动作自己摆。

教师：神秘卡纸人也来做运动了，把你会做的运动用卡纸人摆一摆。

两个小朋友一组，一起玩游戏，你摆我做，我摆你做。

[评析] 运用“卡纸人”这一教学具突破“眼中立体人”到“画面平面人”的难点，让幼儿能随心所欲摆出各种运动瞬间人的姿态特征，并大胆模仿表现出来。突破了绘画中的难点，幼儿明确了运动中人的姿态，实际就是头、身体和四肢的位置关系不同而已。

4. 表现与创造

教师：你还知道哪些运动项目？小朋友平时爱运动吗？你们会做哪些运动？我们来个比赛吧：把你知道的运动项目都画下来，比比谁画的运动项目最多，而且让别人一眼就能看出来你画的是什么项目，好吗？比赛开始！

［评析］通过教师一系列的提问，既扩展了幼儿说出更多的运动项目，也激发了幼儿绘画多种运动项目的兴趣。

5. 评议与表达

（1）互相交流：说说你画了哪些运动项目？

（2）集体欣赏：猜猜别人画了什么运动项目？

（3）同伴互评：给你喜欢的运动小人旁边画上彩色的泡泡吧！

［评析］在作品评价时，让幼儿主动自我评价并和同伴互相评价，每个小朋友既是评价者也是被评价者，既评价自己的作品，也评价别人的作品，并且使评价巧妙地成为作品的背景装饰。

（武汉大学幼儿园一分园　卞丹丹）

情节画活动案例

情节画活动的教学重点是物体空间关系以及绘画主题的突出。物体的空间关系就是幼儿对构图的思考，教师可以给幼儿提供优秀作品的赏析来帮助幼儿建构这方面的经验。主要形象与次要形象的大小、位置关系，以及与绘画主题的密切程度是构图的依据。主体物画大、画在中间的位置是一种最为常见的构图方法。当然不应当用千篇一律的方式来限制幼儿，而应鼓励幼儿大胆想象，逐步丰富情节，让画面充实起来。情节画的准备以开启幼儿的思维、激活幼儿的想象、丰富幼儿的认知经验为主要目的而展开。可以通过提问、谈话的方式，帮助幼儿进行创作前的构思和创作表现。

例：彩瓶的奇遇记（大班）

活动目标：

1. 大胆对彩瓶的外形展开联想。

2. 了解彩瓶的形状、颜色及花纹秘密。

3. 能依某个场景表现出彩瓶的变形。

活动准备：

1. 场地布置：彩瓶图片若干张及实物彩瓶若干个布置成“彩瓶展览会”。

2. 物质材料：PPT 制作：(1) 各种各样的彩瓶。(2)《彩瓶奇遇记》(动物王国、大海、草地、城市图片各一张)。(3) 动画制作（彩瓶房子、飞机、热气球）。彩笔、画纸等。

3. 知识经验：对彩瓶的外形有一定的认识。

活动过程：

1. 参观“彩瓶展览会”，了解彩瓶的不同外形。

(1) 幼儿自由参观彩瓶的实物及图片，幼儿之间互相说一说。

教师：请小朋友仔细观察彩瓶的形状、颜色及花纹有什么不一样？

[评析] 漂亮的“彩瓶展览会”、各式各样的彩瓶实物及图片，使孩子们的视线立刻集中到活动中；而开放式的观察讨论，让孩子们的参与更加积极，活动更加热烈了起来。

(2) 总结彩瓶的几种类型，知道形状、颜色及花纹都不一样，并能大胆说出来。

教师：你们刚才看到了哪些形状的彩瓶？感觉它们像什么？给它们加上什么就变成了什么了呢？(如加上翅膀变成小鸟)

[评析] 幼儿展开了积极的讨论，都想把自己观察到的告诉同伴，气氛热烈又活泼。教师可让幼儿总结归纳几种类型的彩瓶，从不同方向观察彩瓶的形状，为下个想象环节做好铺垫。

2. 讲故事，展开对彩瓶的联想。

教师：这些彩瓶要去旅行了，它们都会遇到怎样奇特的事情呢？我们一起来听一听。

故事《彩瓶奇遇记》

在美丽的彩瓶故乡里，住着许多各式各样漂亮的彩瓶。一天，淘气的彩瓶红红偷偷地溜出了彩瓶故乡，来到了陌生的动物王国里，小动物们发现了这一“新鲜物”，非常地好奇，红红看到这个情景特别得意，它一会儿躺着身体添上车轮，变成汽车带着小动物去森林；一会儿添上翅膀，变成飞机带着它们翱翔天空；一会儿又立着身体添上手脚，变成美丽的公主与小动物们一起做游戏……就这样，彩瓶红红的旅行才刚刚开始呢。

[评析]《彩瓶奇遇记》有趣的故事情节——彩瓶像热气球、像飞船、像天鹅等，不仅吸引幼儿，而且激活了幼儿的思维，为幼儿提供了想象创造的基础和平台。

用 PPT 动画的形式呈现，让幼儿依据背景情景进行联想，并用语言表达出来。

[图一] 教师：彩瓶来到了动物王国里变成了什么？

幼儿 A：汽车；幼儿 B：飞机；……

那它变成汽车后是什么样子？我们要为它添上什么？(车轮、窗户、翅膀……)

[图二] 教师：彩瓶来到了蔚蓝大海里变成了什么？(潜艇、鲨鱼……)

[图三] 教师：彩瓶来到了草地上变成了什么？(房子、飞机)

[评析] 通过故事的引领，幼儿在生动的背景图下已能各抒己见，大胆地用语言表达自己的想象。当彩瓶房子、飞机、热气球等真的出现在屏幕上时，气氛热烈又活泼，同时让幼儿在不知不觉中学习了技能，使幼儿乐于参与，积极表现。

[图四] 教师：彩瓶来到美丽的城市里会变成什么？

幼儿 A：我希望它变成大巴士，这样我每天就不用等车了，有很多的门和窗户，八个轮子……

幼儿 B：变成一个天使姐姐就好了，可以陪我玩，还可以教我魔法……

[评析] 当孩子们的想象圈越来越小时，问题移到了日常生活中，贴近现实后幼儿的话题就更加地多了，议论声迅速蔓延开了，活动又掀起了一波高潮，幼儿的回答更加丰富有趣了，为绘画环节打下了很好的基础。

3. 绘画活动：创造出富于幻想和情趣的作品。(伴随轻柔音乐声)

请幼儿闭上眼睛，教师慢慢提问幼儿，让他们在脑海中构图。

教师：你想把彩瓶变成什么？你想怎样变换它的身体？你是横着放还是竖着放？你是想把彩瓶画上窗户变成房子，还是想把彩瓶添上车轮变成汽车，还是想变成更多有趣的东西？……

[评析] 简单的引导性话语，给孩子们在心里构图的时间。伴随轻柔的音乐声，幼儿急于想把自己想象的各种“彩瓶”表现在画纸上。

4. 分享故事并评价作品。

(1) 讲故事，同伴互相讲述绘画内容，展现自己的想象能力及语言表达能力。

[评析] 教师在这里提供了一个说自己故事的环节，让幼儿充分表达了自己所画的内容的含义，小朋友们都抢着找伙伴讲故事，兴趣很浓厚，展现了自己的想象能力及语言表达能力。

(2) 评价方式：五角星填色。①自评；②互评。

[评析] 这一环节符合大班年龄特点，评价方式简单有效，非常地巧妙，使幼儿积极参与讲评作品的活动中，既注重自我肯定的过程，又能得到同伴的肯定，让每个幼儿都能积极参与。

(武汉大学幼儿园一分园　卞丹丹)

装饰画活动案例

装饰画活动的教学重点在于引导幼儿运用各种花纹、色彩在不同的纸型或物体上进行美化、装饰，以培养幼儿动作的准确性，耐心、细心、整洁、有序的心理品质和良好习惯为主要发展目标。一般地，装饰图案要遵照一定形式美的规则进行描绘，比如对称式、连续式、放射式等，让幼儿积累纹样及排列方法。以引导幼儿欣赏自然界、日常生活以及工艺作品中美的形式为主要手段，潜移默化地熏陶。但是，笔者认为，美没有绝对的规则，在装饰画的教学中切勿过多强调规律性而忽视创造性，更不能让幼儿感觉枯燥而失去兴趣，否则，就极大地违背了幼儿美术教育的根本宗旨。

例：青花印象（大班）

活动目标：

1. 感受中国传统艺术——青花瓷的独特艺术魅力和美。

2. 尝试运用简单的装饰纹样进行创作。

3. 能自主选择适宜的材料进行创作。

活动准备：

1. 知识经验准备：幼儿有过装饰绘画的经验。

2. 物质材料准备：有青花图案的实物，青花瓷的图片，教学PPT，幼儿绘画的工具：纸、纸盘、瓶子、蓝色记号笔若干。

3. 环境准备：现场布置成青花实物和青花瓷图片的展览，《青花瓷》的背景音乐。

活动过程：

1. 感知与体验。

(1) 实物观察，整体感受。

幼儿参观青花瓷的展览，同伴间相互交流。

[评析] 伴随着周杰伦的《青花瓷》的旋律，孩子们步入“青花瓷”的展览会，或看、或说、或触摸，欣赏和感受着青花瓷的美，老师的加入可以有意识地引导幼儿观察的顺序和方法。)

(2) 图片观察，重点突破。

①青花瓷瓶的观察。

观察青花瓷瓶的各部分的装饰纹样，并用动作表现。

教师：从上往下看瓷瓶上有哪些纹样？这些纹样在瓶子的哪个地方？

这些纹样给你什么感觉？像什么？请小朋友用动作比画。

这个纹样是在瓶（颈）的一个地方有还是一圈都有呢？

小结：瓶子的每个部分都是用一种纹样连续排列的。

教师：每种纹样之间有什么？（分割线）我们可以在画瓷瓶的时候怎么画呢？（先画出分割线，然后在每一部分里画上不同的纹样。)

②青花瓷盘的观察。

观察青花瓷盘的各部分的装饰纹样，并用动作表现。

——青花瓷盘上有哪些纹样？它们在盘子的哪个地方？

盘子边缘上的纹样是怎样排列的？

有哪些纹样是我们前面认识过的？

小结：盘子中间可以是一幅画呢。

［评析］这是感知的重点环节，教师引导幼儿发现青花瓷的几种典型纹样，用语言、动作进行表达和表现。

2. 探索与发现。

游戏体验，纹样再识。

请幼儿将老师打印的几种典型纹样，在展览中的实物或图片上对应着找出来并贴上。

［评析］通过游戏环节，幼儿加深了对典型纹样的再感受、再认知，同时从部分到整体观察纹样在瓶子上的位置。

3. 创造与表现。

(1) 幼儿自主选择作画材料：纸、瓶子、纸盘，可以选择其中一种进行作画。提醒幼儿先进行构思，然后绘画。

(2) 指导幼儿大胆地运用典型的装饰纹样进行绘画。

(3) 幼儿自由作画，教师给予适当的建议。

［评析］提供多种绘画的载体，给幼儿选择的机会，先构思再绘画，让幼儿对构图有个预先思考的过程。

4. 评议与表达。

(1) 幼儿将作品随意摆放在展览中，自由地相互欣赏和交流：我是怎样装饰的。

(2) 同伴互评：请幼儿为最喜欢的作品贴上小星星，并进行简单评价。

(3) 老师给同伴互评得星较少的作品给予奖励，并简单说说理由。

［评析］欣赏同伴作品，交流绘画感受，采取多元评价的方式。

（武汉大学幼儿园一分园　陈晶）

思考与练习

1. 如何理解“每一个幼儿都是天生的艺术家”?

2. 用自己的理解讲讲幼儿绘画发展的特点，并能结合具体的幼儿作品进行分析。

3. 你认为用单一范例对幼儿绘画的教育有何利弊?

4. 思考：幼儿绘画之前应该做哪些准备? 帮助幼儿体验和感知的不同方法的目的与作用何在?

第七章　手工活动指导

本章摘要

本章是幼儿园手工活动的实施部分。从幼儿手工活动概念着手，对幼儿手工发展各阶段特点进行了阐述，并从平面手工活动和立体手工活动两个方面深入而全面地讲解了手工活动的类型与要求，以及手工活动内容的选择依据。在此基础之上，提出了手工活动的设计思路、程序变式与指导要点。最后，结合案例，分析、讲解了手工活动的具体指导策略，为教师正确认识手工活动在幼儿发展中的作用，合理设计、指导手工活动，促进幼儿想象力、创造力的发展提供了指引。

学习目标

1. 感受手工活动与其他美术活动形式的不同之处，以及在幼儿发展中的意义，明确手工活动的核心价值。
2. 了解幼儿手工发展的阶段及特点，熟悉手工活动的分类及操作要求。
3. 初步掌握手工活动设计的基本环节、程序变式与指导要点。

第一节　手工活动概述

手工活动是幼儿非常喜欢的一项艺术活动，能让幼儿在动手、动脑中，发挥想象力，激发幼儿的创造性思维，对培养幼儿的认真观察、有意注意以及耐心细致的习惯，形成立体空间观念都有非常重要的作用。

一、手工活动的基本知识与技能

（一）手工活动的概念

手工活动是幼儿在教师的指导下，发挥自己的想象力和创造力，直接用双手操作简单工具，对具有可塑性的各种形状（点状、线状、面状、块状）的物质进行加工、改造，制作出占有一定空间的、可视且可触摸的、多种艺术形象的一种教育活动。

（二）学前儿童手工发展阶段特征

幼儿手工是一种三维创作活动，有其自身的特征，教师应认清幼儿所处的不同发展阶段的特点，进行有针对性的指导和帮助。

1. 无目的的活动期（2~4 岁）

无目的的活动期的幼儿由于手部小肌肉的发育不够成熟，认识能力也很有限，所以手工活动并没有明确的目的，而只是一种纯粹的玩耍活动。他们不理解手工工具和材料的性质，还不能正确地使用这些手工工具和材料。

这个时期的幼儿在泥工活动中，不能有目的地制作出形象。起初他们只是玩泥，只会无目的地用手拍、抓，时而掰开，时而又揉成一个团块，他们把黏泥当作一种玩具，享受黏泥的触觉感，以及黏泥形态的变化感。到了这一阶段后期，幼儿能用黏泥制作出圆球。这种圆球对于幼儿来说，“是代表着一切固体物体——不管是一个人，还是一个动物或是一座房屋”①。这一点，与涂鸦期幼儿在圆形涂鸦阶段用大大小小的圆来代表一切事物是完全一致的。在纸工活动中，幼儿开始不知道剪刀的用途，因而他们看到剪刀就想玩耍。逐渐地，他们在成人的指导下，学会手拿剪刀，但还不会正确使用。纸和剪刀不能配合，纸张经常从剪刀里滑出。即使剪出，也是奇形怪状的纸片。喜欢撕纸，会拿着纸翻来覆去地玩或是一点一点地把纸撕成小块。折纸是一项小肌肉的活动，由于各个年龄阶段幼儿的小肌肉发展水平不同，其折纸技法的要求也不一样。小班技法比较简单，是熟悉折纸的阶段。总之，这个阶段的幼儿还没有表现的意图，只是满足于手工操作的过程，享受着自主活动的快乐，体验着手工工具和材料的特性。

这一阶段，成人应给幼儿提供手工活动的机会，同时注意给他们提供安全卫生的操作工具和材料。不能因为剪刀有危险就不让幼儿尝试，否则不但会影响幼儿手工技能的发展，甚至在一定程度上会影响幼儿人格的发展。可以在充分考虑幼儿手的动作和力量的大小及安全性的基础上，给他们提供儿童专用剪刀，提供的纸张也不能太厚，同时引导幼儿正确使用剪刀及有关材料的方法。

2. 基本形状期（4~5 岁）

这个时期的幼儿由无目的的动作逐渐呈现出有意图的尝试。4~5 岁的幼儿常常在制作开始时，就宣称他将要做个什么，然后才开始着手制作。

泥工活动中，幼儿从拍打黏泥进入用手团圆、搓长的阶段。他们能制作出物体的基本部分。由于手的动作发展还不够成熟，这时的幼儿还不能很好地表现物体的细节，他们塑造出来的物体形象是非常粗糙的。在纸工活动中，幼儿剪纸开始时剪得较为顺手，但只限于剪直线，而且持续很长一段时间而没有多少进步。四岁左右可以开始学习折

---

① 阿恩海姆. 艺术与视知觉. 滕守尧，译. 北京：中国社会科学出版社，1984：283.

纸，当然自发的折纸会早一点，但很难折出成形的东西。到五岁时，能折出比较复杂的东西。如小狗、花篮等，而且折得比较平整。在玩撕纸时，他们能模仿着撕出洞、撕出纸条进行游戏。之后能学着撕一些比较明确的形象，如小鸡、小鸭等。

基本形状期是幼儿手工发展从无目的活动走向样式化的过渡阶段。在这一阶段，成人应该多鼓励幼儿大胆地按照自己的意愿进行尝试，表达自己的意图，培养他们对手工活动的兴趣。同时，还要教给幼儿基本的制作方法，帮助他们实现自己的意图。

3. 样式化期（5~7 岁）

到了这个时期，幼儿的手部精细肌肉发育，手眼协调能力增强，又学习了一些基本的手工工具和材料的使用方法，因而他们的表现欲望旺盛。他们喜欢用各种工具和材料进行制作，以表达自己的意愿。

这个阶段的幼儿在泥工活动中，能搓出各种弯曲的、盘旋的棒状物，并会用棒状物组合的方式组合一些复杂的物体。随着他们对动作的结构越来越注意，能力逐渐增强，能看到物体的更多方面，并开始注意到物体的细节，手的动作也逐渐准确，所塑造的物体逐渐复杂。另外，此时的幼儿还会借助于辅助工具来表现所制作物体的细节、特征。如用绿豆做动物或人物的眼睛。除此以外，幼儿不仅能连续剪直线，而且能双手配合着剪曲线。此时的幼儿基本上能剪出自己所希望的形状，如剪窗花。此阶段的幼儿不仅能通过剪、接合、粘贴等技法进行建构，还能对作品进行细节的装饰，如给作品着色，力求更完美的表现。

此阶段的幼儿手工活动中，成人应注意给他们提供多种手工工具和材料，引导他们正确使用这些工具和材料，鼓励他们用不同的方法来制作、表现，培养其创造意识和创造力。

二、手工活动的类型与要求

手工，顾名思义就是有较多手部动作参与的造型活动。手工活动与绘画活动都属于艺术领域的美术活动。其特殊性来自于材料的特质。手工活动的内容和形式非常丰富。结合幼儿园手工活动的特点和教师指导的特点，一般来说，幼儿园的手工活动基本分为平面手工活动和立体手工活动。

（一）平面手工活动

平面手工活动主要是指幼儿对手工工具和材料进行操作，制作出平面手工作品的活动。平面手工活动主要有粘贴、剪贴、撕贴、染纸等形式。

1. 粘贴

粘贴活动是指用现成的点状、线状、面状材料粘贴出具有浮雕感的或平面的画面的活动。其目的主要是让幼儿在学习粘与贴的手工技法的过程中，知道并能运用点状、线状和面状材料等制作出各种画面。粘，大多是用点状材料来进行的，如沙、米、绿豆、红豆、扣子、果壳等。贴，则大多是用天然的或加工过的线状或面状材料来进行的，如树叶、铅笔的刨花等。许多生活中的物品都可以用来做粘贴活动的材料。粘贴对于发展幼儿的触觉和质地感有很好的作用。

在粘点状材料时，教师要引导幼儿学习创作所要粘点状材料的画面形象，注意将画面形象的轮廓画得简单一些，这样才便于操作。对于面状材料，教师要引导幼儿找出材料的特点，并根据“因意选材”或“因材施艺”的原则选择材料，进行联想。先在底纸上拼摆，满意后，再在面状材料的反面粘上双面胶，放回原位，然后用干净纸盖住，抹平压实，贴好。

引导幼儿进行粘贴活动时，应注意以下几点：

（1）一次粘贴活动中，不宜有太多的类型的材料。否则幼儿易将注意力转移到材料的翻找上，从而影响作品的完成。

（2）如果是“因意选材”，则所要粘贴的画面形象，应视幼儿的年龄来决定由教师画还是幼儿自己创作。

（3）如果采用树叶类自然材料进行粘贴，要引导幼儿尽量注意利用自然物本身的形状、颜色及其他特性，少做修剪与改变，以保持自然物的自然之美。

（4）在底纸上摆放形象时，要引导幼儿注意画面的布局：先定主要的、大的形象，再定次要的、小的形象；将主要的形象摆放在画面突出的、显著的位置上，再根据画面的需要安排次要的形象的位置。

（5）粘之前和粘的时候，要注意提醒幼儿不要涂太多固体胶（胶水等）。固体胶（胶水）要涂抹在材料的背面，涂抹要均匀。粘时将材料轻轻拿起，把背面抹有固体胶（胶水）的一面朝向底部轻轻放好后，再轻轻按压。

（6）注意培养幼儿良好的操作习惯和卫生习惯。如：不乱抹固体胶（胶水等）；保持手、衣服、用具和作品的干净等。

2. 剪贴

剪贴指用剪刀将材料修剪成所需要的形状，然后拼贴出形象。普通的剪贴材料是各种纸，布、树叶也可以用作剪贴的材料。剪贴的难点在于剪。至于怎样拼贴出形状，其中一部分技能属于绘画，其余是粘贴。一般来讲，幼儿是在边剪边拼摆的过程中完成构思。

剪纸指运用剪刀，将纸类材料剪成所需形象的手工活动。剪纸的主要工具是剪刀。幼儿所使用的剪刀以儿童专用剪为好。要求剪刀是圆头的，两个柄环能伸进幼儿的大拇指和其余四指，这样幼儿使用时较为安全，不易疲劳。剪纸的材料主要是纸张。一般来说，剪纸所用的纸张不薄不厚为宜。

剪纸的基本剪法有以下几种：

（1）目测剪：即用没有任何痕迹的纸用目测直接剪出形象的方法。幼儿用目测剪的方法所剪的形象大多是线条、几何形和一些轮廓简洁的物体。目测剪由于没有什么限制，幼儿比较自由。因而小班幼儿在开始学习用剪刀时可以采用这种剪法。对年龄较大的幼儿，教师可以要求他们先考虑好自己要剪的形象后再剪。

（2）沿轮廓剪：指按照已经画好的轮廓线来剪出所需要的物体形象的方法。轮廓线在小班时可以由教师画，到中大班后也可以由幼儿画。画轮廓线时，要注意形象要画大一点，轮廓线应该简练些，不能有太多的凹凸。一些废旧的超市广告宣传画可以用来让幼儿练习沿轮廓剪。

（3）折叠剪：指纸经过折叠后再剪出纹样的方法。折叠剪剪出的纹样具有对称、均衡感。折叠剪既可以目测剪，也可以沿线剪。折叠剪的第一步是将纸折叠，折叠的层数不宜太多，一般两至三层即可。叠的层数太多，幼儿可能剪不动。长条纸反复折叠以后，可以剪出花边；正方形或圆形纸围绕中心呈放射状折叠数次后，可以剪出团花。

引导幼儿进行剪贴活动时，应注意以下几点：

（1）在剪纸顺序上，目测剪和沿轮廓剪要注意先从大的轮廓开始，再剪小的细节，最后逐渐修剪成形。而折叠剪则要按照从里往外、从大往小、从细往粗、从局部到整体的顺序来剪，最后再修整成形。

（2）无论目测剪、沿轮廓剪还是折叠剪，教师都应提醒幼儿，剪时应左手配合着右手的动作转动纸片，防止边剪边拉使形象周围不整齐。

（3）剪贴前，要让幼儿充分地修剪和拼摆材料，待拼摆满意时，再将材料粘上。

（4）剪下的碎纸屑要放在指定的容器里，要保持桌面、地面和衣物的清洁，养成良好的卫生习惯。

3. 撕贴

撕纸能最大限度地锻炼幼儿手指肌肉动作的控制能力。撕贴的材料一般是比较薄软的纸，韧性也不能太强。撕纸与剪纸最大的区别在于把手指作为工具，用双手手指配合撕出所需形象，再粘贴成图画。用手撕出来的形象，轮廓线蓬松、柔软、毛茸茸的，具有自然、浑厚、稚拙的独特美感。撕贴活动的重点在“撕”，撕纸的方法和剪纸的方法相同，有自由撕、沿轮廓撕和折叠撕几类。

教师要指导幼儿撕纸的基本方法：两手分别相对捏住要撕的部分的两侧，大拇指在纸的上面，其余的四指在纸的下面，撕的时候两手向相反的方向用力，每次撕口不要太长，一点一点地撕出需要的形象。如果撕开一点小口后，顺势撕下去，这样撕不出特定的形象。

引导幼儿进行撕贴活动的注意事项，除了参考粘贴部分外，还要注意以下两点：

（1）每次提供给幼儿的纸张不宜太大。幼儿的手部控制能力差，一张大纸会被撕成一个很小的形象。纸张太大不利于幼儿操作。

（2）不能要求幼儿很准确地撕成一个完美的形象。如果与所构思的形象有较大的出入，教师则可以让幼儿仔细观察手中的纸形，想象像什么，再装饰，添画成一幅有意义的画。

4. 染纸

染纸是指用吸水的纸和水性颜料通过渍染和点染的方法染出色彩美丽的纹样的活动。染纸的目的在于让幼儿在学习染的技法的过程中，了解、感受色彩位置排列所造成的变化。染纸的材料和工具主要是吸水性强的纸（如宣纸、餐巾纸、毛边纸等）、毛笔、水性颜料等。

教师首先要给幼儿提供充分接触和尝试材料的机会，让幼儿了解材料的性质和特点，其次要指导幼儿将纸进行折叠。染纸常见的折叠方法有“米字格”、“田字格”、放射形和自由折等，折叠要整齐、压实，不宜太厚。再次要引导幼儿学习染色的方法。渍染是指将折好的纸插到颜料里，让纸自动地吸入颜料汁。在指导渍染时，要注意控制好染色的时间长短。注意颜料的渗透性和纸的吸水性，如果要染四分之一的长度，那么就必须在水色还没渗到四分之一处时把纸提出染料，这样才不至于超过预先设想的染色面积。点染是指在无法渍染的部分，用毛笔蘸染料染色。如果未染透，则应在同一部位的反面甚至里面再进行点染。最后还有一个重要的程序，就是完整地把折叠的染纸揭开。方法是先把染纸阴干或使染纸接近阴干，然后揭开；也可用干净的吸水纸放在染纸上压吸后再揭开。

引导幼儿进行染纸活动时，应注意以下几点：

（1）在准备工具时要多备几支毛笔，专笔专用，以保证颜色的纯正。

（2）注意色彩的搭配。在色调上应以一种色为主，且这种色的面积要大，然后再配上少量小面积的对比色；在明度上要有深浅变化；在色块的排列位置上要有疏密变化，以形成节奏感。

（3）染色顺序上要先染浅色，后染深色。

（4）在染色出现问题时，要引导幼儿灵活地“借迹重构”。

（二）立体手工活动

立体手工活动主要是指幼儿对工具和材料进行操作，制作出立体手工作品的活动。立体手工活动主要有泥塑、折纸、综合制作等形式。

1. 泥塑

泥塑活动是幼儿手工活动的重要组成部分，是幼儿最常见的立体造型活动。幼儿运用双手的操作和简单工具，将泥通过揉、捏、团、压、拍等技能塑造成自己心中的某一立体形象或物体。泥塑在锻炼幼儿手指肌肉动作的灵活性，发展幼儿手眼协调能力，培养其空间知觉和立体造型能力方面有很好的作用。

泥塑的材料和工具主要有黏泥、橡皮泥、面团、泥工板、竹刀（或塑料小刀），以及其他辅助材料。泥塑的基本技法有搓长、团圆、拍压、捏、挖、分泥、连接、伸拉，运用这些技法可塑造出球体、圆体、圆柱体、立方体、长方体、中空体和组合体等基本几何形体。

教师指导幼儿学习泥塑的第一步是让他们了解泥塑材料的性质，如知道黏泥是柔软的，可以进行任意的造型，能互相粘接；知道泥工板是塑造时放泥用的；竹刀（或塑料小刀）是用来刻画细节和修正作品的。接下来教师应结合创作，指导幼儿学习泥工的基本技法。用语言启发幼儿自己动手尝试练习，体会什么样的动作能塑造出什么样的形体。在此基础上，再观察教师是如何用这些基本技法塑造这些基本形体的，以求更准确地掌握塑造的技法。

引导幼儿进行泥塑活动时，应注意以下几点：

（1）彩塑是具有民族特色的工艺品。到了幼儿园大班，为使泥塑作品更加美观逼真，教师可指导幼儿对泥塑作品进行着色描绘以美化作品。着色描绘时，注意一定要等作品干透后才能用水粉上色，先涂白色做底色，干后再用其他颜色描绘。着色时不宜反复涂抹，避免颜色浑浊不清。

（2）要妥善处理幼儿泥塑作品。泥塑完成后，放在通风阴凉处阴干，以防作品干裂或发霉。若需重新使用泥料，应与幼儿协商或在他们不在场的情况下处理，也可以先给作品拍照再处理，保护幼儿情感。

（3）泥塑材料的特点决定了泥塑作品追求的是其粗朴、醇厚的美感，而幼儿手部动作不灵活，手眼协调能力弱，因此幼儿作品评价重点应放在幼儿泥塑操作的过程及整体的稚拙感。

2. 折纸

折纸是我国民间传统手工活动之一，是按一定的折叠方法折出各种立体形象的造型活动。折纸不仅可以锻炼幼儿手部动作的灵活性，也可以培养幼儿目测能力、空间知觉能力和对图形变换的思维能力。折纸取材方便，报纸、打印纸、广告宣传纸等薄而有韧性的纸都可以用来折叠。

在折纸中使用频率较高的基本折法和基本术语有边、角、中心线、中心点、对边折、对角折等。幼儿可以进一步学习的复杂的技法有集中一角折、集中一边折、双正方折、双三角折、四角向中心折和组合折等。

教师教幼儿学习折纸时，应通过折叠各种形象，教幼儿学习折叠的基本技法、术语和规则要求。开始教时，要先有目的地选几种简单形象教幼儿折叠，让幼儿听懂教师的讲解，看清教师的动作，以学习并掌握高频的基本折法和术语。提醒幼儿按规则折叠，即对齐、对准、抹平、压实。让幼儿知道，如果对不齐、抹不平，那么折出来的物体形象就不美观，也不结实。随着折纸难度和复杂程度的增加，可以再教给幼儿一些更复杂的技法。折纸活动中，教师还可以引导幼儿想象、创造，折出具象与抽象的造型。

引导幼儿进行折纸活动时，应注意以下两点：

（1）演示折纸时，教师的纸张要大，有正反面，手的动作要明显。每折一步都要指明折叠的依据和标准部位，语言简练。

（2）由于折纸的特点，折完一步后，前面折的部分即被掩盖，所以很不容易从已折出的样子中看出折叠的步骤，有些跟不上教师的幼儿学习中就会遇到困难。因而，教师可以为幼儿提供折纸步骤图，引导幼儿学习看图折纸。折纸步骤图上线条要简明。教师还要引导幼儿认识和熟悉折纸符号，培养幼儿的识图能力，为独立折纸打下基础。待幼儿理解图示后，教师可以出示一个折好的样品，使幼儿对要折的形象有一个整体的概念，对照样本有目的地折叠。

3. 综合制作

综合制作即运用多种技能与工具材料进行造型。活动中幼儿发挥想象力与创造力，直接用手操作简单工具，对各种形态的材料进行加工、改造，制作出占有一定空间的、可视的、可触摸的多种艺术形象。通过制作，幼儿的成就感、自豪感得到满足，对艺术的美呈现出自己的特殊表现方式。同时，综合制作活动对培养幼儿认真观察、有意注意以及耐心细致的习惯，发展幼儿的想象力和形成立体空间观念以及与同伴团结协作都有非常重要的作用。

综合制作中材料的收集和选择十分重要。教师要组织幼儿进行广泛而有目的地收集材料，并及时将材料分类保存，在需要时选择适当的材料进行制作。

综合制作的技法是综合性的，连接是一种非常重要的技法。连接的方法有黏合法，即用胶水、橡皮泥等将造型所需要的各局部连接在一起；缝合法，即用针线等进行连接；接合法，即用订书机、双面胶等进行连接；还有插接法，把材料切开，将另一部分插入，使之连接在一起。综合制作的另一项技能就是对材料进行修剪，使之适合造型的需要。例如，在纸盒造型中，将一个纸盒切割成物体的形象。

三、手工活动内容的选择

选择手工活动内容依据如下三个方面：

（一）幼儿手工活动目标

教育目标是课程的出发点和归宿，它规定了手工活动应达到的具体结果，为手工活动指明了努力的方向。因此，手工活动的内容只有根据幼儿手工活动的目标来选择，才能达到为目标服务的目的。

（二）幼儿手工发展的特点

教师所选择的手工活动内容，最终都要通过幼儿自身的内化才能对其发展起到促进作用，否则便没有价值。而要使手工活动内容充分发挥其价值，就必须使教育内容符合幼儿发展的年龄特点和实际水平。

（三）幼儿的生活经验

幼儿的思维大部分都是在知觉水平上进行的。因此，只有那些幼儿直接感受过的手工教育内容才能被他们同化到自己的审美心理结构中去。为此，教师在选择手工活动内容时，要注意结合幼儿的兴趣和需要，结合他们熟悉的，有过积极的情感体验的现实生活，这样的内容是幼儿乐于接受的，也是能够接受的。

第二节　手工活动设计思路与指导要点

一、手工活动的设计思路

前苏联教育家苏霍姆林斯基说："儿童的才智反映在他的手指尖上。"我国著名教育家陶行知也曾提出："要解放儿童的双手。"可见让孩子在活动中动脑、动手对其智慧和能力发展的重要性。同时《幼儿园教育指导纲要（试行）》多次提到"激发情趣，体验审美愉悦和创造的快乐，体现自我表现和创造的成就感"。通过各种各样的手工活动，为幼儿搭建一个自由表现和创造的快乐天地，对幼儿的健康成长和全面发展具有重要意义。

手工活动的过程一般包含明确意图、构思设计、制作装饰三个阶段。它们既各有特点又相互联系。

（一）基本环节

1. 明确意图

意图顾名思义就是动机，即制作一件手工作品的目的是什么。意图制约着一切行为的方向和途径。在成人手工活动中，其意图是很明确的，或为观赏取乐，或为点缀装饰，或为创造价值。而幼儿早期的手工活动多为自发型，是没有明确的意图的。如幼儿拿到一张纸，把它撕成纸条，撕成碎片，原先并没有想到要用纸做个什么东西，只是出于好奇而撕纸，撕纸的行为使自己看到纸本身改变了形状，听到了撕纸发出的声音。纸的形状及声音的变化，使幼儿对活动产生了莫大的兴趣，但其意图是不明确的，但是当你问他，你在做什么时，他才会根据撕的纸的形状说"我在做面条"、"我在做雪花"。因此，教师在手工活动开始时，应注意帮助他们逐步地将制作意图明朗化。

为了帮助幼儿明确自己的设计制作意图，教师要给幼儿提供和材料接触的机会，利用讲故事、创设情境、出示范例等方式。例如，幼儿拿了一块泥，在无目的地玩耍，教师就可以启发他们联想："你想用泥做个好看的东西吗？""你想做个什么东西呢？"等。在引导幼儿欣赏手工作品的过程中，也可以向他们提问："你想不想也来做一个？"以此激发幼儿的创作兴趣，使他们产生明确的手工制作意图，不断帮助幼儿实现自己的意图，培养制作能力。

2. 构思设计

心理学家让·皮亚杰说过："思维是从动作开始的，切断了动作和思维之间的联系，思维就得不到发展。"手工活动中动作开阔了思维，思维在动作中丰盈起来。由于幼儿的思维具有直觉的半逻辑思维的特点，因而他们在手工活动早期很少出现"胸有成竹”的状况，大多是在行动中采取“迁想状物”“借迹造型”“借形造像”的构思方式。他们是边行动边思考边构思主题。例如，幼儿会将纸片想象成“雪花”，把纸条想象成“面条”等，而在未成型前是绝对没有主题构思的，根据幼儿这一特点，构思阶段也就显得十分重要。

教师可以利用观察分析形象的方法启发幼儿对表象形体再现，例如，指导幼儿对狗的形象进行分析，教师可启发幼儿思考：狗的头部是什么样？耳朵是什么形状？尾巴是长的还是短的？……用儿歌《哈巴狗》等经验加深对狗的记忆；教师还可用不同材料的不同工艺性能和特征，唤起幼儿对自己所要构思的创造，构思出多种制作方案。教育者应充分了解幼儿构思特点，并充分利用这一特点来发展幼儿的想象力与创造力。

3. 制作装饰

幼儿的手工制作与成人最大的区别在于，他们的操作受其生理发育的影响，不如成人那么灵活、精确。因而他们在手工制作中的动作不协调、不精确、不灵活，在操作过程中采用的技法也比较简单，制作的手工作品显得粗糙、不整齐、不平滑。随着年龄的增大，幼儿逐渐能将构思、设计与制作融为一体，但制作过程中仍有明显的构思活动。装饰是手工制作的最后一个阶段。幼儿常常运用添加的方法，如在塑好的动物泥工作品上加个豆子做眼睛，在剪好的杯子花朵的杯壁上添画纹样。

手工工具和材料使用方法的掌握是手工制作的关键，否则构思再好，也难以变为现实。因此教师在这个环节应有选择性地引导幼儿学习一些工具和材料的基本使用方法，帮助幼儿形成技能，并将技能迁移到其他手工制作活动中。在制作环节的指导中，教师可以引导幼儿把临摹、仿制与独创结合起来。以仿制为主要形式，兼及临摹和独创，鼓励幼儿在掌握基本技法的基础上努力创新，制作出与众不同的形象。临摹、仿制与独创相结合，会使幼儿的创造力逐渐得到发展。

（二）程序变式

1. 欣赏与激趣

幼儿感性经验的丰富程度直接影响到幼儿的创作与表现，由于幼儿知识经验不足、创作内容范围较窄，因此，在手工活动中，教师应注意帮助幼儿积累经验，培养幼儿的观察能力、分析能力和比较能力，让幼儿积累更多素材，为创造提供方便。例如，在手工活动中，教师可以创设各种各样的环境来激发幼儿手工制作的兴趣。在开展剪纸“窗花”教学活动中，在活动室张贴各式各样的窗花作品，给幼儿身临其境的感受，让他们对剪纸活动感兴趣的同时，对窗花的形状特点也有了初步的感知。在手工活动开始环节，充分调动幼儿的积极性和好奇心，提高幼儿对手工活动的兴趣，让幼儿对即将开展的手工活动形成初步的印象，留下一定的感性经验。

2. 探索与发现

关于造型、色彩、构成等艺术表现手法的学习，可以通过引导幼儿运用剥丝抽茧的形式，让幼儿对材料进行探索，对制作方法进行探索，不断去发现适合进行手工制作的材料和技能。例如，在大班纸工活动案例“一束鲜花”里，教师通过引导幼儿一步步地观察鲜花图片，观察纸质材料，引导幼儿去思考、探索制作卷曲的花瓣的方法。

在探索和发现中，幼儿开阔了眼界，学习并掌握选择材料、搭配色彩、制作技能等多方面的艺术技巧，从中获得创作、构思的线索。

3. 创造与表现

创造性思维的成分主要是求同思维和求异思维，而求异思维是创造性思维的核心。创造力的表达对一个幼儿来说是无止境的。关键在于教师有无将自己的思考方式强加给幼儿，过多地干涉幼儿的行为。教师可以从激发幼儿对不同材料的尝试入手，激发他们的求知欲，大胆放手让幼儿去操作尝试，适当给予有目的的引导，发展幼儿创造力。

要开展好手工活动，为幼儿提供足够的材料，给他们自由操作与练习的条件、空间、环境是十分重要的前提。

4. 评议与表达

当幼儿完成一件作品时，其心中的得意溢于言表，他们希望与他人共同分享喜悦，也希望得到教师和同伴的赞许，因此教师要将幼儿的作品都展示出来，在评议与表达中给予幼儿及时的鼓励和正确的表扬，帮助幼儿树立自信心。

幼儿作品具有生动活泼、情趣盎然等成人所欣赏的特征，但是同时也具有随意、不规范的特征，这是幼儿健康心理的流露，是成人作品无法具备的。因此，教师在评价作品时，要具有敏锐的眼光和洞察力，正确地引导幼儿去感受美、创造美。

二、手工活动的指导要点

幼儿对手工制作的兴趣同喜爱绘画一样，但手工制作有其自身的特点。因此，教师要根据手工活动的具体特点进行有针对性的指导。

（一）丰富幼儿感性认识与经验，奠定幼儿表现基础

王振宇在《儿童心理学》一书中说：“在儿童清澈的眼眸中，闪烁着科学家的敏锐、艺术家的热情和哲学家的简洁……”儿童的感性认知，构成了艺术大师毕加索超现实的全部精髓！

比如带孩子们去看一些陶塑展、风筝展、皮影戏等，让孩子在现实生活中找到课堂的切合点。邀请民间艺人为孩子们表演，扩大孩子们的视野，使他们了解手工制作原来并不只是课堂的学习内容，更是一项艺术性、创造性的活动。在一些课外活动的参观中，孩子们的好奇感得到激发，对手工制作有自己的小研究，从而自觉主动地加入到这一活动中。教师还可以在教室的墙面或是教室的小角落里悬挂或是摆放一些工艺品，这些工艺品的选择要符合孩子的欣赏趣味，尽量是色彩鲜艳、造型卡通的手工艺品，孩子们可以天天接触到这些他们喜欢的卡通人物，有的会摸索着自己怎样也能造出一个喜欢的宝贝，这样孩子们可以在一种宽松、自由的氛围中感受、学习。

（二）提供多种手工材料与工具，满足幼儿表现需要

材料是构思和设计的基础，不同的物质材料具有不同的工艺性能和特征，分别适用于不同的造型要求，是手工活动中必不可少的。幼儿在手工制作活动时，教师应该为他们提供开放工具区和丰富的活动材料。

（1）引导幼儿规范使用工具的同时，为幼儿准备一个开放性的工具区。工具区内提供双面胶、剪刀、铅笔、彩色水笔、透明胶等供幼儿随时取放，不受约束。有目的地引导幼儿熟悉工具或材料的基本特性和使用方法，这是手工制作的关键。幼儿了解后，就会帮助其形成使用技能并迁移到以后的制作活动中去，掌握运用它。

（2）引导幼儿了解材料的特性的同时，使他们注意材料的丰富多样。幼儿的审美能力需要丰富多样的材料刺激。幼儿在手工制作中会根据自己对材料的理解，做出一些选择，因此提供多种不同的材料，如各种卡纸、皱纹纸、蜡光纸、包装纸、牛皮纸、毛茛、羽毛、树叶、吸管、纸杯、纸盘、月饼盒、花布、绒布，各种植物种子、旧纽扣、棉线、麻绳等，以及纸制品、自然物品、废旧物品……都可以作为手工活动的材料。让幼儿充分接触材料，才能使幼儿对自己的制作有一个量和质的筛选。

（3）提供给幼儿的材料应能满足其表现需要。虽然提供给幼儿的手工材料要丰富多样，但不是说在同一次活动中要堆砌很多的材料，教师要根据手工活动需要进行一定的筛选，并且要让幼儿有充分与材料接触的机会。

丰富多彩的材料能提高幼儿参与活动的兴趣，是调动幼儿积极性的有效手段之一。它可使幼儿在活动中不断尝试探索，发现不同材料的特性，并对不同的材料举一反三，创新出各种各样的作品，使他们制作的作品更具个性。

（三）关注幼儿艺术想象与创造，留下幼儿表现空间

在手工活动中教师不能一味地指使幼儿按照教师的示范去完成作品，要注重激发幼儿的创造力、表现力，为幼儿提供创造和表现的空间。对于手工活动的效果来说，如果教师给幼儿做好了一切准备，只要让孩子照样折折、画画、贴贴，孩子的作品可能会更整齐、更漂亮。但幼儿手工活动的最终目的不只是完成作品，还要发展幼儿的能力，培养其创造性。所以，手工活动最重要的是动手的过程而不是结果。教师可以确定主题，教给幼儿制作的方法，让幼儿自己去设计内容，创造造型、画面。

（四）把握正确的评价标准与原则，保持幼儿表现激情

教师在对手工作品进行评价时，注重结果的同时更应注重幼儿的探究过程。幼儿手部肌肉发育不成熟，因而他们的手工作品不可能像成人的作品那样技术精湛。而且每个幼儿的认识水平存在着个体差异，在手工制作中幼儿的能力也有强有弱，科学的评价会激发幼儿再创造的自信心，否则，会打击和伤害幼儿的自信心。因此，教师在评价幼儿的作品时，要看到即使其制作还不十分完美，但只要构思新颖，有创造性，材料运用恰

当，情思与技巧达到意趣天成，就应该算是佳作。那种以制作技能技巧水平高低为标准来衡量幼儿的手工作品水平的做法是不妥的。教师要认真把握好评价的环节，根据幼儿的实际水平，对能力强的幼儿给予肯定，对有进步的幼儿要给予表扬，对能力较差的幼儿要给予鼓励。这样，使每个幼儿都对自己有信心，对手工活动有兴趣。

第三节　手工活动案例分析

纸工活动案例分析

一张纸经过剪、折、撕、画、粘等，就能组合成一件件形象夸张、富有趣味的作品。对这种诱人的制作，幼儿抱有浓厚的兴趣，通过自己的操作活动，幼儿们的成就感、自豪感得到了满足。同时，他们对艺术的美也有了自己的特殊表现方式。

例 1：一束鲜花（大班）

活动目标：

1. 感受花朵的形态美，愿意大胆尝试，进行花朵造型。
2. 运用撕、卷、贴的技能制作花朵。
3. 能合理布局，细致地完成作品。

活动准备：

1. 知识经验准备：幼儿欣赏过多种花卉。对花的基本结构、花瓣的形状等有初步的认识与了解。

2. 物质材料准备：绿色卡纸、双面胶、彩色打印纸、胶棒、彩笔、各种不同粗细的棒状物体。

活动过程：

1. 感受卷曲之美。

（1）讨论：如果你有一束花，你会送给谁？

激发幼儿对亲人的感恩之心、对同伴的友爱之情。

（2）欣赏花卉作品，感受花朵的形态美。

教师：你喜欢这些花吗？为什么喜欢这些花？这三种花有什么共同的特点？

提示：引导幼儿观察图片，发现花瓣的卷曲之美。

(3) 播放音乐，请幼儿用动作表现花瓣的卷曲之美。

教师：请你随音乐，用你的肢体动作来表现花儿的卷曲之美。

[评析] 花卉是幼儿美术活动中常常表现的内容，也是幼儿喜闻乐见的内容。色彩不同、造型特点不同的花卉图片作为实物范例，为幼儿的创作提供了模仿对象。教师通过引导幼儿看花、说花、做动作表现花，让幼儿充分感受图片中花瓣卷曲的造型，为幼儿积累宝贵的感性经验。

2. 探索卷曲的表现方法。

(1) 讨论“一束鲜花”的制作方法。

教师：如果我也想制作一束这样美丽的花送给我最喜欢的人，我可以选用什么样的材料来制作花？如何制作花瓣？怎样让花瓣变得卷曲呢？

提示：重点引导幼儿讨论让花瓣变得卷曲的方法。

(2) 幼儿尝试制作卷曲的花瓣。

①在材料盒中选择一种颜色的彩打纸。

②将彩打纸均匀地撕成条状。

③选择一种棒状物体，利用棒状物体，使纸条卷曲。

(3) 讨论花朵的制作步骤。

①选择三色纸均匀地撕成条状。

②用笔或其他棒状物使纸条卷曲。

③用固体胶棒将卷曲好的纸条分层粘成花朵，组合固定在页面上适宜的位置。

④添画上花茎，并进行画面的装帧。

[评析] 教师没有直接出示制作花瓣的材料，而是引导幼儿从材料的特质出发，去寻找适合的材料。帮助幼儿从了解纸的特质，到能根据制作的需要去选择纸质材料，提升了幼儿的经验。接下来教师继续鼓励幼儿探索，让幼儿观察、发现花瓣特点，思考出利用工具使花瓣卷曲的办法，让幼儿在观察与思考中自然地习得方法。既巧妙地突破了难点，又很好地满足了大班幼儿的操作需求，创造了幼儿的自主学习的空间。

3. 幼儿进行造型制作。

(1) 创设情景，鼓励幼儿大胆创作。

教师：我们找到了好多制作卷曲的花的方法，现在，让我们一起为自己最爱的人制作一束美丽的花儿，送给他们，表达我们的爱吧！

(2) 交代要求，幼儿创作。

①提醒幼儿撕出的纸条长短要适宜，不能太短，否则不利于卷曲与粘贴。

②注意花朵粘贴的位置，合理地进行画面布局，细致地完成作品装帧。

[评析] 教师从情感的角度，激发幼儿创作的愿望。让幼儿自己尝试，借助辅助工具——棒状物体，来制作卷曲的花瓣，表现花的特征，并综合运用撕、贴的技能进行制

作。幼儿在动手能力得到发展的同时，社会性情感也得到了发展。

4. 展示作品，相互评价。

(1) 将幼儿作品进行展示，引导幼儿相互学习，感受想象、创作带来的乐趣。

(2) 请幼儿评价同伴作品，提升经验。

教师：你觉得谁的花最有创意？为什么？

[评析] 幼儿相互欣赏后，教师提出了“谁的花最有创意”的问题。问题直接指向了幼儿的创新意识，而没有从花制作的精美程度去引导幼儿评价。让幼儿去发现同伴与众不同的地方，给予了幼儿积极、有目的的引导。

培养幼儿创造性思维能力时常和美术技能没有直接关系，就幼儿艺术教育而言，有效开发幼儿的创造潜能才是艺术教育的根本。

（武汉大学幼儿园二分园　周华）

例 2：剪窗花（中班）

活动目标：

1. 感受窗花的色彩美、图案美、对称美，体验剪窗花的乐趣。
2. 尝试剪出各种线条和图形来制作窗花。
3. 能看步骤示意图剪窗花。

活动准备：

1. 知识经验准备：幼儿已有初步的看步骤图折纸的经验。
2. 物质材料准备：《窗花》课件，圆形和正方形的蜡光纸，剪刀，步骤示意图，《贴窗花》视频。

活动过程：

1. 欣赏与激趣。

欣赏《贴窗花》视频，感受贴窗花的喜庆气氛。

教师：新年就要到了，你们是怎么过新年的呢？会做什么事呢？我们看看（播放视频），他们在干什么？（贴窗花）他们把窗花贴在哪儿？（窗户上）贴在窗户上感觉怎么样？（很漂亮、很喜庆）

［评析］教师利用动态的贴窗花视频，一方面可以让幼儿感受窗花营造的喜气氛围，一方面可引导幼儿初步感知窗花的特点。

2. 探索与发现。

（1）欣赏《窗花》课件，感受剪纸窗花的颜色美、图案美、对称美。

教师：今天，老师还带来了许多美丽的窗花，你们仔细看一看，发现了什么？

教师重点引导幼儿发现：窗花的颜色丰富、形状多样，左边和右边的图案和花纹是对称的。

（2）出示“剪窗花”步骤示意图，引导幼儿自己学习剪窗花。

教师：你们能看懂这个步骤图吗？谁愿意来试一试？

请幼儿边看图边制作，教师讲解：折叠（对角折三次）—画图案—剪图案—打开。

教师示范折窗花、剪窗花。

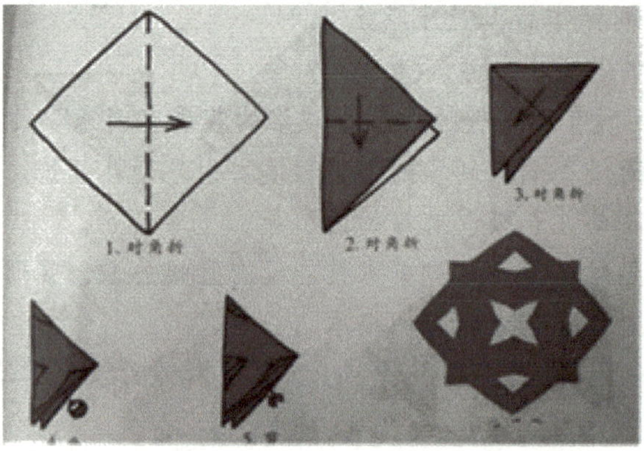

［评析］剪纸活动需要有序地进行操作，引导幼儿了解剪纸的步骤非常重要。此环节，教师根据剪纸作品的难度选择了示意图与分步示范相结合的方法。对于一个自然班的幼儿，教师要想手把手地一个一个去教是不现实的，采用示意图与分步示范相结合的方法更好地提高了集体教学活动效果。同时幼儿用眼看着示意图，边思考折叠和剪的方法边动手，极大地促进了幼儿思维的活跃，培养了幼儿认真观察的习惯和做事的顺序性、条理性，从而达到手、眼、脑的综合协调。

3. 创造与表现。

（1）幼儿挑选喜欢的纸，进行窗花制作。

（2）幼儿操作，教师巡回指导。

鼓励幼儿大胆创作，观察幼儿折窗花的方法。

提示：使用剪刀时注意安全，剪下来的纸屑放在盒子里。

［评析］在幼儿学会观察步骤图，初步了解窗花折、画、剪的基础上，教师顺势提出请幼儿自己选择喜欢颜色的纸张剪窗花，让幼儿在操作中加深对步骤图的感知和理解，体验自己剪窗花的乐趣。

4. 评议与表达。

(1) 互相欣赏作品，幼儿自由进行评价。

教师：好多美丽的窗花呀！请小朋友说说你喜欢哪一朵窗花，为什么？

(2) 用幼儿剪的窗花作品装扮活动室。

［评析］幼儿通过自己动手尝试，剪出窗花，这个过程具有很大的激励作用。教师在这个环节里充满感情地引导欣赏后，将幼儿作品布置在教室环境中，不仅满足了幼儿的表现愿望，还有效地将课程与环境的创设相整合，体现了以幼儿为本的教育观。

（武汉大学幼儿园四分园　瞿丽）

泥工活动案例分析

例：可爱的我（小班）

活动目标：

1. 对泥工活动感兴趣，愿意参加泥工活动。
2. 学习使用团、压、捏等方法塑造人物的脸。
3. 能使用辅助材料制作人物的五官、头发等。

活动准备：

1. 知识经验准备：会玩音乐游戏“小手拍一拍”。
2. 物质材料准备：范例作品、橡皮泥、树叶、羽毛、花生、毛线等。

活动过程：

1. 快乐游戏，欣赏激趣。

(1) 玩游戏指五官，激发幼儿的活动兴趣。

教师和幼儿一起玩音乐游戏“小手拍一拍”，分别指出眼睛、鼻子、嘴巴、头发。

(2) 欣赏不同造型的人物（头部），了解人物的眼睛、嘴巴、头发等都可以不一样。

［评析］教师通过幼儿熟悉的“小手拍一拍”的游戏，生动有趣地导入活动，巩固幼儿对五官位置、外形的认识，随后，利用不同造型的人物（头部）引导幼儿欣赏，让幼儿感受造型的多样和变化。

2. 观察范例，了解步骤。

(1) 出示范例作品，引导幼儿观察和猜想。

教师：今天，老师请来了四位小朋友（只有头），我们来看看它们是什么样子的？

教师出示范例作品，引发幼儿猜想：猜一猜，它们都是用材料制作的？是用什么方法制作的？

(2) 请幼儿尝试运用团、压的方法制作脸部。

(3) 教师讲解制作的步骤。

将一团橡皮泥放在手心，用团、压等方法制作脸，还可以用树叶、羽毛、毛线等制作眼睛、鼻子、头发。

[评析] 在这个环节中，教师没有直接指向制作方法和制作过程，而是鼓励幼儿观察示范作品，打开幼儿的思维。在学习制作时，教师讲解了团圆、压扁的技能技法。技能技法的学习是必要的。教师在这个环节中，也没有直接告诉幼儿如何操作，而是运用提问“是用什么方法制作的”，让幼儿先自己思考，再在理解的基础上进行指导，引导幼儿发现自己与教师操作之间的差别，发现问题，学会技能。

3. 幼儿制作，教师指导。

(1) 引导幼儿说一说自己的创作想法。

教师：你想做一个什么样的自己？用什么材料做眼睛、鼻子、头发？

(2) 幼儿制作，教师巡回指导。

鼓励幼儿大胆想象，动手创作出自己喜欢的造型。

[评析] 从幼儿操作上看，团圆、压扁为主要技能，之后通过添加装饰材料来进行创造与表现，这些操作对于小班幼儿来说，经过不断地尝试都能做到。教师为幼儿提供充分的材料，让幼儿创想、制作，感受添加装饰材料过程中所产生的变化，激发幼儿的兴趣，让幼儿获得快乐与成功的体验。

4. 作品欣赏，同伴互评。

(1) 说说自己的作品。

教师：你的脸是怎么做的？用什么材料做的头发？……

(2) 互相欣赏作品，引导幼儿为喜欢的作品点赞。

[评析] 美术活动的价值对于幼儿来说，不仅仅只是一节课的目标达成，更应该对幼儿今后审美体验、情感态度、习惯能力等的发展起着千丝万缕的作用。在最后的评价环节，教师不仅关注了幼儿作品的完成情况，更关注了幼儿对美的感受、体验和表达表现的后续发展。对孩子来说，拥有感受美、欣赏美的眼光，比掌握某项美术技能技巧更具有可持续发展的价值。

（武汉大学幼儿园四分园　瞿丽）

制作活动案例分析

制作活动通过对各种材料的加工，制作出富有美感的物品。在制作过程中，幼儿手部动作的灵活性、精确性、手眼协调能力、想象力与创造力，以及耐心细致、勇于实践等个性品质都得到了培养与发展。

例 1：创意宝贝（大班）

活动目标：

1. 欣赏自然物粘贴作品，感受其创意。

2. 学习运用身边的自然物进行粘贴，制作娃娃。

3. 能发挥想象，设计娃娃造型，并用自然物进行表现。

活动准备：

1. 知识经验准备：熟知自然材料物的特性。

2. 物质材料准备：生活中的各种材料（如树叶、小树枝、果壳、各种豆类、吸管、瓶盖等），强力胶棒、画布。

活动过程：

1. 欣赏与激趣。

逐个出示“创意宝贝”作品，幼儿欣赏、感受作品的美。

教师：每个小朋友都是一个可爱的宝贝。今天老师带来了许多可爱的小宝贝，它们可爱吗？

[评析] 感知欣赏是表达表现的基础，通过感知欣赏作品，将幼儿带入美的情境中，积累丰富的表象，让幼儿获得深刻的情感体验，也充分激发幼儿创作的欲望。

2. 探索与发现。

(1) 观察“创意宝贝”作品，了解使用材料。

教师：这些宝贝可爱吗？它们哪里可爱？它们是与众不同的可爱的创意宝贝，我们一起看看，创意宝贝是使用什么材料制作的？

(2) 讨论制作方法及步骤。

教师：我也想做这样一个创意宝贝，那我怎么做呢？

步骤：①在画布上用铅笔勾画出娃娃的头及五官。

②选择自然物，做点到面的密集粘贴，表现娃娃造型。

[评析] 这个环节是本次活动的重点及难点，教师通过提问和追问引导幼儿观察，主动获得制作的方法，促使幼儿在接下来的创作中能进行有目的的构思，从而初步培养幼儿整体布局的构图意识。

3. 创造与表现。

幼儿进行绘画、制作，教师指导。

提示：用铅笔画娃娃时，娃娃头部不要画得太小，这样不利于自然物的粘贴造型；提醒幼儿先观察自然物材料，进行选择后，再粘贴；鼓励幼儿发挥想象，做出有新意的造型。

[评析] 教师在此环节中，注重观察和引导，鼓励幼儿发挥想象，大胆表达自己真实的、独到的想法进行制作。在幼儿制作时，教师应尽可能多地了解幼儿创作的意图、心态，多给幼儿正面的回应，找出成功之处加以鼓励。

4. 评议与表达。

(1) 展示幼儿作品，相互观摩欣赏。

(2) 幼儿与自己最喜欢的“创意宝贝”作品合影，并说说自己喜欢的理由。

[评析] 讲评的重点不在于评判作品的好坏，而是根据幼儿的作品一起找一找其中的与众不同之处，或者是其中的十足创意。可以着重引导幼儿关注“创意宝贝”的整

体效果是否整洁、美观、有创意。

（武汉大学幼儿园二分园　朱珊珊）

例2：相框DIY（大班）

活动目标：

1. 在欣赏中感受相框的对称、重复、对比的装饰美。

2. 尝试利用简单的工具和多种废旧材料，运用剪、粘、折、画等技能进行相框制作活动。

3. 能选择合适的辅助材料进行大胆创作和装饰。

活动准备：

1. 物质材料准备：课件《美丽的相框》、相框范例、不同形状的相框底板、幼儿照片、剪刀、纽扣、卡纸、双面胶、丝带及废旧纸盒等废旧材料若干。

2. 知识经验准备：了解对称、重复、对比的知识。

活动过程：

1. 欣赏课件，引出活动主题。

播放课件《美丽的相框》，激发幼儿对相框制作的兴趣，引出主题。

教师：今天老师给你们带来了很多漂亮的相框，我们一起来看看吧！

教师：你喜欢哪个相框？为什么？

[评析] 生活中的美已经在不经意中进入幼儿的视野，这些俯拾皆是的生活审美资源是幼儿园美术教育活动最好的教育资源。美术活动中的“范例”是具有代表性、典型性、针对性的例子。唯美、温馨的写真集就具备了这样的特点。教师选择了构图多样、色彩丰富、装饰巧妙的写真集，通过欣赏相框的构图，帮助幼儿直接、充分地获得关于构图方式的感知，启迪幼儿，引发幼儿更多的创造和想象空间。

2. 观察相框，了解构图方法。

引导幼儿观察不同的相框，了解相框的基本特征。

教师：这些相框是用什么材料制作的？（纸板、辅助材料）

教师：都由哪几部分组成？（相片、相框底板、装饰物）

教师：相框在装饰的时候用了哪些方法？

教师小结：这些相框运用了各种各样的装饰方法，有的运用了对称的方法，有的运用了大小间隔装饰的方法，有的运用了有规律重复的装饰方法。

[评析] 教师运用层层递进的提问，引导幼儿一步步地去发现、思考相框的结构、相框的装饰方法，帮助幼儿明晰相框装饰时的构图方法，为后续幼儿创造性地制作相框奠定了坚实的基础。

3. 挑选材料，尝试独立制作。

(1) 观察制作相框的材料。

教师：我们一起来看看，有哪些材料呢？

教师：什么材料是做相框的底板？哪些材料可以装饰相框呢？

(2) 幼儿介绍自己的想法，讨论制作的方法。

教师：你想用哪些材料为自己做一个相框？你准备怎么做呢？

幼儿挑选自己喜欢的材料，按照自己独特的想法制作并装饰相框。

[评析] 幼儿通过前两个环节的感知、观察，创作的欲望已经被调动起来。

多样的材料进一步激发了幼儿将自己的想法变成现实的愿望。

4. 展示相框，介绍制作方法。

(1) 幼儿展示作品，并介绍制作方法及过程。

教师：请介绍一下你制作的相框是什么形状的底板？你用了什么材料，什么样的方法制作出美丽的相框？

(2) 引导幼儿相互评价作品。

教师：你最喜欢谁制作的相框？他制作的相框最吸引你的地方在哪里？

(3) 将幼儿作品布置在班级环境中。

[评析] 任何艺术的表现魅力就在于创造。美术活动是最具创造性的活动，每个作品都应出自幼儿自己的创意。在活动中，教师评价的重点始终放在过程性评价上，以发现和揭示幼儿的创作意图，保护和延续幼儿的创作激情，张扬和开发幼儿的创作个性为目的，使幼儿在制作中获得成功体验。

（武汉大学幼儿园四分园　瞿丽）

思考与练习

1. 请结合幼儿手工发展不同阶段的特点，谈谈如何“因材施教”。

2. 手工活动可以分为几大类？每一类主要哪几种活动形式？请自选三种手工活动形式，谈谈操作时的注意事项。

3. 请你谈谈手工活动中技能技巧与幼儿想象力、创造力发展的关系。举例说明如何在手工活动中发展幼儿的想象力与创造力。

第八章　美术欣赏活动指导

本章摘要

本章从幼儿美术欣赏活动的教育功能出发，分析了幼儿美术欣赏的心理特点，介绍了幼儿园美术欣赏活动的主要类型和选择美术欣赏对象的依据，全面详细地讲解了幼儿园美术欣赏活动的设计思路与指导要点，并结合具体的案例进行了分析，旨在让幼儿教师对美术欣赏活动有一个正确的认识，并能合理科学地设计与组织。

学习目标

1. 正确认识幼儿园美术欣赏活动的教育功能，掌握幼儿美术欣赏的心理特点。
2. 了解幼儿园美术欣赏活动的主要类型与选择美术欣赏对象的依据。
3. 初步掌握幼儿园美术欣赏活动的设计思路与指导要点。

第一节　美术欣赏活动概述

一、美术欣赏活动的基本知识与技能

《新华字典》中对“欣赏”的定义为“用喜爱的心情领略美好事物的意味”。《现代汉语词典》中定义“欣赏”为“享受美好的事物，领略其中的趣味”。不难看出，二者都将欣赏与美好事物和人的积极感觉联系在一起。

“美术鉴赏是运用感知、记忆、经验、知识，对美术作品进行感受、体验、分析、判断，而获得审美享受和美术知识的过程。”① 它对于提高人的艺术素养、陶冶人的思

① 尹少淳. 美术及其教育. 长沙：湖南美术出版社，1995：287.

想情操、开阔视野、扩大知识领域具有重要作用。美术鉴赏能力不随人的一般能力的增强而增强，它是一种需要专门训练才产生的特殊能力。学前儿童的年龄特点和认知水平决定了他们是从感性的层面来认知作品，谈不上真正的鉴赏，只是一般欣赏。幼儿美术欣赏是一种特殊的复杂的精神活动，是幼儿在接受美术作品过程中经过玩味、领略，产生喜悦、爱好的过程，是以美术品为对象的特殊的审美经验活动。美术欣赏和绘画不同，它不是幼儿自发的需求，而是在成人的引导下才能进行的活动。

(一) 美术欣赏活动的教育功能

幼儿美术欣赏活动对幼儿的发展有着极为重要的作用。通过美术欣赏，让幼儿从小接触经典艺术作品，与周围美的事物直接对话，不仅可以促进幼儿良好艺术素养的形成，而且对儿童其他方面的发展也有积极作用。

(1) 有利于开阔幼儿的眼界。在美术欣赏教育中，儿童接触到不同历史年代和题材的作品，这些作品既是从艺术的角度进行审美欣赏的材料，也是从历史文化的角度了解历史事件、社会生活、东西方文化差异和人类复杂情感的材料。它有助于开阔儿童的视野，扩大其知识面，帮助儿童积累一定的社会历史文化知识。

(2) 有利于发展儿童的想象力和创造能力。艺术欣赏是艺术作品本身、艺术家的生活和社会背景等与欣赏者的生活经验、知识背景、情绪情感等因素相互作用的过程。艺术欣赏过程实际上是欣赏者积极主动的创造过程。艺术作品就像一台发动机，它把欣赏者潜在的创造性充分调动起来，而欣赏者则动员自身所有知识经验和个性情感来进行创造，使艺术欣赏对象带上独特的个性和创造色彩。在当代接受美学理论看来，艺术作品并不是一个自身独立、向每一时代的每一个人提供同样信息的客体，而是一个有待读者、听者或观者参与并与之对话的特定的、开放的文本。艺术文本中有许多“空白”和“空缺”，它使文本产生极大的不确定性，它们呼唤和等待欣赏者运用想象力来补充和完成。因此，一件作品可以有许多接受方式，欣赏者融入作品的任何东西都合法地成为意义。

(3) 有利于培养儿童语言表达能力。对艺术作品的欣赏需要通过对话的方式进行，它包括教师与儿童、儿童与儿童之间的对话、欣赏者与作品之间的对话等几个方面。无论是哪种对话，都要借助语言这一中介来实现。对于儿童来说，这几种对话是互相交织的。一方面，作品通过色彩、线条、形状、构图以及所描绘的事物或情节等因素向儿童发出信息，儿童则靠敏锐的直觉和审美经验不断地获取这些信息，并作出情感上的回应。另一方面，儿童通过与教师、同伴的对话、讨论乃至争论，表达自己的理解和感受，同时也倾听别人的感受。在整个对话过程中，儿童不断丰富着自己的内心感受，并希望将其表述出来。通过这种发自内心的、言之有物的表达，儿童的语言能力得到了快速发展。这种发展不仅表现在表述的流畅、长句子的经常出现、各种词语特别是与情绪情感有关的词语的大量运用上，还表现在儿童乐于表达，并能自然地将这种能力迁移到其他学科活动和日常交往之中。

(4) 有利于培养儿童积极的情感态度。儿童在感受力、领悟力、想象力和创造能力、语言表达能力等方面的良好发展，有利于儿童形成积极的情感态度。这是一个良性循环的过程，归根结底是由艺术的无错特点以及它给儿童提供的巨大的想象和创造空间所带来的。如他们善于独立思考，敢于坚持自己的观点而不人云亦云；他们能大胆发问，并积极尝试解决和回答；他们会就某些问题展开积极的思考，大胆表达自己的想法；他们常用的句式有“我认为……”“我觉得……”“我有一种感觉……”“我不同意某某的观点……”等，这些都表现出孩子们积极的情感态度。培养幼儿较敏锐的感受力，激发和诱导幼儿潜在的艺术创造力，在未来生活中，使他们有一双会欣赏美、会发现美的眼睛，他们的生活情趣和品位将大不相同，他们对未来生活将更加热爱和更有信心，生活态度也会更加积极乐观。

（二）幼儿美术欣赏的心理特点

幼儿美术欣赏相对成人而言，只是萌芽和初级阶段，表现出与成人美术欣赏的差异性，我们常常发现，有些成人大为赞赏的美术作品幼儿未必喜欢，而有些幼儿感兴趣的作品，成人也不得其要。这充分说明幼儿美术欣赏有自己的特点，有自己的审美标准和审美倾向性。

0~2 岁是美术欣赏的本能直觉期。主要表现为对形式审美要素的直觉敏感性和注意的选择性，是纯表面的和直觉的，并主要通过视、听、动的协调活动进行信息的相互交换。但婴儿对形状、颜色等美术基本要素的视觉偏爱还只是由生理机能组织决定的一种本能的快感，还没有真正独立的美感反应。尽管如此，这为日后更高层次的美术欣赏活动做好了心理上的准备。

2~7 岁是美术欣赏的艺术符号感知期。表现出以下特点：

（1）在自发状态下，幼儿对美术品的感知往往内容先于形式，关注“画面上有什么”，还不能感受作品的主题和内涵。即当一件美术作品呈现在幼儿面前，他们首先感知到的是这件美术作品的内容，很少有意识地注意到作品的形式审美特征。这说明，这一阶段的幼儿还没有完全形成一种真正意义上的审美态度，而只是一种“求实”的态度。更进一步说，幼儿对美术作品的内容的感知欣赏只限于画面上画了些什么，还不能深入地感知理解美术作品内容所蕴涵的深刻的主题以及所反映的精神内涵。但在老师的引导下能逐步感知作品的某些艺术形式的审美特征，体会作品传递的情感。对于作品的造型、设色、构图及作品的情感表现与风格的感知与理解已有所表现。在线条与形状的感知方面，此时的幼儿总是喜欢把它与具体的形象联系起来谈论。在对色彩的认识上，从辨认颜色、正确配对，逐渐向指认和命名发展。在对色彩的感受方面，色彩视觉效果感受性最强，而色彩的情感效果和象征效果感受性相对较弱。在空间构图感知方面已具备了感知美术作品的空间深度的能力，而且随着年龄的增长，这种能力在发展。在作品构图的感知方面已开始表现，并且有随年龄增长而不断增长的趋势，但在很大程度上仍受内容的影响。在作品的情感表现性的感知方面，当幼儿被有意识地引导去感知时，大多数幼儿能感知到作品的情感表现性。在作品的风格感知方面，幼儿表现得较为困难，他们往往容易受作品内容的控制。但通过适当的训练，幼儿能感知到美术作品的风格。

这个认识的发展历程，从笼统趋向分化，从没有标准到具有一定的标准，从以自己主观的情感偏好为主向比较客观的分析为主发展，从关注内容逐步过渡到关注形式。

（2）喜好简洁明快及贴近自己生活的作品。幼儿的眼睛注视的是那些贴近他们生活的或与他们性格特点相近的东西，当他们发现图片中有自己熟悉的东西时，总是欢呼雀跃、连续不断地重复喊着“蝴蝶、蝴蝶……花、花……”比如幼儿对于活泼可爱的小动物情有独钟，这是他们泛灵思维的典型反映。

（3）对抽象作品的接受有非凡的潜力。幼儿喜欢感知描绘他们熟悉的物体，并不意味着他们更偏爱写实主义的美术作品。南京师范大学屠美如主持的幼儿美术欣赏教育研究证明，儿童对抽象作品作出反应的热烈程度，对线条、形状和色彩的感受水平，围绕作品的意象和情感所展开的想象能力，是绝大多数成人所不及的。抽象作品为儿童提供了一个不受拘束、自由想象、创造的广阔空间。幼儿在欣赏现代派大师的抽象作品时体现得尤为突出。如蒙德里安的《红黄蓝构图》、马蒂斯的《忧愁的国王》、康定斯基的《若干个圆》、米罗的《人投鸟一石子》以及中国画大师吴冠中的《春如线》、《小鸟天堂》等作品，没有具象的人和物，只有线条、色彩、形状等组合，但这些“有意味的形式”构成的视觉品质恰恰为幼儿所欣赏和接受。“儿童对抽象作品所作出反应的热烈程度，他们对线条、形状和色彩的直觉感受和把握，他们对作品所表达的意象和情感表现性方面所展开的丰富想象，很多是绝大多数成人，甚至实验教师和专业研究人员所不及的。”①

各年龄段幼儿对应特点简述如下。

小班：审美心理的萌芽，“能接受优美形态的艺术品，如色彩亮丽的动物图画、漂亮的玩具、欢快的舞蹈、具有节奏感的儿歌等”②。以培养对欣赏活动的兴趣为主。

中班：“中班幼儿已有了明显的审美偏爱。偏爱色彩鲜艳的、具有夸张和拟人表现风格的美术作品，喜欢那些能给他们带来愉快情绪体验的自然风光和景物。”③没有一定的审美标准，喜好取决于个人的喜好和生活经验。

大班：有了一定的审美标准，但是比较模糊，明显地带有个体的倾向和受他人的影响，处于审美标准发展的初步、低级阶段。

（三）各年龄段美术欣赏的目标比较

小　班	中　班	大　班
目标 1　喜欢自然界与生活中美的事物		
喜欢观看花草树木、日月星空等大自然中美的事物。	在欣赏自然界和生活环境中美的事物时，关注其色彩、形态等特征。	乐于收集美的物品或向别人介绍所发现的美的事物。

① 屠美如. 儿童美术欣赏. 北京：教育科学出版社，2001：33.

②③ 张琳，朱家雄. 学前儿童美术教育. 上海：华东师范大学出版社，2006：177.

续表

小　班	中　班	大　班
目标 2　喜欢欣赏多种多样的艺术形式和作品		
乐于观看绘画、泥塑或其他艺术形式的作品。	能够专心地观看自己喜欢的艺术品，有模仿和参与的愿望。 欣赏艺术作品时会产生相应的联想和情绪反应。	1. 欣赏时常常用表情、动作、语言等方式表达自己的理解。 2. 愿意和别人分享、交流自己喜爱的艺术作品和美感体验。

以上摘自《3~6 岁儿童学习与发展指南》

解读：《指南》的表述中始终把情感态度作为欣赏活动的主要目标维度："喜欢……""乐于……""愿意……"，充分说明我们在组织美术欣赏活动时要关注儿童的兴趣，激发幼儿参与欣赏活动的愿望，与此同时，应关注幼儿对美的事物的感受与表达方式的独特性，如表情、动作、语言、情绪反应等。

二、美术欣赏活动的类型与要求

根据欣赏对象的不同，幼儿园的美术欣赏活动可分为绘画作品欣赏、雕塑艺术欣赏、工艺美术品欣赏、建筑艺术欣赏、自然景物欣赏、周围环境欣赏等诸多类型。类型繁多，各具独特风格。

（一）绘画作品欣赏

绘画种类繁多，从绘画类型看，有水墨画、水粉画、油画、版画、年画等。绘画作品可以是中国的，也可以是外国的。中国的，如徐悲鸿的骏马图、李可染的系列作品《牛》、吴作人的熊猫图、齐白石笔下的虾和小鸡等，都是很好的欣赏内容。外国的，如毕加索的《梦》、《哭泣的女人》，米罗的《子夜星辰》、《农场》、《格尔尼卡》等经典作品皆为欣赏的上品。绘画作品也分联系生活的形象性作品（如莱顿的《缠线》、米勒的《拾穗》）和启发想象的抽象性作品（如马蒂斯的《忧愁的国王》、吴冠中的《冰天雪地》），当然也有二者结合的作品（如莫奈的《日出·印象》、《睡莲组图》）。不论何种类型，在绘画作品的欣赏指导上，可以从内容和形式两个方面入手来欣赏。内容上可以从作品的主题、情节来欣赏，形式上则可以从线条、色彩、构图等要素来欣赏，启发幼儿用语言、表情、动作表达自己的审美感受。

（二）雕塑艺术欣赏

雕塑是一种立体的、空间的造型艺术，是用实际的物质材料制作出具有三维空间的造型艺术，表现了人的思想情感和精神观念，它是必须有实体存在于我们空间之中，以占有一定空间体量的方式存在，是一种可以实际触摸到长、宽、高、凹凸、卷曲折叠的外形变化的造型艺术。从形式上分，雕塑可以分为圆雕和浮雕，从空间上分室内的和室外的。中国传统的雕塑有陶雕、石雕、铜雕、木雕、泥雕五种。西方雕塑艺术，总的趋势上向象征性、表现性和抽象性方面发展。艺术家不仅模仿和反映生活，更要抒发自己内心的感受。适合幼儿欣赏的雕塑作品，如惠山泥人阿福系列、天津泥人张系列等，人物形象生动有趣、憨态可掬，特别适合幼儿欣赏。在雕塑欣赏的指导上，应着重引导幼儿体验作品的形体所表现出的充沛生命力，不仅用眼睛看，也可以用手触摸雕塑的材质；要注意引导幼儿感受其表现的单纯性与精神内涵的丰厚性；由于雕塑受环境的制约，应引导幼儿联系周围的环境来欣赏雕塑，体验雕塑借助环境的表现力。

（三）工艺美术品欣赏

工艺美术作品是美化日常生活的用品，所以兼具实用性和审美性。包括日用工艺品，如茶具、台灯；陈设工艺品，如挂毯、壁挂；民间工艺品，如剪纸、面具、宫灯、皮影等。工艺美术作品的种类繁多，特别是在材质方面，有衍纸艺术、蛋壳艺术、叶雕艺术、羽毛画艺术等。在工艺美术品欣赏的指导中，应重点欣赏其造型美和装饰美，以及这些形式美所洋溢出的一定的趣味、情调和生活气息。可让幼儿感受创造的力量和神奇，在选择时要以幼儿的兴趣和接受水平为准则。

（四）建筑艺术欣赏

建筑艺术以建筑物为欣赏对象。有人说，建筑是一部“用石头写成的史书”。根据使用功能的不同，大致可分为宫廷建筑、宗教建筑、军事建筑、公共建筑、民居或园林建筑等。对于幼儿来说，要从欣赏他们喜爱的、极为熟悉的建筑艺术开始，再由近及远地欣赏他们能理解的建筑艺术。在指导时，既要注重欣赏它的形式美，也要从它的地理位置、文化背景来感受它的文化价值和审美价值。如以“各种各样的房子”为主题，从观察和比较不同房子的外形特征、独特的造型风格、神奇的创意、强大的使用功能等方面来欣赏。

（五）自然景物欣赏

自然景物是以地理、物像、水文、天象等为主的自然造化。大自然就是最美的。山川、河流、树木、森林、海滩、沙漠、晨露、霞光、花草等都可供幼儿欣赏，应多带孩子走进大自然，去感受自然景象的千姿百态。在引导时要注意重点欣赏自然景物的形式美及其蕴涵的生命意味，用形象化的文学语言唤起幼儿自然的审美情感，加深幼儿的审美体验；引导幼儿从整体、局部等进行深入、细致、全面的欣赏。

（六）周围环境欣赏

周围环境中的美好事物主要是指人工造就的各种事物，如服装、日用品、环境布置、装饰等。幼儿园的环境突出儿童性，社区环境反映地方特色，节日装饰强调喜庆和热闹。教师在组织幼儿欣赏时，要将重点放在整体布局、色调及所烘托的气氛上，引导幼儿体验环境布置的情趣和智慧。

三、美术欣赏活动内容的选择

众多的欣赏类型，庞杂的欣赏内容，该如何选择呢？选择什么样的欣赏内容决定了幼儿欣赏活动的质量，决定着能否达到欣赏教育的预期目标。一般说来，可以从以下方面考虑：

（一）选择经典

歌德说，"鉴赏力不是靠观赏中等作品而要靠观赏最好作品才能培养成的"。经典是经久不衰的作品，是经过历史选择出来的最有价值的精髓，是最具代表性、最完美的作品。选择经典作品给幼儿欣赏，让幼儿从小接触经典，与大师对话，能保证欣赏内容的品质。中外经典美术作品数量庞大，也不是所有作品都适合幼儿欣赏，要慎重选择。如外国经典之作《日出》、《睡莲》、《大碗岛的星期天》、《睡着的吉卜赛姑娘》、《麦田与柏树》、《星夜》等，中国的经典之作《虾趣》、《八骏图》、《熊猫》、《十二生肖》、《梅》、《兰》、《竹》、《菊》等皆是很好的选择。

（二）考虑幼儿的欣赏喜好

幼儿更喜欢感知的是他们所熟悉的、令人愉快的、色彩明快、现实主义的作品。再现性的作品和能够识别出作品中所描绘的对象的非再现性作品，幼儿也较为偏好。他们判断作品好坏的标准是内容是否客观地、真实地再现了现实世界，作品的色彩是否丰富、鲜艳。有些作品如卡萨特的《海滩上的孩童》，由于作品色彩的原因，常常不被幼儿喜爱，而马蒂斯的《跳舞的影子》等作品就广受幼儿喜爱。

（三）考虑幼儿的生活经验和接受水平

幼儿年龄小，生活经验还不太丰富，认知能力和水平也有限，不太能理解过于深奥的主题和意境。在选择欣赏内容时要着重考虑到作品与幼儿经验及水平的适宜性，通常如下内容更为适宜：一是相对简单的形状。幼儿年龄小，过于复杂的内容容易给幼儿造成审美负担。二是要接近幼儿生活。正如阿恩海姆所述："在发育的初级阶段上，心灵的主要特征就是对感性经验的全面依赖。对于那些幼儿的心灵来说，事物就是他们看到的、听到的、接触到的或闻到的那个样子。"远离幼儿生活经验的作品往往不能引起幼儿的欣赏兴趣和产生审美共鸣。三是具体、简练的形象。形象具体才易于幼儿辨认和联想。四是鲜艳、绚丽的色彩。

（四）考虑内容的多样性

从作品的题材上来说，既要有儿童生活题材的作品，如卡萨特的《沐浴的孩童》，又要有描绘自然景物的作品，如凡·高的《星空》、莫奈的《日出》，也要有描绘动物和人物的作品，如马蒂斯的《跳舞的人》、齐白石的《对虾》等。从作品的风格来说，不同风格和流派的作品都有其独特的特点，要让孩子感受不同风格的美和不同流派的意味。像野兽派、印象派、古典主义、现实主义等都可以有所选择。从作品的内容上来说，有具象的作品，如凡·高的《向日葵》；有意象的作品，如《音乐》；也有抽象的作品，如波洛克的《会聚第十号》等，在选择的时候要三种都有所选择。又比如从地域文化来说，既要选择欣赏中国的作品，感受民族特点，也要欣赏外国的作品，感受多元的风格。总之，在给幼儿选择欣赏作品的内容时要兼顾多样性，包括同一欣赏内容、不同表现形式的作品变式，如花朵、房子、路等欣赏内容，可以提供不同材料、不同风格、不同背景的作品来欣赏，让儿童的欣赏面更宽更广。

第二节　美术欣赏活动设计思路与指导要点

一、美术欣赏活动的设计思路

（一）基本环节

1. 第一阶段——注意形成阶段

这是幼儿初步接触美术作品的阶段，观看是这一阶段的主要活动，要给幼儿足够的时间欣赏，充分的观看是感受的基础。幼儿还不能自发地把注意力集中在对象的形式和结构上，注意欣赏对象的内容而忽略形式，所以，教师应把幼儿鲜活的个人体验放在优先位置，顺应幼儿发展的特点，观看之后引导幼儿对作品尽可能地进行直接的描述，让他们自由讨论，用简洁的语言说说自己的真实的整体感受。通常教师以“画面上有什么?”“你看到了什么?”来发问，对于写实的作品，幼儿可直接描述作品的形象，回答画的是什么的问题；对于抽象的作品，幼儿可直接描述形状、色彩及运动的趋向。这一阶段，教师除了要给幼儿足够的观看时间以外，还要耐心倾听他们的描述，让幼儿充分表达，鼓励幼儿大胆地讲述自己的观察和感受，而不是急于让幼儿回答作品本身的意图和内容。这一步主要组织幼儿围绕作品进行整体感受，自由地谈论对作品的第一印象或感觉。

以《星空》为例，教师可做如下引导：你在画中看到了什么？你能看出画的是一天的什么时候？除了这些，你还看到了什么？应顺应幼儿发展的特点，把幼儿鲜活的个人体验放在优先位置，尽可能地直接描述。用简洁的语言说出自己的真实感受。指导要点：（1）给幼儿一定时间独立欣赏。（2）让幼儿畅所欲言。（3）用启发式的提问启迪幼儿。

2. 第二阶段——感受阶段

这一阶段是幼儿深入接触作品的阶段，也是关键环节。幼儿“对内容的理解往往能获得实用的价值和求知的满足，是求实压倒了求美，内容压倒了形式”①。“幼儿由于其心理发展水平的限制往往不能把注意力集中在欣赏对象的形式和结构上，而是注意作品的内容”②。但是幼儿欣赏美术作品，不仅要获得对作品的内容、主题、题材等的认识，还要逐渐培养能够透过画面所描绘的故事、情节和具体的内容，进一步感知和体验画面形式意味的习惯和能力。这一环节教师要做的就是引导幼儿进行要素识别及其关系分析，要感知、想象、较浅地理解作品中的形式要素。要素识别包括发现和识别点、线、形、色等形式要素。幼儿一开始可能会主要偏重于从描绘具体事物或点、线、形、色等要素所构成的东西“像什么”的角度来观察和感知，如《忧愁的国王》中幼儿看到了青蛙、老鼠、树叶、人的手、眼睛、小提琴、小婴儿、大石头等很多种事物。这说明幼儿的想象非常丰富、思维非常活跃，但这还只是一种日常知觉而非审美知觉。在讨论中，幼儿还提到“线条”，红、黄、蓝等各种“色块”，各种形状等，这是一些属于形式语言的东西，是造型艺术魅力的本体所在，是美术欣赏活动中教师要着意引导幼儿把握的。形式分析包括形式语言（如造型、色彩、构图）和美的构成原理（如对称、均衡、变化、统一等），了解其美学意味。在识别了线、形、色等要素之后，有时甚至在识别的过程中，这些要素与要素之间所形成的关系，它们所表现的情感和蕴涵的意味，自然便会成为幼儿感受和谈论的主要内容。如幼儿在欣赏《忧愁的国王》时，不仅谈到了作品中的树叶形状和黄色，还发现了树叶的枯黄，特别是树叶被表现成飘零、无力、下降的样式，与伤心、难过等负面情绪的联系。这种对形式分析的过程，正是幼儿积累审美经验、提升审美理解能力，从而最终获得审美能力的必经之路。

当然，在教师引导幼儿进行要素识别之前，自己要先对作品做深度的剖析，要首先了解作品的形式特征。仍以《星空》为例，从线条上看：流畅但断续的线条构成，宽度、长度、弧曲的状态上一致。偏好曲线的形式，圆的形状和弯曲的边线。从色彩上看：有蓝、黄、绿等色相，以及起强调作用的红色，彩度最高的是新月的黄橙色。从空间上看：有面与面的重叠，较小的房屋显得很远，近处是树的顶端，感觉是站在高处俯瞰山谷，并横越天空。从明暗上看：大部分是暗调子的蓝色，最明亮的是新月的黄橙色。最暗的部分是前景上的树。房子窗户上的一点黄色，增添了些许温暖的色感。从动态上看：树有火焰般的形式，依一条纵向轴线向上颤动。云朵相扣水平地滚过天空，低垂下来跟斜扫的地平线相合，好比船只在海浪上摇荡。最安定的是耸立的教堂和建筑物，调子教明亮，用较笔直的线条构成。整个作品表现的是星月灿烂，彩云翻滚，树在

①② 楼必生，屠美如. 学前儿童艺术综合教育研究. 北京：北京师范大学出版社，1999：40.

微风中摇曳，卷曲向上，村寨虽已安然沉睡，但大自然仍在永恒地运动着。教师可做如下引导：

画面上有哪几种线条？

这些线条是什么样的？看上去感觉怎么样？

这些颜色在画面上是怎样安排的？

月亮的颜色使人感觉怎么样？

画面的前面画了些什么，后面画了些什么，它们看上去一样吗？

你感觉自己是站在什么地方看这幅画的？

看完这幅画，你有些什么感觉？你想干什么？

指导要点提示：(1) 提高教师自身对作品的理解和欣赏能力。(2) 反复多次地感知、体验。(3) 用通俗易懂的语言提升、总结、描述幼儿的观察。

3. 第三阶段——审美判断产生阶段

审美判断是欣赏者在审美感受的基础上，运用一定的审美标准，对美的事物或现象的一种意向性的认识、评价和判断。是一种感性的印象的批评，是审美欲望产生的源泉。这一阶段带领幼儿回到整体，较深入地讨论作品给人的感觉，从多样化的作品表达方式中吸取审美经验，提高幼儿的审美判断能力和审美趣味。这是又一次的整体感受，它建立在幼儿对作品的各种要素及其美学意味的深切感受和讨论之上，它与第一印象相比，应该是更深刻和更到位的。这一步一般会涉及介绍作品的创作背景、解释作品所蕴涵的意义、创作者个人特有的情感表达方式，以及一些约定俗成的具有象征意味的符号含义等。“给作品命名”是常用的一种引导方法。给作品命名并说出为什么要这样命名，因为幼儿对作品的命名往往能够反映他们对作品的总的感觉，而考虑起名字的理由则能帮助他们整理和清晰地了解自己的这些感受和思考过程，这里既有直觉的、感受的东西，也夹杂了理性的、逻辑的东西。以《星空》为例，这一阶段可做如下引导：

你觉得这幅画美吗？

你喜欢这幅画吗？

你想把这幅画挂在什么地方？

看了这幅画你有什么感觉？

让你给这幅画取个名字的话，你会取什么名呢？

指导要点：(1) 每个人都可以用自己的方式表达，每个人都尊重别人的表达。(2) 语言、动作、表情的多渠道沟通。(3) 鼓励幼儿像“大师”那样去创作。

(二) 程序变式

一般来说，单纯就欣赏而言，以上三个阶段就是相对完整的欣赏步骤，但有些作品可以有第四个阶段，即创作。

此创作与一般意义上的创作有所不同，它是围绕欣赏对象进行的，是一种模拟、发展和延伸。通常包含以下三个步骤：

（1）心理回忆及构思。让幼儿对已欣赏的作品进行回忆，对要创作的东西构思，这是承上启下的必要一环。它是欣赏活动的结束，也是创作活动的开始。它是以加深对作品的印象和感受为目的的。心理回忆可以采取让幼儿闭上眼睛回忆已欣赏过了的视觉意象的方法，以加深幼儿对作品的印象和感受。构思时则可以将心理意象和交流讨论结合起来，使幼儿为下一步的创作做好必要的心理准备和铺垫。

（2）创作表现。欣赏后的创作与一般的美术创作稍有不同，既尊重幼儿的意愿，给幼儿提供充分的自由度；又鼓励把欣赏的经验结合起来，或学习画家的作画方式和表现手法，或用自己的绘画语言描绘作品所表现、传达的情感。如欣赏《忧愁的国王》后，幼儿以色纸剪贴的方式表现快乐婆婆或伤心婆婆所讲述的故事等。

（3）作品评议。另一种欣赏活动以自我介绍或幼儿间的相互评说为主，宜采用多种方式进行，且不可由教师包办代替。

二、美术欣赏活动的指导要点

（1）对话。美术欣赏活动主要是欣赏对象（即作品）、教师与幼儿展开互动的活动。所以，美术欣赏活动的指导要点之一，就是要围绕欣赏对象，在教师和幼儿之间进行巧妙的对话。这种对话，既包括教师与幼儿的对话，也包括幼儿和作品的对话、幼儿与幼儿之间的对话。总之，教师要发起一个讨论、交流场，激发幼儿产生努力探索的愿望，发现新事物、产生新思想。例如修拉的《大碗岛的星期天》画面描绘了人们在塞纳河阿尼埃的大碗岛上休息度假的情景，画面宁静而和谐。

教师：你们在画上看见了什么？

幼儿："我看见许多人""有狗""我看见海里的船"……

教师：这些人在干什么？他们有些什么样的姿态？

幼儿："在慢慢地散步""在晒太阳""撑着太阳伞"……

教师：除了人以外，还有什么？你能猜出他们在什么地方吗？

幼儿："明亮的天空""温暖的阳光"……

在这一指导要点中，老师要耐心倾听，让幼儿充分表达。

（2）对比。对比就是主体在认识过程中将两个或更多的客体放在一起，寻找它们的不同点和相同点。要把握的原则就是找到共有的属性领域，选定比较标准，在同一题材、同一作者、同一画法、同一画种中找到表现方式的不同，或者情感表现的不同，或者审美特点的不同。总之是分析、归纳规律，提升审美经验。要善于发现作品中那些最突出的、最重要的部分，注意到它们与那些次要的、较为隐蔽的视觉点的相互衬托的关系，感受作品的情感和规律。在这个过程中，幼儿经历了从对规律的一知半解到初步感受却不能表达，再到能感受、能概括、能表现，从直接感受过渡到理性逻辑的过程。

例如《梦》和《哭泣的女人》：

环　　节	《梦》	《哭泣的女人》
整体感受并交流自己对作品的感觉。	看了这幅画你有什么感觉？	看了这幅画，你有什么不同的感觉？
教师与幼儿共同观察画面，并想象画面的意义。	画面上画的可能是谁？她在干什么？是怎么坐的？能用动作和表情模仿一下吗？表情如何？重点引导幼儿模仿人物的表情……	画面上的人在干什么？重点引导幼儿用动作表现哭的样子，为了能感染别人，尽量让幼儿学会夸张表现。为什么会哭？哭的时候心情是什么样的？
回到整体，深入讨论。	最后请孩子给画起名字。	最后请孩子给画起名字。
共同对作品《梦》和《哭泣的女人》进行比较。	为什么这两幅画给我们不同的感觉？仔细观察线条和色彩的运用有什么不用。 请幼儿用多种形式来表达自己的感受：高兴与悲伤。 教师用数码相机来捕捉孩子们的不同表情、动作。	

（3）多通道感受。苏轼曾云“诗是有声的画，画是无声的诗”。音乐中的乐符，高低起伏、快慢相间的组合才有旋律和节奏，美术色彩的浓淡、线条的疏密才有意境和韵律。

众多心理学的研究表明，通感普遍存在，即某一感觉系统受到外界事物的刺激，不仅引起自身直接、相应的反应，还能触发其他感觉系统共鸣的一种心理现象。艺术通感是艺术思维上的一种幻觉，能帮助人们深刻地表达或接受客观事物的感受和体验。犹如一条美丽的彩带把感觉和想象联结在一起，不同艺术门类相互沟通，多种感觉互相转化、互相影响、互相启发。不同感觉通道对刺激的敏感性不一样，运用多通道从不同方面去认识和感知事物，会增强对事物的体验和感受。所以，教师可以选择一些与美术作品有关或能加强其感染力的音乐、诗歌、故事等，运用多种媒体再现或创设具有情绪色彩的具体、生动的形象或场景，以帮助幼儿对美术作品的感知和体验。这体现了整合的教育观，构成了良好的欣赏环境。视听联觉，如闻其声、如临其境，调动多种感官参与，进行多途径的体验，在感受、品味、思索中理解。

例如，教师在引导幼儿欣赏吴冠中的《春如线》时，作品的出现伴随了《春光美》的乐曲，很快将幼儿带入春天的遐想中，再伴随教师的配乐诗朗诵《春天在哪里》，幼儿从作品的线条和色彩中寻找春天，体验作品所描绘的意境。又如在欣赏《江南村景》时伴随着《小放牛》的音乐，让作品无声而有声。这样，幼儿可以在审美氛围的营造中充分地享受美、理解美、欣赏美。

（4）情景。在欣赏活动中，教师应为幼儿精心选择和设计与作品相关的环境、情景，组织幼儿进行相关体验，丰富幼儿情感体验或激发幼儿表现。包括生活经验情景体验如亲近大自然、亲近生活，积累跟欣赏主题或内容相关的知识经验和情感体验。也包括创设相适应的环境、氛围，让幼儿进行多种方式的表达，如语言、肢体、表情、创作等。如在《春如线》的欣赏活动中，教师营造了一个游戏情景，让幼儿随着教师的情景语言进行游戏表演："春天来了，小溪里的水快乐地奔跑"——幼儿手持绿色彩带跑动。"溪流跑到东跑到西，碰到小树绕个弯，碰到石头跳一跳"——彩带左右、上下舞动。"小蝌蚪游来了，大的蝌蚪哥哥来了，小的蝌蚪妹妹也来了。它们有的扭着尾巴跳舞，有的头碰头说话，有的东瞅瞅西看看"——幼儿扮演蝌蚪做各种动作。"风姐姐也来了，吹落了片片花瓣，风儿吹呀吹，花瓣飘呀飘"——幼儿模仿风的动作和花瓣飘的动作。"滴答滴答，下小雨了，滴答滴答"——幼儿模仿下雨的动作。又如马蒂斯的《跳舞的影子》，老师营造了一个叙事情景来帮助幼儿理解画面："我剪一个影子在跳舞。它伸开手臂跳了起来，像飞一样，我把手臂剪成翅膀了；再剪两条腿，哎呀，怎么一条粗一条细呢？没关系，不是更有趣。影子的舞蹈真美呀，剪儿颗星星送给它，哈哈，又像火焰和菊花，再剪颗爱心送给它，扑通扑通，跳得真漂亮，哎呀，爱心变成纽扣了，爱跳舞的影子真快乐！"让幼儿感受到剪纸的快乐和无尽的遐想。

（5）把握一个重点。不同的美术作品引导幼儿欣赏的重点不尽相同。把握欣赏的重点易于让幼儿感受形式美的原理，积累审美经验，提高审美能力。比如，在欣赏风筝时感受对称的美；在欣赏蒙克的《呐喊》时感受变形与夸张的美；在欣赏蒙德里安的《百老汇爵士乐》时感受线条与色块；在欣赏《百子图》时则关注人物不同的动态美……

综上所述，美术欣赏是一项需要幼儿记忆、想象、分析、概括、推理、判断等认识能力共同参与的活动。幼儿进行美术欣赏的基础是知觉，美术欣赏教育让幼儿沉浸于艺术之中，逐渐获得敏锐的对美的事物的感知能力。"欣赏"是一个极具个性化的心理过程，不可强求一致，更不能用教师的感受替代孩子的感受。正如"一千个读者就有一千个哈姆雷特"。"欣赏"并不需要与"理解"同步。孩子要的是对作品本身的自我体验和感受，而不是通过老师的灌输去理解作品。幼儿的"泛灵性"，即移情的特点，使其在美术欣赏中亲身感受和体验事物的审美特征，产生审美愉悦。幼儿模仿力强、好奇心强，美术欣赏为培养和发展幼儿的审美创造能力提供了良好的条件，欣赏是编织艺术家的摇篮。教师应给幼儿提供运用艺术家的眼光看世界的机会。当然，在这个过程中注重提升教师自身的艺术鉴赏水平至关重要。

第三节　美术欣赏活动案例分析

名画作品欣赏活动案例

例 1：《小鸟天堂》（大班）

活动目标：

1. 积极参与彩墨画的欣赏和讨论。
2. 感知《小鸟天堂》作品中线条、色彩等要素所传达的感情。

3. 能大胆表达自己对作品的观察和感受。

活动准备：

1. 经验准备：与父母一起到鸟语林欣赏各种姿态的小鸟，喜欢与小鸟做朋友。

2. 材料准备：教学欣赏PPT图片：吴冠中《小鸟天堂》、音乐《鸟鸣》、各种大树若干、扮演小鸟的头饰和服饰等。

活动过程：

1. 整体感受、自由谈论。

音乐伴随作品的欣赏。(播放PPT课件)

欣赏情景导入：今天我们要去一个很美丽的地方，是哪里呢？我们跟着音乐去寻找吧！

提问：①画面上有些什么？(树、小鸟)

②这些树是怎样生长在一起的？

引导幼儿观察画面上的树不是一棵一棵独立生长着的，而是相互交错、互相依附的，这是榕树的特点，如果问题提出孩子无法回答，教师可用选择性提问来给孩子帮助，例如，它们是一棵一棵独立生长着的吗？还是交错着生长着的呢？

③这些树生长在什么地方？

让幼儿观察画面的细节，会发现树是长在河边的或者池塘边的，因为画面上有水，水上还有鸭子之类的动物。

④树林里藏着什么？生活着谁？

旨在使幼儿仔细观察画面上彩色的小鸟，它们都是什么样的？看起来生活得怎样？

[评析] 合适的音乐伴随作品的呈现，极大地调动了幼儿的通感，让幼儿仿佛置身于作品的实际情景中，听到了鸟鸣、流水的声音，动画的加入让林中的鸟若隐若现，仿佛真的飞起来一般。这些视听的手段很好地营造了欣赏的意境。

2. 要素识别及形式分析。

(1) 画家用什么来表现树干和树枝？你是怎么分辨出来的？线和线组成了什么？

[评析] 这个提问引导幼儿观察作品的表现手法，树干和树枝是用粗的和细的线条表现的，并且用了浓淡不同的墨色，粗的、黑的是树干，细的、灰的是树枝，就是线和线的交错构成了整个树林。

(2) 鸟的色彩是怎样的？

[评析] 这个问题引导幼儿进一步观察鸟的颜色，鸟的五颜六色和树的黑灰形成了对比和映衬，鸟的羽毛和嘴巴的颜色都很鲜艳，有的鸟在唱歌，有的鸟在嬉戏，有的在一起“说笑”。

3. 回到整体，讨论作品给人的感受。

(1) 这是一个什么样的环境？

[评析] 这个问题引导幼儿思考和体会作品要表达的思想内涵，通过对这个环境的感受和描述，体会作品静谧、宁静、和谐、安逸的感受。

(2) 除了小鸟、河、大树外，画面上还有什么？

[评析] 通过让幼儿观察画面上除了小鸟、河、大树外，还有一些彩色的点，使他们充分想象那会是什么，有的幼儿猜是鸟的羽毛，有的幼儿说是彩色的雨，还有的幼儿说是“小鸟的歌唱”。

(3) 生活在这里是什么样的心情和感受？(快乐、安全、幸福)

(4) 你能为这幅画取个好听的名字吗？简单介绍作者和作品的名字。(小鸟的家，大树和小鸟，小鸟天堂)

老师和幼儿一起分享什么叫天堂，并知道这幅画叫《小鸟天堂》。

[评析] 在具体的分析之后，回到整体，让幼儿充分表达对作品的感受，并通过命名来体会和提炼作品的主题。

4. 情境表现。

(1) 你们愿意变成一只小鸟，到小鸟天堂去玩一玩吗？快来装扮自己吧！

教师可提供一些道具，如纱巾，让幼儿装扮之后，表现小鸟快乐的情景，或唱歌，或舞蹈，或在一起聊天，或者靠在一起小憩。

(2) 欣赏之后教师也可以准备宣纸和水墨材料，让幼儿合作模仿着用绘画的方式表现。

作品赏析（老师准备图）：

天堂者，无忧无虑之家园也。茂密丛林中栖满鸟群。乱线交错成茂林，散点疏密是鸟群，枝丫交错、气根垂挂的榕树之林，据说原来只是一株榕树，气根落地生枝，于是子子孙孙，成一家之林，全岛之林。因林在水中，人迹罕至，鸟们栖止，被誉为小鸟天堂。《小鸟天堂》，着眼于线之纵横，疏密穿插，乱中有序，引来杂色小鸟，不知是何鸟种，只需能藏于枝杈间，时隐时现，随兴点染，便是天堂。

(武汉大学幼儿园一分园　卞丹丹)

例2：不一样的自画像（大班）

活动目标：

1. 积极表达自己对美术作品的观察和感受。
2. 仔细观察美术作品，欣赏写实和夸张两种不同的绘画风格。
3. 能选择自己喜欢的绘画风格表现自画像。

活动准备：

1. 经验准备：有过画人物的经验，用线条和图形表现五官。
2. 材料准备；教学欣赏 PPT 图片：凡·高《自画像》、毕加索《拿着圆筒冰淇淋的男人》、记号笔、蜡笔、牛皮纸等。

活动过程：

1. 整体感觉，自由谈论。

(1) 出示画一：凡·高的《自画像》。给一分钟大家欣赏。

提问：

①作品中的这个人是男的还是女的？你从哪里看出来的？（突出观察人物的典型特征：头发、眼睛、胡须、表情、服饰等）

②这个人是年轻的还是老的，为什么？（引导幼儿细致地观察，大胆表述自己的理由）他脸上那个部位最特别？（如孩子说：他看起来没我爷爷那么老，但是比我爸爸老一些）

[评析] 这是一个开放性提问的范例，教师并没有逐一地牵着孩子从眼睛、鼻子、嘴巴等顺序观察，而是用判断性的提问引发幼儿的思考，幼儿要做出判断，必须通过观察，经过分析之后回答，并用语言表达判断的理由，是让幼儿主动学习的经典之问。

(2) 出示画二：毕加索《拿着圆筒冰淇淋的男人》。

提问：

①这幅画给你什么感觉？孩子的第一感觉都是"奇怪"，继而追问：为什么觉得它奇怪，他哪里很奇怪？

幼儿：他眼睛很奇怪，一只大一只小；他鼻子很奇怪，鼻孔像两个洞；他耳朵很奇怪，像麻花一样……

②你觉得这是一个什么样的人？我觉得他是一个眼睛大一个眼睛小的人，你们呢？

幼儿：我觉得他是一个鼻孔像花瓣一样的男人，我觉得他是一个戴着帽子的男人……

[评析] 这幅画一出现就会引起幼儿极大的反应，觉得"奇怪"，就让幼儿尽可能把作品觉得奇怪的地方都找出来，这也是激发幼儿主动观察和欣赏的经典之问，在零散的观察之后，老师带领孩子梳理：这是一个怎样的人？让幼儿感受作品的夸张。

2. 要素识别，关系分析。

对比欣赏两幅名画，感受不同的表现手法。提问：

①这两幅作品给你的感觉一样吗？哪里不一样？

②哪张画看起来更像生活中的人？你们都这样认为吗？

③哪张画看起来更有趣呢？

[评析] 对比欣赏，让幼儿感受两幅作品风格的迥异，理解写实和夸张的特点。然后用自己的观点进行审美判断。

3. 回到整体，深入讨论。

教师：谁为这幅画取个好听的名字吧。

介绍这两幅画的作者，以及写实画法和夸张变形的画法。

[评析] 命名是一种对作品的概括，可以帮助幼儿整理欣赏的经验。

4. 模仿创作（选择）。

(1) 你想画一张写实的自画像还是有趣的自画像呢？

(2) 用把画纸折叠的方法，引导幼儿将脸部画大，尽量占满整个画纸，可以选择将画纸横向或竖向作画。

引导幼儿互相欣赏，说说看到这些作品的感受，并说说最喜欢谁的作品，为什么？

[评析] 这个环节可根据实际情况进行选择，或者在下一个课时完成，让幼儿用自己喜欢的风格画自画像，给了幼儿选择的空间，提供的牛皮纸也让作品呈现的艺术感更强。

（武汉大学幼儿园一分园 卞丹丹）

雕塑建筑欣赏活动案例

例1：大班美术欣赏活动——黑人雕塑

活动目标：

1. 欣赏黑人雕塑，了解黑人雕塑的造型特点。
2. 学会查找资料的方法，养成解决问题的良好习惯。
3. 运用多种材料进行创作，体验泥塑的乐趣。

活动准备：

1. 物质准备：(1) 实物投影仪、电视机、《非洲雕塑》画册、非洲雕塑实物。(2) 非洲音乐磁带、录音机。(3) 工具材料：竹刀、竹签、泥拍、紫砂泥块、盛水盘若干。(4) 各色卡纸、毛线、花布、稻草等用于装饰的材料若干，剪刀若干。(5) 有关非洲黑人的图书、图片若干。

2. 环境创设：(1) 将有关黑人的各种图书、图片放置在资料区，以便幼儿查找。(2) 将各种泥塑作品及黑人雕塑实物展示在活动室四周，让幼儿欣赏。

活动过程：

1. 师生共同讨论关于黑人的问题。

教师：之前，小朋友提出了很多关于黑人的问题，老师请你们回去自己解决，你们找到答案了吗？

(1) 黑人的牙齿、指甲为什么那么白？

(2) 古代黑人为什么穿得那么少？为什么用树叶、兽皮做衣服？

[评析] 通过让幼儿事先了解黑人的相关经验，便于幼儿对欣赏内容有一定的欣赏背景。

2. 欣赏黑人雕塑，感受雕塑作品的夸张效果及作品整体的美感。

教师：老师回去也找了一些资料，我发现非洲人特别喜欢做自己的雕像，我们一起来看一看。

(1) 欣赏第一幅作品。

教师：你喜欢它吗？喜欢它什么地方？

教师：我们的牙齿有没有这么大？它的牙齿为什么做这么大？(了解夸张的表现手法)

教师：猜猜它的心情怎么样？你从什么地方看出来的？我们来学学看。

(2) 出示另一张雕塑图片。

教师：你们发现这个雕塑和刚才看到的雕塑有什么不同？你喜欢它什么地方？

[评析] 这一环节对话的重点是了解黑人雕塑的造型特点及表现手法，难点是表现出黑人的特征。

(3) 出示真实雕塑。

教师：老师还给你们带来了几个真的非洲雕塑，你们看，这些有趣的东西都是非洲黑人用泥、木头做成的，他们非常聪明、爱动脑筋，把泥、木头做成纪念品放在家里或挂在身上，还可以作为展品供大家欣赏。

3. 幼儿创作，体验雕塑的感觉。

(1) 教师：老师准备了一些黑黑的泥，我们也来学黑人做黑人的雕像，好吗？播放非洲音乐！

(2) 鼓励幼儿大胆运用各种材料进行创作，根据需要可以到资料区查找资料。

4. 评价、展示幼儿作品。

(1) 幼儿互相欣赏，自由谈论、评价作品。

(2) 将幼儿作品展示在活动室内，布置“黑人雕塑”作品展。

[评析] 对于黑人雕塑的造型特点和表现手法，如果说用语言表达并不是幼儿的强项的话，实际地做就能很好地解决孩子“明心不明口”的问题。

《面具》木、藤皮、纤维　高27厘米　安哥拉

(选自《早期教育》并修改)

例2：各种各样的房子（大班）

活动目标：

1. 对各种经典的建筑物感兴趣，感受建筑艺术的美。
2. 初步感受建筑风格的多元。
3. 大胆地表达自己的感受和体验，耐心地倾听同伴的意见。

活动准备：

故事书《谁的房子最特别》，中外经典建筑物的图片（如长城、天坛、白宫、克里姆林宫、卢浮宫等），特别的房子（动物造型、鞋子造型等）。

活动过程：

1. 说说自己住的房子，说说自己见过的房子。

教师：小朋友住的房子外形是怎样的？你们见过什么样的房子？

[评析] 从孩子的生活经验出发，导入建筑的话题，幼儿有亲切感，用“房子”代替“建筑”，易于幼儿理解和接受。

2. 借助“谁的房子最特别”的绘本，在小组里讨论。

教师：在小组里说说，书上的房子你觉得哪个最特别，说说理由吧！

[评析] 借助绘本故事上的图片，让幼儿了解建筑的多元，并能理解房子先是实用性，再是美感。

3. 集体欣赏 PPT 图片。

逐一具体欣赏不同建筑物的外形和建筑风格。

(1) 幼儿和同伴相互交流。

(2) 教师：图片上的建筑物是什么样子的？上面有什么样的图案？

(3) 教师：你最喜欢哪座建筑物？你喜欢它的什么地方？什么地方你觉得美？

(4) 教师：猜猜哪些是中国的，哪些是外国的，说说你的理由。

(5) 教师为幼儿简单介绍不同建筑的背景。

4. 欣赏奇特的建筑图片。

教师：我们再来看一些特别的房子，说说你觉得它什么地方最特别？（动物造型的建筑、鞋子造型等）

5. 尝试设计一个自己独特的房子。

提供绘画工具和材料，设计自己的房子。

（武汉大学幼儿园一分园　袁卉）

工艺品欣赏活动案例

例：泥人阿福（中班）

活动目标：

1. 愿意欣赏民间艺术品惠山泥人阿福系列，感受其象征吉祥如意的寓意。
2. 欣赏惠山泥人阿福的色彩美和造型美以及神态。

3. 尝试用肢体动作模仿泥人的造型。

活动准备：

1. 师生共同收集阿福泥塑若干、阿福图片若干。

2. 自制泥人PPT，音乐《孔乙己》。

活动过程：

1. 寻找阿福。

(1) 幼儿在音乐的伴随下四散自由欣赏摆在活动桌上的泥塑阿福，观看四周张贴的大幅阿福图片，自由交流。

教师：你看到小阿福有什么感觉？为什么？

(2) 欣赏关于阿福的民间传说，了解阿福所象征的吉祥如意的意义。

教师：刚才我们看到的都是泥娃娃。它的名字叫阿福，是惠山泥人，由我国无锡惠山的艺术家们制作的。

教师：在惠山流传着这样的民间传说。在很早以前，惠山一带野兽横行，危害儿童。有个叫“沙孩儿”的小孩，勇斗猛兽，为民除害。为了纪念“沙孩儿”，人们用惠山的黏土塑造了勇敢的“沙孩儿”形象。就是这个阿福。而且阿福还收服了年。年是白天吃太阳，晚上吃月亮，它在玩太阳和月亮，它把人搅乱了，人的生活就不安宁了。但是阿福把年抱在手中，年就听阿福的话了，这样生活就安宁了。所以随着时代的变迁，人们又把阿福的形象变成小朋友的形象了，希望自己的小孩有福气。

教师：也有传说五百年前惠山脚下出现了一种青毛狮专食儿童，百姓为平安幸福拜神求仙，神仙化为金童玉女施法降伏。人们为感念神仙捏塑像取名阿福，历代名家创作出了形态各异的阿福。

无论是怎样的故事传说，阿福都是路路平安、家家幸福的吉祥象征，它们寄托了人们美好的愿望。

[评析] 让幼儿描述对泥人的第一印象。运用多种感官来参与活动，从多方位来表达感受，给幼儿留有充分的发挥余地。

2. 观赏阿福。

引导幼儿观察泥人阿福的神态、姿态以及颜色。

教师：看看这些阿福，你觉得小阿福在干什么？它们是怎样的造型？

请小朋友说一说，并用动作来模仿着做一做。

教师：小阿福的心情怎么样？你从哪里看出来的？眼睛、嘴巴是怎样的？

我们来学学这个笑眯眯的表情。

教师：看到笑眯眯的阿福，你的心情又怎么样？

教师：你喜欢小阿福身上的衣服吗？为什么？它的衣服上有哪些颜色？

[评析] 我们在美术欣赏活动中，要引导幼儿用多种形式，如语言、动作、表情、声音等来多方位地表达感想。

3. 深入了解。

(1) 介绍阿福的制作流程：和泥—涅成泥娃娃—上底色—用笔和颜料描画成形。(有视频介绍更好)

(2) 播放其他的阿福图片，扩充认识。

教师：这里还有许多的阿福，它们都长得一样吗？哪里比较像？

教师小结：虽然这些阿福的衣服、造型有些不太一样，但是它们的神态和表情却很像。都是笑眯眯的。

教师：你觉得它们在做什么？我们一起来学学它们的动作和表情。

4. 模仿创作。

跟着音乐玩游戏：我来做泥人。

教师播放音乐《孔乙己》，引导幼儿每两个或四个乐句做一个定格造型，并保持不动。

也可以提供制作阿福的工具和材料，有和好的泥，也有泥坯和成品，让幼儿自行选择进行模仿创作。

[评析] 在幼儿表现、创作的部分，针对中班幼儿想象力丰富但美术表现技能不足的特点，采用了多种表现形式供幼儿选择，有幼儿熟悉的捏泥人活动，有变个样子的装饰画活动（在泥人上直接装饰），满足幼儿的多种需要。

（武汉大学幼儿园一分园　张甜）

思考与练习

1. 如何理解幼儿对美术对象的欣赏是“内容先于形式”？
2. 说说怎样的美术作品更适宜于幼儿欣赏。
3. 选择一幅美术作品，写一份完整的教案。

第九章　国外儿童艺术教育理论简介

本章摘要

本章分别对国外具有影响的几种儿童音乐教育理论和儿童美术教育理论作了简要的介绍。其目的是为了开阔学生的眼界，丰富学生艺术教育理论知识。实践中应结合实际加以借鉴和吸收。

学习目标

1. 了解国内外主要的优秀儿童艺术教育的理论和方法。
2. 丰富艺术教育理论知识，扩大艺术教育视野，为今后从事幼儿园艺术教育奠定良好的理论基础。

第一节　国外主要儿童音乐教育理论

随着人类社会教育活动的不断深入和教育心理科学及其他相关科学研究的迅速发展，世界儿童音乐教育的发展也发生了重大的变化，其标志之一便是近现代，特别是20世纪四五十年代以来一些独立而富有特色的儿童音乐教育体系的形成、确立和传播。这大大地推动了儿童音乐教育理论和实践的发展。学习、研究、借鉴这些体系，将会有助于我们结合本国、本民族的特点进行儿童音乐教育的更进一步探索和创新。

一、达尔克罗兹音乐教育体系

爱弥尔·雅克·达尔克罗兹（Emile Jaques Dalcroze，1865—1950），瑞士著名的作曲家、音乐教育家、日内瓦音乐学院的音乐理论教授。达尔克罗兹认为在音乐的学习和体验中，首先需要培养的是身体的松弛、自然，这样才能使人体的肌肉运动轻松、迅速地执行大脑的意愿。而人在自然、自由状态下的身体动作是一种本能的动作，它可以成为音乐表演媒体的有机组成部分，这是因为音乐的节奏和力度的表现正是依赖身体的运动而实现的，人体运动与音乐之间存在着内在的紧密联系。由此，达尔克罗兹在一系列倾听活动与身体反应相结合的音乐训练实验的基础上创建了体态律动学，并在德国、英国、巴黎、维也纳、纽约等国家和地区进一步得到推广。1950 年 7 月 1 日达尔克罗兹在日内瓦病逝，但他的教学法和教育体系却在世界各地被广泛地实践和发展着，并对后来的音乐教育家及教学法的形成产生了重大的影响，具有典范和先导的作用。

（一）达尔克罗兹音乐教育的主要思想

达尔克罗兹认为，人是通过自身的运动将内心的情绪转译为音乐的，人体本身就是乐器。因此，进行音乐训练，单纯训练耳朵、嗓音、手指等是远远不够的，还必须训练儿童的形体、姿势及各种形体动作，并引导他们进入产生乐曲的激情中，把乐曲的感情化为具体的动作、节奏和声音，以唤醒天生的本能，建立身心的和谐，促进多方面学习能力的提高。

（二）达尔克罗兹音乐教学体系的基本内容及方法

达尔克罗兹音乐教育体系及教学实践的基本内容分为体态律动、视唱练耳和即兴创作三个方面。他认为，这三者构成了音乐教育中的三个重要分支，“其本质和核心部分是节奏运动，与它密切相关的是听觉能力和自发性创造能力（即视唱练耳和即兴创造活动）”①。这三个方面相互作用、不可分割，成为一个整体，以培养和发展儿童的内心听觉、运动觉和创造性表现能力。

1. 体态律动

体态律动是达尔克罗兹教学法中最重要、影响最大的组成部分，它集中体现了达尔克罗兹的音乐教育思想，且由于其独创性和科学性而被人们公认为卓有成效的音乐教育手段，并成为相对独立的学习领域。体态律动强调从音乐入手，让儿童聆听音乐，引导儿童通过身体运动去接触音乐的各个要素。达尔克罗兹曾形象化地把身体、人体比喻成“乐器”，是一种能够理解音乐的要求、解释音乐的部分和整体的一种“乐器”，通过身体动作的“弹奏”把对音乐要素的理解展示出来。这种音乐伴奏下的身体大肌肉动作不同于舞蹈动作和表演动作，而是一种自然、放松状态下的身体律动，达尔克罗兹认为，这种身体的律动充满了生命的节律和动感之美，故称之为“体态律动”。在达尔克罗兹的教学试验中，最初是以音乐学院的儿童为对象的，但是当他发现音乐与身体运动的结合训练特别适合于儿童的天性和本能时，这种“体态律动”式的教学迅速扩展到了儿童音乐教育的领域中。

节奏训练（节奏反应）是体态律动的中心内容。根据达尔克罗兹的理论，体态律动的目的就是借助节奏来引起大脑与身体之间迅速而有规律的交流。通过这种交流，达

① 蔡觉民，杨立梅. 达尔克罗兹音乐教育理论与实践. 上海：上海教育出版社，1999：50.

到情感与思想、本能与控制、想象与意志的协调发展。达尔克罗兹认为，人无不具有天生的节奏本能，但需要加以诱发和培养。在儿童的音乐学习中，教师应尽可能地去发现和研究儿童的身体活动和他们周围世界的自然节奏，将其自然地引入教学过程之中，从儿童本身所具有的节奏要素入手，以听音乐和身体运动为手段，去唤醒儿童天生的音乐本能。

在体态律动教学过程中所采用的方法如下：

（1）教师钢琴上的即兴演奏。在开始阶段，音乐材料最好是包含儿童以前所学过的音乐要素的即兴音乐。在儿童对音乐的要素有了较深的了解之后，再用经典音乐作品。

（2）儿童通过律动语汇来学习。对儿童来说，这种律动语汇是来自于整个身体的，它包括两种类型：一种为原地类型，包括拍手、摇摆、转动、指挥、弯腰、旋转、语言、唱歌等；另一种为空间类型，包括走、跑、爬、跳、滑、蹦等。这两种类型可以任意结合组成各种形式。在训练过程中，可以先让儿童分别单独练，比如手指训练、脚的训练等。在逐个地对身体各部分进行训练后，可以使身体的某些部位和谐地结合起来，如用脚和身体的动作表示时值，用手臂表现节拍，最后才是整个身体的加入。

（3）教师促使儿童将身体运动与声音内在地结合在一起，发展他们内部听觉和运动觉的能力、动觉的想象与记忆等。

2. 视唱练耳

达尔克罗兹教学法的视唱练耳教学包括了数千种练习，其主要目的是学习音阶、调式、音程、旋律、和声、转调、对位等。正如体态律动把耳朵和身体作为学习节奏的“乐器”一样，视唱练耳教学是将耳、口与身体，并加上语言与歌唱等形式来作为理想的学习工具的。

在达尔克罗兹的音乐教育体系中，视唱练耳是和身体律动紧密结合的。他认为，“一切音乐教育都应当建立在听觉的基础上，而不是建立在模仿和数学运算的训练上”。良好的听觉是接受音乐教育最重要的禀赋，可以通过结合体态律动的方式帮助儿童发展听觉和记忆能力，培养绝对音高感，发展内心听觉。为此，他设计了一系列学习来训练儿童的音高、音准和调性等，如颤音是一个急转，波音是双脚轻快的一跳，回音是腕和手向外一个轻快的旋转，而这些动作往往是儿童们提出建议，教师与他们一起讨论，商定怎样表达各种音的。又如训练认识音乐中的大调与小调的不同，可以是向前走代表大调，倒着走代表小调。所有的训练都是与练耳结合起来的，这种对声音的敏感度和所做动作的正确入门是一起发展的。

3. 即兴创作

达尔克罗兹教学法同样也是按照体态律动的思路来培养儿童的即兴创作能力的。即兴创作教学的目的是以一种想象的、自发的和个性表现的方式，发展儿童使用律动材料（节奏）和声音材料（音高、音阶、和声）的技能，培养儿童创作音乐、表现音乐的能力。

即兴表现有很多手段，包括律动、言语、故事、歌唱及乐器演奏。最初的即兴表现课可以把一个故事改编为律动、音乐或反之。教师让儿童自己去发现，并随时根据儿童的反应而改变原来的节奏和音响材料。律动课和视唱练耳课的内容也可以用于即兴表现课的学习，如让儿童即兴表现或弹奏带有各种休止符的音乐等。

达尔克罗兹的即兴创作教学活动的贡献在于他充分重视了对儿童的想象力、创造力的培养，无论在其体系形成之时以及今天，都具有极其深远的意义。它使我们清醒地认识到，即兴创作的音乐活动可以从儿童学习音乐之初便开始，它应该成为重要的教学实践活动之一。

（三）达尔克罗兹音乐教学法的主要特点

（1）立足于幼儿听和感受（音乐）。

（2）要求幼儿以身体为乐器表现音乐。

（3）以游戏为主要的教学方式。

（4）及时诱导幼儿各方面的“即兴能力”。

（四）达尔克罗兹音乐教学法的基本原则

达尔克罗兹教学法有以下四个基本原则。这些原则适合于不同年龄的学生和不同的活动方式：

（1）培养学生感知音乐和反映音乐的能力。

（2）拓展学生内在音乐感觉。

（3）培养学生耳、眼、身体和脑之间进行迅速交流的能力。

（4）培养学生大量储存由听觉和动觉所获得的信息的能力。

二、柯达伊音乐教育体系

柯达伊·佐尔坦（Kodaly Zoltan，1882—1967）是匈牙利著名的作曲家、民族音乐家和音乐教育家，是20世纪匈牙利音乐界最著名的人物之一。20世纪初，他倡导和建立了柯达伊音乐教学体系和教学法。该体系以集体歌唱为主要教学形式，教材大多取材于匈牙利民歌或以本民族风格创作的多声部合唱，以五声音阶为试唱教学的支柱，采用首调唱名法及柯尔文手势等教法，有着高度严谨的结构和系统性。他是第一个从音乐创作的角度深入研究本国语言特点的人，并且在作品中为他的母语赋予了完美的表达，为匈牙利民族音乐教育事业作出了巨大的贡献。1967年3月柯达伊在布达佩斯逝世。但是，他的教育思想及其教学法却得到了广泛的传播和发展。从幼儿园至音乐学院，从亚洲、欧洲到美洲，他的音乐教育思想、观点为世界各地的音乐教育带来了巨大的影响。

（一）柯达伊音乐教育的主要思想

（1）全民音乐教育观。柯达伊立足于提高全民族文化素质，提出了全民音乐教育观。认为音乐与人的生命本体有着密切的关系，人的生命不能没有音乐，没有音乐就没有完美的人生，音乐应该成为生活的一部分。所以全体匈牙利公民都应该掌握音乐知识，成为有较高音乐素养的国民。他撰文指出音乐教育在塑造匈牙利未来公民优秀的文化素质方面将起到不可替代的作用。

（2）民族音乐教育观。拿什么去教育人民？柯达伊的回答是："优秀的民族民间音乐。"柯达伊提出民族民间音乐是学校音乐教育的基础，要通过多种方法使儿童熟悉并且热爱上民族音乐，积累民族音乐语言，培养建立民族音乐思维，以强化儿童民族意识、增强儿童民族情感、继承和发扬民族音乐传统。

（3）音乐教育应该从幼儿园开始。柯达伊教育体系从整体上说是建立在早期音乐教育基础上的。柯达伊认为，幼儿园能够为儿童提供一个集体创造音乐的环境，所以音乐教育应该从幼儿园开始，以便使儿童尽早获得音乐体验，而只有从早期开始，才能成功地发展音乐听觉。在匈牙利幼儿教育改革中，柯达伊提出把民间歌曲和歌唱游戏曲作为幼儿园的主要音乐材料，在歌唱游戏中，歌唱联系着动作和活动，既符合儿童的天性，也培养了儿童的集体感和社交能力，儿童在身体的运动中感受、表现音乐，同时也可消除紧张和不安情绪，体验到游戏带来的欢乐。由于幼儿阶段的音乐教育重点是通过对音乐的直接体验为以后进一步发展音乐感知和技能做准备，因而在柯达伊音乐教育体系中把幼儿期音乐教育目标归纳为：引导儿童通过听、唱歌曲，体验、感受音乐，唤起他们对音乐的兴趣，帮助儿童形成音乐的趣味和审美感。

（4）应为儿童提供最好的教材和优秀的师资。柯达伊高度重视音乐教材本身，认为学校应为儿童提供好的音乐。好的音乐可以培养儿童高尚的艺术情趣。为此柯达伊创建自成特色的教材体系，这是他在前辈音乐教育研究上的一个新的突破和贡献。他认为给儿童所用的教材只能来自于三个方面：①真正的儿童游戏和儿歌。②真正的民间音乐。③优秀的创作音乐（由名作曲家创作的音乐）。其中儿歌及民间音乐的朴素的表现形式对孩子尤为适宜，为此他收集整理了大量优秀的儿童歌曲和匈牙利民间歌曲，并自己创作了许多五声音阶的儿童合唱曲，以让儿童从小就感受并热爱音乐母语。正是因为这些方面的突出贡献，使得柯达伊音乐教育体系成为举世公认的珍品。

好教材的实施还需要优秀的师资，柯达伊还非常重视音乐教育的师资，他认为一个好的老师比一个歌剧院的指挥还重要，他提倡教师们要在教中学、学中教，不断提高自己，并且要善于创造性地开展音乐教育活动。

（二）柯达伊音乐教育的主要特点

1. 以歌唱教学为主要教学内容

柯达伊认为：儿童唱歌和说话同样地自然，通过唱歌这一人人都能从事的活动，能够使孩子们的歌喉日臻完美。而歌唱教学的展开可以不受儿童发展水平和客观物质条件的限制，它成为柯达伊音乐教育体系中的重要教学内容。同时他还积累了大量教材和教学方法，如多声部的合唱训练、优秀的民族音乐教材等，不仅为匈牙科音乐教育系统所广泛采用，也为世界儿童音乐教育探索提供了一个相当完善而富有特色的模式。

2. 以“儿童自然发展法”作为课程安排主要的依据

在柯达伊教育体系中，课程进度的编排突破了传统的不够合理的编排秩序，提出了以“儿童自然发展法”为依据的进度安排原则。而所谓“儿童自然发展法”，即根据正常儿童在其成长的各个时期中的能力来编排课程的顺序。

在传统的主题逻辑的教学法中，课程编制的顺序、题材的组织是从内容是否合理上考虑的，而较少考虑到儿童比较容易接受的顺序。如节奏教学的进度安排是全音符—二分音符—四分音符—八分音符……但柯达伊认为，对于一个还没有学会如何去感知基本节奏的初学儿童来说，这是一个非常困难的进程。对于儿童来说，移动的节奏比起持续的节奏更易接受，四分音符是儿童步行、自然走路的速度；八分音符是自然跑步的速度，它们都是儿童日常生活中的节奏，而儿童歌唱游戏材料及童谣中大部分也是以这两种音符、节奏构成的，因此，应该把四分音符和八分音符作为节奏教学的起点。同样，就旋律感知而言，传统的主题逻辑法以自然大小调音阶作为起点，显然也是不合理的。我们知道，儿童最早、最容易唱的音程是小三度（so—mi），而接着能唱的第三个音符就是上方的 la，这三个音构成了儿童唱游的基础，几乎成为全世界儿童通用的乐汇。所以，更合理的安排应该以小三度开始，帮助儿童依次先掌握五声音阶（so \ mi \ la \ do \ re），然后再教 fa 和 si 以补足整个七声大小音阶。

在强调“儿童自然发展法”的同时，柯达伊还总结了儿童音乐发展中的一般特点：①儿童的音域是有限的，一般不超过六度，而半音较难唱准。②下行音调比上行音调容易唱。③跳进比级进容易唱准。④五声音阶比七声音阶容易掌握。这些在考虑教学顺序时应予以参照。

3. 以首调唱名法、节奏唱名和手势唱名为基本教学工具

首调唱名法最初就是由英国人桂多·达赖佐在 11 世纪首创的“流动 do 唱名法”。即在视唱时，无论用的是什么调，一首歌的重音或中心音都是大调的 do 和小调的 la，各级音阶的唱名都不变化。柯达伊认为，使用首调唱名比使用固定唱名，更可以帮助儿童很快地学会读谱。因为唱名不仅表示了音高，而且建立了音级的倾向感觉，建立了调式基础。首调唱名体系中注重音级之间的相对关系，各音级的倾向明确、调式感觉清楚，在各个不同音级上建立的大小调，统统归结为 do 是大调和 la 是小调两种形式，使调式关系、概念简单化。

在柯达伊教学法中，节奏教学采用了法国视唱练耳中所用的相似的音节系统，并用符干记谱，用特定的音节来代替特定的时值，如四分音符为“ta”，八分音符为“ti”，让儿童用节奏唱名唱出选自歌曲的节奏、节奏型，从而体会到节奏唱名的时值。如下图所示：

音值	柯达伊教学中采用的符号	节奏读音
○ 全音符		ta-a-a-a
○ 二分音符	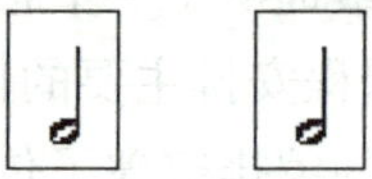	ta-a
○ 四分音符		ta
○ 八分音符	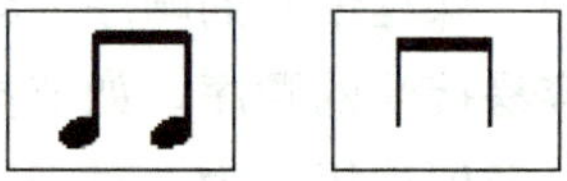	ti-ti
○ 十六分音符	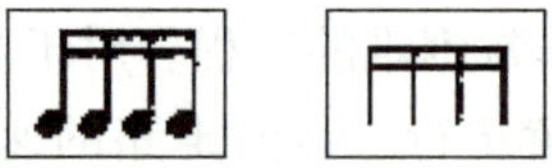	ti-ri-ti-ri
○ 切分音	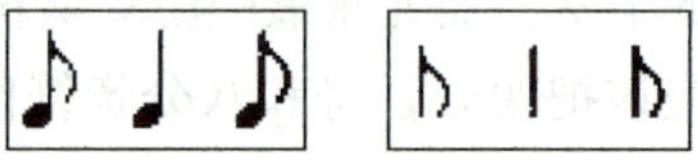	ti-ta-ti
○ 附点音符		ta-m-ti

柯尔文手势是柯达伊教学系统中的第三个基本工具和手段。它是由英国人约翰·柯尔文在1870年首创的。它包括七种不同的手势，各代表音阶中固定的某一唱名，通过在空间中所处的直观形象化的不同高低位置，帮助儿童通过视觉感受加深对音程空间感及各音之间高低关系的理解。手势如下图所示：

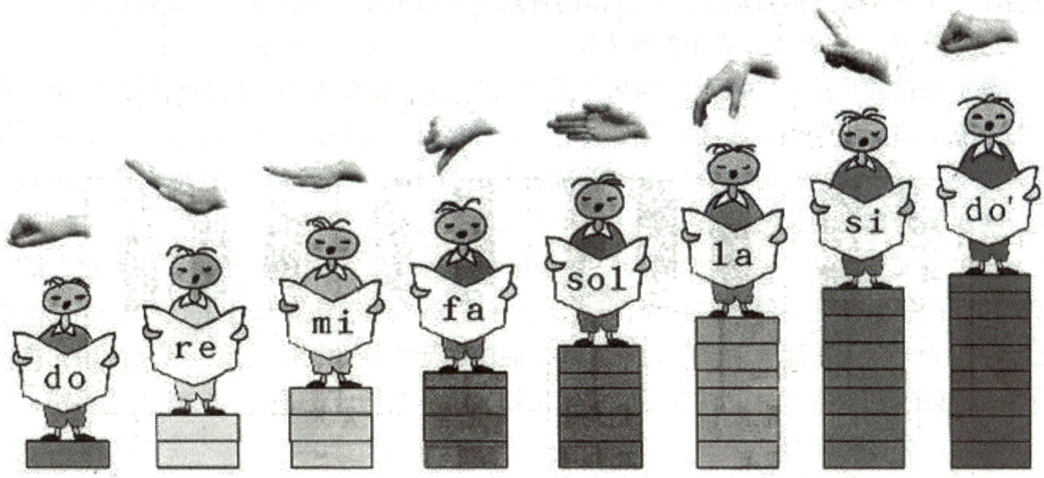

在柯达伊体系中，以上 3 种教学工具作为一种教学辅助手段得到实践和加强，以帮助儿童逐步进入到较高层次的音乐学习。

三、奥尔夫音乐教育体系

卡尔·奥尔夫（Carl Orff，1895—1982），德国当代著名的作曲家、音乐戏剧家和儿童音乐教育家。奥尔夫出生在慕尼黑一个有着良好音乐素养的军人世家，从小对音乐和喜剧产生浓厚的兴趣。1924 年他和友人军特一起创办了“军特体操音乐舞蹈学校”，开始探索音乐与动作结合的综合音乐教育，并着手编制教材，研制乐器。1948 年奥尔夫在慕尼黑拜耶州广播电台举办儿童音乐节目，奥尔夫乐器的演奏引起了大批儿童和音乐教育工作者的兴趣，在此基础上，1950 年奥尔夫的 5 卷本《学校音乐》教材正式出版，奠定了他新颖、独创的儿童音乐教育体系。

1961 年在奥地利萨尔茨堡的莫扎特音乐学院成立了奥尔夫研究所和奥尔夫学院，使它不仅成为从事奥尔夫儿童音乐教育理论探讨和实践交流的中心，更成为世界公认的培训奥尔夫教学法师资的基地，为奥尔夫教学思想的传播“撒下无数的种子”，由此，奥尔夫音乐教育体系从西方流传到东方，遍及世界各国，成为举世公认的对现代音乐教育改革产生重大而深远影响的主要体系之一。

（一）奥尔夫音乐教育的主要思想

1. 以儿童自然的本性为出发点，将音乐诉诸感性

奥尔夫认为音乐是人与生俱来的一种本能，是人人都需要的。音乐教育主要不是致力于教会儿童什么，而是启迪、发掘、发展儿童生而俱有的习性，使儿童健康成长。所

以，奥尔夫音乐教育的着眼点不在于理性地传授知识和技能，而在于直接地、自然地诉诸感性，在感性的直接带动下，在具体的音乐活动过程中，学会知识，掌握技能。

2. 倡导从“元素性”音乐教育入手

奥尔夫强调儿童音乐教育应该从“元素性”音乐教育入手，强调利用最原始、最简单的节奏和音高元素，通过人类最根本、最自然，也是最古老的音乐实践形式——简单的拍手、打击乐器及即兴合作等方式面向每一个音乐天资和生长环境各不相同的儿童，唤起他们身上潜在的音乐本能，使音乐成为他们自发的要求。

奥尔夫曾经说过：“元素性的音乐并不是单独的音乐，它只是和动作、舞蹈、语言紧密结合在一起，是一种人们必须自己参与的音乐……”元素性音乐是综合的，包括元素性的节奏、元素性的动作、元素性的作曲法、元素性的词曲关系，并且使用元素性乐器——奥尔夫乐器，一种以节奏为主且比较容易学会的原始乐器。这种乐器无论有无固定音高，都有精确的发音、优美的音色和丰富的表现力，演奏起来不会因为技术负担而束缚儿童的想象力、表现力和创造力。

3. 强调节奏第一

奥尔夫认为，音乐构成的第一要素是节奏而不是旋律。节奏可以脱离旋律而单独存在，但旋律却离不开节奏的“支撑”。可以这样说，节奏是音乐的生命，是音乐生命力的源泉。奥尔夫强调从节奏入手进行音乐教育，通过节奏与语言和动作的结合对儿童进行节奏感的培养是奥尔夫教学实践的一大特色。所谓节奏与语言的结合，即语言节奏朗诵。他认为人类的语言本身已含有生动、丰富而微妙的节奏，它是音乐节奏的主要来源之一，从小让儿童从语言出发来掌握节奏，不仅容易，而且富有生命力。节奏与动作的结合，即身体节奏动作，能使儿童在最基本的、元素性的跺脚、拍手等动作组合过程中，培养起对节奏的敏感。

（二）奥尔夫音乐教育体系的基本特点

1. 课程内容包括嗓音造型、动作造型和声音造型三个方面

其中，嗓音造型是指歌唱活动和节奏朗诵活动；动作造型指律动、舞蹈、戏剧表演、指挥及声势活动（声势活动是一种以简单而原始的身体动作发出各种有节奏声音的活动，最基本的身体动作是拍手、拍腿、跺脚和捻指）；声音造型是指乐器演奏活动（乐器包括奥尔夫乐器及其他乐器）。

2. 综合性的教学形式

奥尔夫认为音乐教学要为儿童创造全面、完整的综合性审美体验。因此奥尔夫教学活动是以歌、舞、乐三位一体，创作、表演和欣赏三位一体的综合形式，从儿童感性经验出发，以儿童的亲身实践帮助他们主动感受和表达音乐并注重培养儿童的主体创造。在这种综合式的音乐教学模式中，儿童学得主动、学得愉快、学得自然，能较好地促进儿童身心的全面发展。

3. 即兴创造为主的教学方法

奥尔夫音乐教学方法是一种引导创作式的教学方法，即通过教师的启发引导及范例帮助儿童集体创作、协助创作。教师在音乐学习的过程中安排、体现的是探索—模仿—即兴—创造的四步环节：探索是让儿童通过动作发现产生音响的可能性；模仿是为了发展儿童的基本技能；即兴是鼓励儿童将所学的技艺逐渐扩展，形成“雏形”；创造是将各个阶段所学的技能结合起来，形成一个自己独创的“作品”。在奥尔夫体系中，即兴和创造具有重要的意义和价值。奥尔夫曾经说过：“让孩子自己去寻找，自己去创造音乐，是最重要的。”因此，无论是节奏练习还是形体动作练习，教师并不限于传授技能，而是注重发挥儿童的即兴能力和想象力，鼓励儿童在即兴基础上进行综合性创造，以发展儿童的创造能力。

4. 独创性的教材和教具

奥尔夫教育体系的代表性教材即5卷本的《学校音乐》，主要内容是来自德国的儿童游戏、童谣和民歌：奥尔夫坚持把来自生活的教材作为最符合儿童天性、最自然和富有生命力的东西，5卷本的内容安排是循序渐进的，按照音乐写作（调式、和声等）方向的进度来展开：节奏从最简单的基本节奏开始；旋律从基本的两个音开始逐步扩展到三个音、四个音、五个音，最后从五声音阶发展到七声音阶。

奥尔夫体系中特殊的教学工具是奥尔夫乐器。它分为有固定音高的音条乐器和无固定音高的打击乐器。音条乐器是木琴、钟琴、钢片琴。无固定音高的打击乐器，如三角铁、串铃、钹、响板、沙球、鼓等。它是奥尔夫在长期教学探索、研究、实验、改革的基础上研制成的特殊乐器。奥尔夫之所以强调在教学中不用一般的钢琴、小提琴等，而采用打击乐器，主要是因为：①打击乐器最宜突出节奏，有利于做到“节奏第一”。②打击乐器音色鲜明、富于个性和幻想性，宜于激起儿童的想象力。③能使儿童避免演奏技术上的负担，有利于按音乐本能作即兴性的演奏。

四、铃木音乐教育体系

铃木（Suzuki，1898—1998），日本著名小提琴家和音乐教育家，他出生于一个小提琴制造商的家庭。受其家庭影响，铃木从小就开始学习小提琴。20世纪50年代左右铃木以教儿童演奏小提琴的实践致力于“天才教育体系”和“才能运动”的建设，形成了一套开发个人才能，使资质平平的孩子也能成为一个品德高尚、演艺精湛的音乐家的教育体系，即铃木教学法。至20世纪60年代在日本接受其才能教育的儿童超过20万名，其中很多儿童在很小的年纪或较短的时间内获得了小提琴演奏技能方面的可观进步，因此他的音乐教育体系很快获得了世界音乐教育界的广泛关注，成为近现代儿童音乐教育领域中的又一重要体系。

（一）铃木音乐教育的基本思想和观点

1. 天才源自早期教育

铃木认为，才能不是与生俱来的，而是通过后天有效的环境和教育的影响发展起来的。铃木不止一次地说过："才能不是天生就有的。任何孩子都可以培养成为有高度才能的人。"只要有正确的教育，并经过不断努力，任何一个孩子都可以成才。但人一生中不同的发展时期，从环境中领悟和吸收的能力是不一样的，年龄越小吸收和领悟的可能性越大。铃木认为培养能力应该"从出生就开始，3 岁再开始就晚了三年。能力是从出生以后，随着适应外界的各种刺激而不断形成、发展的"。所以铃木认为早学是发展孩子特殊才能的重要影响因素。

2. 才能教育的目的是培养人

铃木认为，对孩子进行音乐教育不只是为了教会孩子某种音乐技能，更重要的是教他们如何做人，培养他们面对生活、解决问题和挑战自我的能力，使之成为优秀的人。他说："教音乐不是我的主要目的。我想造就出良好的公民。如果让一个孩子从降生之日起就听美好的音乐并学着演奏，就可以培养他的敏感、守纪和忍耐的性格，使他获得一颗美好的心。"

3. 音乐才能教育要具备的四个必要条件

（1）提供优良的音乐教育环境。在儿童音乐才能的发展过程中，环境是第一个重要的条件。优良的教育环境体现在：给儿童听最好的作曲家创作的、最好的演奏家演奏的、最好的音响制作者制作的作品；让最好的老师来教儿童。他坚信，人是受环境影响的，因此他在教授儿童学小提琴时，开始并不教儿童，而只是教母亲，为的是在儿童的生活中让他每天都能感受到一个充满音乐的环境：听母亲或录音唱片的示范演奏，以此提高儿童的音乐感受性。他认为，只要能为儿童创造一种像母语环境一样的优良音乐环境，让美好的音乐像本国的语言一般终日围绕着儿童，这样任何儿童都能进入音乐学习，而这样的音乐学习才能更有效。由此，人们也把铃木教学法称为"母语教学法"。

（2）坚持不懈、持之以恒的练习。才能是经过个体艰苦努力获得的。坚持不懈的、大量的、反复的练习是才能发展的第二个条件。铃木认为，当儿童掌握了某一个曲子以后，要不断地重复、巩固，这样不仅能使孩子的表现力更趋丰富，而且坚持不懈的练习能帮助儿童逐渐形成对音乐的快速直觉反应能力，也更有利于帮助儿童形成坚忍不拔、持之以恒的良好意志品质。

（3）不断激发儿童的兴趣。努力和不懈练习的动力来自于儿童积极情感的不断激发，所以，积极情感的不断激发是才能发展的第三个必要条件。铃木认为教育的根本目的是使教育者产生爱好，不断激发儿童的学习热情。对于三四岁的孩子来说，是根本不会有"想学琴"那种念头的，要使孩子不知不觉地产生"我也想玩玩"那样的愿望。"我也会拉了，我可以和大家一块儿玩啦"这种最初的体验对小生命来说是多么地喜悦，"努力"是第三者说的话，对小朋友来说是"愿意"，是在不知不觉之中、愉快之中学习。他建议孩子们的音乐学习是使孩子在游戏的快乐中开始，在游戏的快乐中引向正轨。他有一套培养孩子音乐兴趣的方法，如从 0 岁开始听音乐，2 岁左右在游戏中接触所学器乐，耐心诱导其学习乐器的愿望，3 岁左右通过演奏会、比赛与大孩子一起练习、表演等，激发其参与、竞争、奋发进取的精神。

(4) 注重倾听习惯和技能的培养。铃木认为，敏锐的听力和直觉反应能力是以大量的倾听经验的获得为基础的，因此，倾听习惯和技能的培养是儿童音乐才能发展的第四个条件。在儿童学习音乐的过程中，不仅应该培养他们学习听完整的音乐，同时要培养他们能听出音乐中的细微变化并做出相应的直觉反应，这便是倾听技能。铃木十分强调音乐学习不该从辨认音符开始，而应首先就进入到完整优秀音乐的倾听之中，通过反复倾听，在充分熟悉音乐作品的完整音响形象之后再开始进行模仿练习和表达。

(二) 铃木音乐教育的基本方法

1. 母亲参与

母亲的参与在铃木的教学活动中具有十分重要的作用。她或者先于儿童，或者和儿童一起学习，以自己对音乐的热爱和练习的认真努力，成为激励儿童的最直接的榜样。母亲与教师的密切配合也使儿童随时都会得到鼓励、帮助。这也是铃木体系在早期儿童音乐才能教育中获得成功的保证之一。

2. 集体教学

注意创造集体教学和观摩的机会。铃木认为，在集体的学习环境中，儿童之间可以获得更接近于自身水平的技术榜样和精神榜样。适当的竞争也会激励更强的上进心。铃木建议在教学中安排集体教学（每周一次或者每两周一次），以便让年幼的儿童有机会和比他们年长的、技术上较高的儿童一起学习。

3. 听觉训练

如同学习语言是由“听”开始的一样，铃木很重视音乐教育中的听觉训练，用听觉引导儿童的学习。他提出，儿童学习音乐必须从倾听优秀音乐的实际音响开始，而不是从辨认音乐符号、学习概念开始；儿童必须学会通过听来记住优秀的音乐作品和优秀的演奏的音响，并在此基础上学会凭直觉来判断他们所听到的音乐音响的优劣；儿童必须学会通过听来发展并纠正自己演奏中的错误，并不断追求更好的演奏效果。

(三) 铃木教学法的基本过程——提倡“教学六步”

铃木教学法是一种强化教育法，其教学过程可以概括为六个步骤：

(1) 接触。创设良好的环境，从听觉训练入手，让儿童生活在良好的音乐环境之中。铃木曾经说过：“音乐的耳朵可以在听力训练中得到，而不是天赋或固有的，以后多练习就多出效果。它是人类的适应性在听力训练上的发展。”因此，每天为婴儿放一首简短、优美的乐曲，以发展婴儿的音乐记忆力。用不了多久就可以发现婴儿可以伴随着熟悉的乐曲或踢脚、或摇手、或微笑，也可能三者兼而有之。不仅仅在婴儿时代要接触音乐，在学习音乐阶段，更要注意加强听力训练，让孩子们接触精心选择的优秀演奏家演奏的优秀作品，反复聆听，以加深对作品的领会，提高其鉴赏及演奏水平。

(2) 模仿。选择最好的教材、教师和音响，让儿童模仿听到的优美旋律及演奏乐器的规范动作。“要使小黄莺学会美妙的鸣啭，在生下来的一个月，就要给它找个好老师。这只小黄莺的未来，实际上是由那个老师的声音和调子的好坏决定的”。在训练过程中，音乐性要靠世界音乐大师的唱片，铃木从不让孩子们听格调不高的音乐，孩子们练习的教材也都选自世界名曲。教师则应将音乐的表现手法和演奏技巧教给学生，在指导学生时要抓住曲子中的关键，发出正确的动听的乐声。他主张请学识渊博、感觉敏锐、道德典范的优秀人才做孩子的教师和楷模。

（3）鼓励。教师、父母不断诱导、激励儿童的学习欲望。铃木认为，在每个孩子的身上都存在着不可估量的潜在能力，成人的循循善诱、积极肯定能使孩子能力的幼芽茁壮地生长起来。要经常大声地夸奖孩子，欣赏孩子。因为孩子不是神仙而是人，总会有缺点的。当然孩子做错事，这是绝对不允许的，不过铃木希望母亲们，在孩子做错了的时候，要保持沉默，不要立即当场训斥他，要在心平气和时，再慢慢地和他讲道理。母亲若用狼一样的教育方法，孩子就会变得像狼一样。因此，母亲要在自己的反省中教育孩子。在孩子有能力拉定一首小曲子时，就让他有机会当众表演，鼓励孩子努力和进步。铃木主张不断“诱导孩子，激励孩子的学习欲望”。对孩子首先要学会讲“真好”这句话。

（4）重复。使儿童在鼓励之中不断重复地练习。通过强化式的训练，以达到艺术上、技术上的精益求精。当然，被重复的必须是精华。通过这些强化训练，达到艺术上、技术上的精益求精。在初期教学时，对幼小的孩子，要求他们反复模仿背谱练习，使之集中注意力于声音和动作的模仿，直至孩子能识字时，才开始学习识谱。

（5）增加。强化训练的另一点，是在学习新曲的同时不间断地回到练习的出发点，几千次、几万次的旧曲练习不仅使儿童的演奏更熟练、完美，更重要的是通过这种学新练旧、不断增加的方法培养、锻炼儿童的耐力和韧性。

（6）完善。通过强化训练帮助儿童养成良好的习惯。铃木曾经说过：“经过五千次养成的坏习惯，要用六千次矫正。”为此，应该停止那种每错一次，矫正一次的方法，代之以重新开始训练方法，让孩子学习新的行为方式，养成新的行为习惯。

第二节 国外主要儿童美术教育理论

20世纪以来，随着人们对美育认识的逐渐深入，一些心理学家和艺术教育人士开始重视幼儿美术的研究，从各方面进行探讨、实验，使幼儿美术教育理论呈现出多元化的特征。一些学者从各自的研究立场出发，论述了有关儿童美术发展与教育问题，提出了各种理论假设。对这些理论假设的介绍，并不在于扬此抑彼，而是旨在能从多视角的立场，对儿童美术及其本质有一个更为深刻的认识。

一、西泽克的儿童美术教育思想

西泽克（F. Cizek），奥地利儿童美术教育家，是在美术教育史上第一个“发现了儿童绘画”，给儿童绘画以崇高地位的人。他被誉为“儿童绘画之父”、“儿童美术教育的先驱者”、儿童美术教育的“先知先觉”。他的儿童美术教育主张与实践对当时的欧美各国特别是英国产生过巨大影响，促进了这些国家美术教育的根本改革与发展。“二战”前后，他的思想与实践陆续被介绍到包括中国、日本在内的世界其他一些国家和地区，对世界范围的美术教育革新也产生过积极的影响。

西泽克在儿童美术教育方面所取得的伟大成就，首先得益于他对儿童、艺术和儿童艺术的深刻而独特的认识。西泽克对儿童的认识基本上属于一种自然主义的儿童观，他认为儿童不应在花园里发育，而应在旷野里生长。小孩子像花草一样，他的发育也依照永久不变的公律，花草需要日光、雨水、空气、营养，儿童需要自由，需要自然发展。做教师的，做父母的，不要束缚他的思想，不要压迫他的成长。西泽克对儿童给予了很高评价，认为幼小儿童拥有远比成人所能想象的更敏锐的感觉，并且他们头脑清晰，在极短时间内能思考连大人都无法理解的很多事情。正是基于这种对儿童充分肯定、信任和尊重的思想，他在对儿童进行美术教育时并不像过去的美术教育那样直接去教儿童怎么画，而是让儿童自己去注意，去画，去创造，认为对儿童进行美术教育并不是教他们大人的画法，而应去助长儿童本身的表现，且只有这种表现才具有真正卓越的艺术性。

西泽克对艺术的见解也相当精辟，他把真正的艺术比作一棵长得很茂盛的橄榄树，在这棵树的木质中含有任何药剂师都无法调出的一切高贵馥郁的香料，这是一种自然生长出来的东西，是任何人为的方法都无法达到的。艺术，尤其是儿童的艺术更是如此。有意识的创作是思考出来的，儿童则是在无意识下创作。他们的作品往往呈现着艺术创作最初的也是最纯粹的源泉，伟大的作品均自无意识产生。若以知识和理性去取代它，艺术就会枯竭。他还认为在儿童的创作中最美的正是那些成人认为“错误”的地方。儿童的作品中含有这种个性的“错误”越多，其作品也越好。他给儿童充分的自由，鼓励儿童创造出自己独特的东西。他不是以要儿童接受的态度去教儿童艺术，而是为了让他们得到自我教育，自己发现自己的艺术。他对儿童艺术的评价很高，认为儿童艺术是只有儿童才能创造出的艺术，是儿童生命的显现，成人绝不可在儿童的作品上加笔，那将会“变成赝品”。

西泽克对现代儿童美术教育最大的贡献还在于，他将儿童美术教育从过去重技术训练的功利立场转到重视儿童艺术的创造性和表现性上，认为儿童美术教育的第一目的就是发展创造力，因为这对他们的终身发展有益，开创了一个重视儿童绘画的创造性与自由、纯真表现的时代。西泽克将自由与创造的权力和乐趣还给所有年龄层次的儿童，使儿童可以按照自己的意愿表现自己对这个世界的独特感受。西泽克从不以儿童所画的像不像实物，符不符合成人的头脑对世界的理解和印象来评判儿童的作品，他认为儿童看世界有他们自己的独特眼光。在自由创造与技巧训练的关系上，西泽克认为培育有创造力的造型远比什么都重要，至于技术的训练，必须是作为造型的必要辅助手段，而在日后自然地附随而来的东西。他也表示让儿童熟悉最低限度的“使用上正确的技术”是必要的，但他所说的技术只是指基本的、“制作上必须的工具使用方法”，而非我们今天所说的如何画出物体的形、如何涂色、怎样构图等方面的知识与技能。

西泽克关于儿童美术教育的主张与实践对当时的欧美各国产生过巨大的影响，也被逐渐介绍到包括中国在内的世界其他国家，促进了美术教育的根本改革与发展，开创了现代儿童美术教育的新局面。

二、阿恩海姆（R. Arnheim）的儿童美术教育思想

阿恩海姆原籍德国，曾获柏林大学哲学博士学位，后移居美国并加入了美国籍。阿恩海姆是格式塔心理学派的追随者，一生从事教育和艺术心理学的研究。

阿恩海姆的研究主要集中在探索美术是如何与视知觉和视思维联系在一起的。他提出，画并不是它所要表达的事物的复制品，而是原事物的等同物。这意味着在画面上所出现的东西仅仅包含了原事物的某些性质，而不是全部性质，画中图形的选择和安排，主要取决于原事物的“结构”，这些图形所表达的是原事物的形式的基本方面。阿恩海姆指出，当儿童致力于创造与所观察的物体结构上等同的形象时，他倾向于忽略所画的物体之间所存在的关系，这种忽略就是在儿童画中常见的因局部解决问题而导致的忽略画面整体关系的表现方式。

阿恩海姆以格式塔心理学的理论为依据，认为感知力是从整体到局部，通过一个知觉分化的过程发展而来的。知觉的过程是自然赋予有机体的，在儿童成长的过程中，他们的感知能力日趋分化。由此，阿恩海姆推断，儿童笔下的简化图形并非是儿童缺乏绘画技能，而是其感知能力尚未分化的反映。例如，儿童先会画圆，然后才会画矩形。并不是因为他们对圆形的发现比对方形和直线形的发现更早一些。当儿童画处于圆形式样为主的阶段时，他还根本不能分辨形状。因此对于这些儿童来说，圆圈并不代表圆形性，而是代表事物的更为普遍的性质——事物性。

阿恩海姆认为，在儿童绘画时，他所面对的是把观察到的事物转化为二维平面的艰巨任务，在画纸上创作出与他所见的物体具等同结构的形象。格式塔心理学家发现，有些完形给人的感受是愉悦的，这就是那些在特定条件下视觉刺激物被组织得最好、最规则（对称、统一、和谐）和具有最大限度的简单明了的完形。一些不能给人以愉悦感受的形体，都会在人的知觉中产生一种改变它们并使之成为完美的结构的倾向，这种竭力将视觉刺激物加以组织、改造或纠正的现象，最突出地表现在儿童绘画中。儿童画并不像一般人认为的那样是依葫芦画瓢的，而是对原物作了大幅度改造之后的形象，因而看上去极为简约。这种现象不能完全归结为儿童的智力或绘画能力的水平较低，而是归结于儿童知觉中占优势的简化倾向，即那种把外物形态改造为完美简洁的（或好的）

图形的倾向。正是在这种倾向的支配下，儿童画大多是二维的，大多是较规则的圆形和椭圆形。这种倾向似乎毫不顾及原形，只以简洁为准。

阿恩海姆从格式塔心理学的立场出发，解释了儿童美术发展中的现象以及产生这些现象的原理，其中不少的道理为儿童美术教育工作者所信服。然而，阿恩海姆认为，良好的完形心理是天赋的，因而他似乎并不十分关心教育和教学是否会促进或者阻碍儿童美术技能的发展问题。

三、里德（H. Read）的儿童艺术教育思想

里德是英国当代著名的艺术教育家、文学家、艺术理论家和评论家，其最重要的著作是《通过艺术的教育》。里德在《通过艺术的教育》一书中阐释了艺术在教育上的功能，提出艺术应为教育的基础。里德认为人类的不幸，穷本探源，是因为个人的自发创造力受到压制，这种现象是现行教育制度的缺失所产生的后果。艺术是个人借以达到内心世界和他所生存的社会秩序之间的和谐的过程，教育唯有运用艺术，方能解脱人类心灵所受的压制，才能达到自我实现的教育目标，才能真正为人类的未来带来幸福的机运。

里德认为，儿童美术的特征是人类演化中残留于内心的一种原型的遗迹，有些图形，如曼陀罗、圆、星星等，无论儿童生活于何种文化的社会，在儿童的美术作品中都一再出现，这些反复出现的图形证明了人类的共通性，而艺术能够表达这种共通性。

里德把游戏视为艺术的一种形式，这种假说立足于里德对艺术的界定，那就是艺术是“人类以物质宇宙的基本形式和生命有系统的节奏努力于达成统整”。游戏的一切形式（身体的活动、经验的反复、空想、环境的实现、生活的准备、团体游戏等）是很多运动感觉的努力，以期达成统整，这些基本形式与视觉造型艺术的基本形式自然产生了关联。他指出游戏是儿童自由表现最明显的形式，游戏可以应用于儿童的一切活动。儿童的各种游戏都可以结合到四个方面：从感情方面，游戏以拟人化和客观化可以发展为戏剧；从感觉方面，幼儿游戏以自我表现的方式可以发展为视觉或造型设计；从直觉方面，游戏以韵律活动可以发展为舞蹈和音乐；从思想方面，游戏以建设性活动发展为手工艺。

里德认为儿童美术表现的目的即向别人表达自己的感情。“他创造一种视觉符号，自发而自由地表达自己的感情，把它传达给他人，把它固定在这个外观常变的世界上”。“各种类型的儿童，甚至有写实表现技能的天才儿童，不是用他们的画来表现知觉形象，也不是用它来表现被锁锢的感情，而是用它作为一个‘探子’，自发地伸向外在的世界，起初是试探的，但能成为个人适应社会的主要因子。”这种认识基于里德认定教育不仅是一种完成个人化的历程，而且是一种统整的历程，所谓统整就是个人的独特性与社会的统一性协调。

里德对儿童美术本质的认识，虽然只是一种对推论，但却入木三分。他对艺术与教

育的关系的论述尽管有失偏颇，而且在教育实践中难以实施，难以取得成效，但是，确实涉及了儿童教育中的一些深层次的问题，能引起人们深入思考。

四、罗恩菲尔德（V. Lowenfeld）的儿童美术教育思想

罗恩菲尔德是美国著名的美术教育家，宾州大学艺术教育系教授。他综合格式塔心理学理论和德国儿童研究运动的成果，在自己美术教育实践的基础上形成了自己的儿童美术教育理论，被称为进步美术教育运动的核心和领导人，是过去的数十年中对美国乃至全世界最具影响力的美术教育家之一。

罗恩菲尔德在阐述艺术在教育上的含义时直言不讳地说："艺术教育对我们的教育系统和社会的主要贡献，在于强调个人和自己创造的潜能，尤其在于艺术能和谐地统整成长过程中的一切，造出身心健全的人。"所以他的美术教育思想被称为工具论，他非常强调美术教育的价值，重视美术创作的过程，主张通过美术创作促进儿童健全发展。

罗恩菲尔德把儿童美术发展的过程分为涂鸦期、前图式期、图式期、写实萌芽期、推理期和青春危机期6个阶段：

（1）涂鸦期（2~4岁）。是基于肌肉运动的最早的图画，随后成为心理活动的表征；在这个阶段，儿童的绘画要经历一个从乱线涂鸦、有控制涂鸦到命名涂鸦的过程。乱线涂鸦是一种无控制的涂抹，各种各样的涂鸦包括无序乱涂、纵向乱涂和画圈；儿童在涂抹的过程中获得动觉经验；有控制涂鸦表现为重复性画线或涂抹；命名涂鸦则是将涂鸦所获的图形与某个事物联系起来，并用该事物的名称来给自己的涂鸦之作命名。

（2）前图式期（4~7岁）。此阶段，儿童观察事物表现出强烈的自我中心倾向，并开始对事物进行象征性描绘，例如用圆圈代表人的头。儿童所画的图形没有表现出远近、立体感，而且将自己看不到却知道的东西也画出来。

（3）图式期（7~9岁）。儿童在这一阶段的绘画表现为用几何线条的图式来表现视觉对象，图画的内容受个人经验和兴趣的影响。儿童所画图画有以下特点：突出自己认为重要的部位；符号和图式的运用经常发生变动；表现出空间感。

（4）写实萌芽期（9~11岁）。这一阶段儿童的绘画开始脱离图式，转向对事物进行写实。图画中具有一定的空间感，表现出一定的透视关系，出现重叠形式，开始运用色彩来进行表现。

（5）推理期（11岁、12~14岁、15岁）。这一阶段儿童的绘画从自发的活动过渡到理性的活动。儿童在绘画时，力图逼真地表现事物，但并不十分逼真和完整。图画中出现明暗透视，且能根据远近和心境来运用色彩。这个阶段儿童开始审视成人或者艺术家的美术作品，并且临摹一些艺术品，对美术作品的评价中，已经包括对艺术风格的感受。

（6）青春危机期（15~17岁）。这一阶段儿童对艺术审美的敏感性和批判性都有所

增强，多数学生丧失了对美术的兴趣，少数人能摆脱这一困境，向艺术性绘画发展。

罗恩菲尔德认为，儿童美术发展的这些阶段是人类发展的自然层面，是遗传程式的自然展开，虽然每个儿童的发展速率各不相同，但是整体的样式和发展的序列却十分相似。这种相似性不仅表现在每一个发展阶段的内部，而且表现在儿童必须要经过一个阶段，才能进入下一个发展阶段。罗恩菲尔德倡导教师不应干涉儿童美术的学习，不要试图教儿童如何画画，而应按照其发展的阶段及年龄特点，为他们提供自我表现的机会，选择适当的表现主题与材料，引起并维持儿童创作的动机，让他们自由自在地以自己的速度、自己的方式进行自我表现，发展美术能力。罗恩菲尔德认为这种自我表现的过程远比表现出来的结果显得重要。

罗恩菲尔德在对儿童美术发展的各个阶段的个人成长特征进行分析和解释时，从智慧成长、感情成长、社会成长、知觉成长、生理成长、美感成长和创造性成长 7 个方面进行评量。他在充分肯定这 7 个方面成长的重要性的基础上，特别强调了创造性成长的价值，认为“创造性的成长，主要是自由而独立地使用前述的 6 种成长因素，而达到统整的效果”。创造性是人类所具有的本能，是一项天生的直觉，心理学研究已显示：创造性、探索和调查的能力属于基本驱力的一种，没有这种驱力，人类便不能生存。在儿童艺术中所表现的独立和独创的方式，便显示了创造性的成长，儿童并不需要熟练的技巧来获得创造性，然而对于任何创造形式而言，必须有某种程度的感情自由。创造性的本质在未受限制时是直觉而奔放的，当儿童未受社会规范约束时，正是创造性成长最为有利的时机。保证创造性成长，并使之与成熟的心智合一，这是艺术教育的最高特权之一。

与里德的主张相似，罗恩菲尔德也将儿童在美术活动中的自由表现视为儿童在游戏中的自我表现，所不同的是，里德将游戏看作艺术的一种形式，而罗恩菲尔德却把艺术视作游戏的一种形式。罗恩菲尔德认为，在美术这样一种游戏活动中，儿童内在的需求得到了真正的满足，而这种满足有助于其成为协调和幸福的人，而不会成为只具有知识，情感不平衡，与周围不能融洽的人。由此，罗恩菲尔德强烈反对在美术教育中让儿童去抄袭与模仿，他认为这样做只会有害儿童美术的成长。罗恩菲尔德说：“说‘我不会画’的孩子，已在经验上被压抑了自然的创造性表现。我们往往会认为那是技术不熟练，也就是缺少‘足够地’表达事物的能力，但事实不能证明这种说法，因为儿童的表现根本没有外在标准。既然儿童的表现各有不同，也就没有什么是‘对’，或什么是‘错’。假若孩子不能表现他自己，那一定是有‘什么’阻碍了他的自信。通常，这阻碍因素有三种。最普遍的是大人们不当的批评。譬如说孩子画得不像，或者说画得‘不够好’，或者为他示范‘怎样画才好’。因为儿童无法做到大人们的要求，于是只有以含糊的态度回答说‘我不会画’。第二种原因也经常见到，那就是儿童不能将自己想要描绘的物体的性状，在心中唤起清晰的意象，或者就是心中空无一物。第三种原因是孩童已习惯于照着画帖临绘或摹绘，因此，没有可描可摹的东西，就不能独立描绘了。”

罗恩菲尔德被视作对美国儿童美术教育影响最大的学者之一，他的思想对当时盛行于美术教学中的以传授“正确”的绘画技能为主的课堂教学是一种冲击。然而，罗恩菲尔德的激进主张也给教育实践带来了负面影响，使美术教育过分强调顺从儿童的自然发展，过分强调儿童的自由表现和自我创造，这导致美术教育空有过程而无结果。

五、艾修勒（R. Alschuler）和哈特薇克（L. Hattwick）的儿童美术教育思想

艾修勒和哈特薇克研究的是学前儿童的画架绘画。她们认定，儿童的绘画，即使是学前儿童的绘画也不是偶发的行为，儿童的人格特征对儿童绘画的风格和样式会产生重要的影响，特别是当儿童使用流质的材料，如颜料时，人格特征对绘画作品的影响就更大。

艾修勒通过研究得出了这样的结论：当幼小的儿童选择和使用蜡笔时，他所表达的需要、情绪、意义与他使用画架颜料时所表达的很不相同。当儿童用蜡笔绘画时，他倾向于用画来表达观念；而当儿童用颜料画画时，他倾向于用画来表现自己的情感。一个能用蜡笔画出一个清晰可辨、细节丰富的人体图形的儿童，可能在同一天内跑到画架前，画出的却是一个杂乱无章的色团。因此，艾修勒和哈特薇克认为，蜡笔是一种表达观念的美术媒介，而画架颜料则常是一种表达情感的媒介。

艾修勒和哈特薇克通过案例分析的方法，试图确定儿童绘画中的各种表现与儿童人格特征和行为之间相互关联的一般关系。根据她们的研究，儿童在绘画中对空间的处理，可被看作儿童对其环境使用的例子；儿童在绘画时对图形大小、色彩、位置和空间的处理，是与儿童的人格特征密切相关的。

艾修勒和哈特薇克从儿童画入手研究了儿童画与儿童人格和行为之间的关联，反映了研究者从人格投射的角度看待儿童美术本质的立场，为儿童教育工作者研究儿童美术提供了新视野。然而，正如艾修勒和哈特薇克一再警告的那样：从儿童画架绘画的分析中所取得的数据不足以用来预测儿童的行为，而只应被用作一个重要的参考资料，对儿童的人格和行为进行分析，不可单凭儿童的绘画作品，而应依据长期观察包括儿童画在内的儿童的全部生活。

六、古德伊娜芙（F. Goodenough）和哈里斯（D. Harris）的儿童美术教育思想

在 1924 年古德伊娜芙就提出了美术是儿童智力发展水平的指标的理论。在 1926 年古德伊娜芙出版的《通过绘画测量儿童的智力》以及 1963 年哈里斯出版的《儿童画用以测量儿童的智力成熟度》中，他们都认为儿童智力发展的成熟度代表着儿童所具有的形成概念的水平，而形成概念的能力是一种智慧的能力。他们认为，儿童画能反映这种概念形成的程度，儿童画中所显示的细节的多少，特别是在画人时所显示的人物各部分细节的多少，可作为儿童智力成熟程度的一个衡量指标。

一般而言，儿童智能发展水平越高，他所画的图画，特别是所画的人物画的各个部位就越详尽，各部分之间的关系就越协调。然而，儿童智力发展的成熟程度与人物画之间的关系极为复杂，每个儿童都以自己独特的风格和方式画人物形象，组成人物形象的各种要素也是千差万别的，常会表现出与众不同的灵活性，因此，衡量的标准只能是相对的。而且，儿童绘画又较多地掺杂了教育的影响作用。

避开画人测验的合理性问题，审视古德伊娜芙和哈里斯提出的观点，至少为人们认识儿童美术的本质和内涵多提供了一个视角。那就是，他们认为，儿童美术的主要方面是认知领域的，许多似乎与美术无关的能力也影响着儿童的美术行为。

七、瑞吉欧儿童美术教育思想

瑞吉欧·艾米里亚是意大利北部的一个小城镇，自20世纪60年代以来，该市的一所学前教育学校——戴安娜学校在著名的学前教育专家马拉古兹的领导下，逐渐探索出了一种颇具特色的学前教育模式，并且在20世纪80年代初迅速地传播开来。时至今日，经过不断的完善和发展，意大利瑞吉欧学前教育已经形成了从理论到实践的一整套成熟体系。这一体系由于其思想的先进性和实践的有效性，已经受到世界各国学前教育界的普遍关注，成为美国、日本、澳洲以及欧洲各国学前教育改革和发展的主要参考和借鉴对象。这里我们重点介绍一下瑞吉欧美术教育思想的基本观点，以期对我国学前美术教育实践提供一些有益的启发。

1. 美术是儿童的一种语言，是儿童自我表达的工具

在传统的学前教育中，美术被理解为一种外在于儿童的知识、技能。而在瑞吉欧学前教育体系中，认为美术是内在于儿童的一种语言，是儿童自我表达的工具。我们知道，幼儿期是一个充满幻想的年龄，幼儿的许多想法与现实都有很大的距离，但美术可以使他们把自己的想象、愿望变成可见的作品表达出来。尤其是绘画更是幼儿表达自己对周围事物的感受和内心意愿的最主要方式之一，孩子们都愿意，甚至是无意识地用“涂鸦”来表达自己的所见、所想、所感，这几乎是每一个儿童的天性。因此，美术是内在于儿童的一种自我表达工具，是儿童的一种语言。在瑞吉欧学前教育机构中，儿童的画、泥塑、雕塑、手工作品以及其他的表征物都被看作儿童的一种语言。这种语言表征了儿童对外部世界的感知、理解、建构，以及他们内心的情绪情感波动。也许这种感知、理解和建构在成人看来是那么地混沌、不清晰，甚至是不合乎逻辑的，但它却是儿童作为一个人的本质力量的充分展示，代表了儿童对他周围世界的初步认识和把握。

2. 教师的首要作用在于体会儿童图画的内涵，解读儿童的心灵，促进儿童的发展

不同于传统学前美术教育把教师的首要作用定位在传授绘画技巧、培养绘画技能上，在瑞吉欧学前教育体系中，教师的首要任务是揣摩儿童绘画的内涵，解读儿童的心灵，在此基础上进一步促进儿童的发展。瑞士心理学家皮亚杰等人认为，儿童的绘画有

着独特的特点，是儿童表达自己情绪情感和对事物理解的一种方式，作为一种符号形式，它的出现与发展和儿童的认知发展有着密切的联系，反映着儿童对周围世界的认知程度。因此对儿童“涂鸦”的正确理解是开启儿童心智的一条重要途径，是探索与研究儿童的一个很好的工具。瑞吉欧学前教育专家都认为对于儿童的正确理解是一切教育得以成功的最关键因素，因此在美术教育中他们特别强调教师对儿童绘画的解读和对儿童心灵的理解，力图通过美术语言这一师生交往的中介，来培养儿童的好奇心、求知欲、主动性以及对待事物和周围生活的兴趣、态度、意识和探究精神，从而最终将儿童的学习引向深入。

3. 美术教学是儿童自主建构和教师价值引导相结合的过程

与传统的系统教学不同，瑞吉欧美术教学采用的是项目教学方式，这一方式所体现的就是儿童自主建构和教师价值引导相结合的理念。在这种教学方式中，教师并不是在教学活动之前就以教案的形式把整个教学过程设计好，后面的教学只是依样画葫芦，按部就班就可以了，瑞吉欧教学方式强调的是教学的开放性和生成性，强调师生间的互动，强调儿童之间的交流和分享。教师在教学之前可以先确定一个美术项目主题，然后在教学互动过程中，密切关注儿童的活动表现，并能敏锐、及时地把握儿童学习的兴奋点，寻找新的教学契机，然后迅速地判断其教学价值，继而把教学活动引向深入。

思考与练习

1. 谈谈你对达尔克罗兹音乐教学法主要内容的看法。
2. 奥尔夫音乐教育的精髓是什么？给你什么启示？
3. 练习一下柯尔文手势。谈谈你的感受。
4. 铃木教学法的特点是什么？
5. 简述西泽克的儿童美术教育思想。
6. 简述罗恩菲尔德儿童美术发展阶段。
7. 谈谈瑞吉欧美术教育思想给你的启示。

参考文献

1. 郭亦勤. 学前儿童艺术教育活动指导. 上海：复旦大学出版社，2008.

2. 华夏. 学前儿童音乐教育与活动设计. 北京：北京大学出版社，2010.

3. 黄瑾. 学前儿童音乐教育. 上海：华东师范大学出版社，2006.

4. 金晓梅. 幼儿园艺术教育活动指导. 武汉：华中师范大学出版社，2012.

5. 孔启英. 幼儿园美术教育. 北京：人民教育出版社，2004.

6. 孔起英. 学前儿童美术教育. 南京：南京师范大学出版社，2007.

7. 李晋瑗. 幼儿音乐教育. 北京：北京师范大学出版社，1998.

8. 林琳，朱家雄. 学前儿童美术教育. 上海：华东师范大学出版社，2006.

9. 楼必生，屠美如. 学前儿童综合艺术教育研究. 北京：北京师范大学出版社，1997.

10. 南希，雷・史密斯，等. 教孩子画画. 贾茜茜，译. 长沙：湖南美术出版社，2008.

11. 茹茵佳. 幼儿园美术教育活动指导. 北京：人民教育出版社，2009.

12. 沈建洲. 幼儿艺术教育活动指导. 北京：北京师范大学出版社，2002.

13. 屠美如. 儿童美术欣赏教育研究. 北京：教育科学出版社，2001.

14. 许卓娅. 学前儿童艺术教育. 上海：华东师范大学出版社，2008.

15. 许卓娅. 幼儿园音乐教育. 北京：人民教育出版社，2004.

16. 许卓娅. 幼儿园音乐教育活动丛书——欣赏活动. 南京：南京师范大学出版社，2011.

17. 许卓娅. 幼儿园音乐教育活动丛书——韵律活动. 北京：南京师范大学出版社，2010.

18. 许卓娅. 幼儿园音乐教育活动指导. 北京：人民教育出版社，2009.

19. 杨立梅. 幼儿音乐能力培养的策略与方法. 北京：教育科学出版社，2007.

20. 杨立梅，蔡觉民. 达尔克罗兹音乐教育理论与实践. 上海：上海教育出版社，2011.

21. 张念芸. 学前儿童美术教育. 北京：北京师范大学出版社，2004.

22. 赵宋光. 音乐教育心理学概论. 上海：上海音乐出版社，2003.

23. 朱家雄，林琳，吕坚. 学前儿童美术教育. 上海：华东师范大学出版社，1999.

图书在版编目(CIP)数据

幼儿艺术教育与活动指导/金晓梅主编.—武汉:武汉大学出版社,2015.7(2025.2 重印)
应用型学前教育专业系列教材/蔡迎旗主编
ISBN 978-7-307-16112-2

Ⅰ.幼…　Ⅱ.金…　Ⅲ.艺术教育—学前教育—高等职业教育—教材
Ⅳ.G613

中国版本图书馆 CIP 数据核字(2015)第 126513 号

责任编辑:罗晓华　　责任校对:汪欣怡　　版式设计:韩闻锦

出版发行:**武汉大学出版社**　(430072　武昌　珞珈山)
(电子邮箱:cbs22@ whu.edu.cn 网址:www.wdp.com.cn)
印刷:武汉邮科印务有限公司
开本:787×1092　1/16　印张:15.25　字数:332 千字　插页:1
版次:2015 年 7 月第 1 版　2025 年 2 月第 5 次印刷
ISBN 978-7-307-16112-2　定价:59.00 元
